古典文獻研究輯刊

四編

潘美月・杜潔祥　主編

第 **19** 冊

章太炎《齊物論釋》之研究

蘇　美　文　著

國家圖書館出版品預行編目資料

章太炎《齊物論釋》之研究／蘇美文著 — 初版 — 台北縣永和
市：花木蘭文化出版社，2007〔民96〕

目 2+180 面；19×26 公分
（古典文獻研究輯刊 四編：第 19 冊）
ISBN：978-986-6831-23-2（全套精裝）
ISBN：978-986-6831-12-6（精裝）
1. 莊子－研究與考訂
121.335   96004468

古典文獻研究輯刊
四 編 第十九冊   ISBN：978-986-6831-12-6

章太炎《齊物論釋》之研究

作 者 蘇美文
主 編 潘美月 杜潔祥
企劃出版 北京大學文化資源研究中心
出 版 花木蘭文化出版社
發 行 所 花木蘭文化出版社
發 行 人 高小娟
聯絡地址 台北縣永和市中正路五九五號七樓之三
電話：02-2923-1455／傳眞：02-2923-1452
電子信箱 sut81518@ms59.hinet.net
初 版 2007 年 3 月
定 價 四編 30 冊（精裝）新台幣 46,500 元

章太炎《齊物論釋》之研究

蘇美文　著

作者簡介

蘇美文，臺灣高雄市人。淡江大學中文碩士、香港珠海大學中文博士候選人。現任中華技術學院共同科副教授。以生命之究竟解脫為人生目標，目前關注於女性禪師等佛道宗教的女性議題，此後願意繼續致力於眾生平等、啟發智慧、自在圓滿等價值之主題。有〈女性禪師的道影：由「寫真與名言」探析祇園禪師之形象〉、〈伏獅女禪：祇園禪師之參悟與弘法〉、〈女性禪師道場的蹤跡：嘉興梅里伏獅禪院之昔與今〉、〈明末清初女性禪師語錄的出版與入藏：兼論《嘉興藏》入藏問題〉、〈菩提樹與革命僧：清末民初僧人與革命之探討〉等近十篇論文發表。

提　要

　　本論文以章炳麟先生（字太炎）之名著《齊物論釋》為研究對象。章太炎是清末民初之學問家兼革命家，一生盡心盡力於文化與民族、國家。《齊物論釋》乃其「以佛解莊」之作品，交融了莊子與佛學，以及章氏本人之學養與歷史存在感受。本論文是依一個核心三個角度來說明其內涵。

　　所謂一個核心是：直接進入《齊物論釋》本文，如實探知章氏所詮釋之義理，因此不著力在：是否符合佛法或是否符合莊子原意的判斷上。三個角度是：一者，從莊子詮釋史之「以佛解莊」方式中，明瞭其特質與地位。二者，置於章氏學術思想中，洞見其個人文化生命之流變。三者，安在時代之佛教思潮中，以明其寫作《齊物論釋》之用心所在，橫觀對時代文化之影響。是以本文為中心，照入縱線之詮釋史、橫面之時代思潮，同置於章太炎學術生命處。由此紛呈《齊物論釋》，使其各顯一端而又互明之。

　　《齊物論釋》之思想，就理路內涵而言，是以佛法般若中道為基本理路模型，以畢竟空義為貫串全面理路之基礎。就具體宗派言，是以唯識學之名相來說明萬法之虛妄性。華嚴宗之無盡緣起說明「萬物與我為一」義。以《大乘起信論》之如來藏思想為終極之肯定。在「以佛解莊」的詮釋史中，其特色是：以唯識精析名相、句句符應的詮釋方式，建立典範人物：莊子為「一闡提菩薩」。

　　而在章氏「始則由俗轉真，終乃回真向俗」之一生思想中，《齊物論釋》居於「真俗交融」之地位，並有「回真向俗」之趨向。於此，章氏創建出獨特的莊子思想體系，也同時啟發他判攝其他思想的方法。在近代佛教思潮上，章氏之「以佛解莊」代表文化界正面看待佛教，助成佛教思潮之興起。但章氏之最終用心落在整個中國社會、文化的前途，他運用佛法唯識法相之學來響應當時精細分析的學術方向，提出齊物思想來透析各種文化論爭之迷障與執著，進而促進中國文化的自信心。他更以菩薩道的精神，來積極鼓吹革命，鼓勵道德勇氣、民族氣節。另外，他的「以佛解莊」代表著：以佛法來融通整合儒釋道、中西等不同文化之差異，而這樣的方式對後來的學者有一定的啟發作用。

目

錄

第一章　緒　論

一

近代中國之劇變是無以倫比的，其發展仍影響著我們所處之時代，其問題亦仍然留存在我們生長之社會，所以時代與時代之相繼，若我們能浸染其中體悟其中的生住異滅，是足以汲取邁向未來之源的。所謂劇變是指由此變成彼，產生很大之懸殊差異之故，此劇變差異遍及政治、經濟、文化、習俗，上至思考方式，下至生民物用都籠罩在此中，由此就難免有新與舊、傳統與現代、退步與進步等等判準。歷處於此中之有識之士，其善世之道勢必紛然雜陳，因素變化無端，且充滿困心激厲之志，章炳麟先生乃此中具代表性之一人。

章炳麟，字枚叔，又號太炎，生於清同治七年（西元一八六八），浙江餘杭縣倉前鎮人。曾往應童子試，但因眩厥而不竟。自此終其一生無參與功名之試，亦無清朝之官職，視往後局勢之發展，此適乃正途。二十三歲入詁經精舍就俞樾先生學，於此之前皆於家自學。二十九歲離開精舍，三十歲到上海開始與新學學者、關心政治學人相往來。並因此而與清室爲抗，親身參與革命思想之鼓吹，曾逃亡至台灣、日本。並因蘇報案入獄，其中開始講國學不斷。民國成立後，時勢未定，爲申正義而被袁世凱軟禁，之後於政局多有奔波建言，但未能見用，講學以存繼文化、振起國性之志仍未斷，故晚年全心致力於此事，專於蘇州創立章氏國學講習會，弟子甚多。民國二十五年六月逝世，享年六十九歲。

章氏重要作品極多，自己最得意者，在於文字語言學上之《文始》、《新方言》，以及在思想上之《齊物論釋》。章太炎雖有著濃厚傳統學者之色彩，走著維護國學之路，「在清學蛻分與衰落期中，爲正統派大張其軍者」〔註1〕，是清末民初之學問家

〔註 1〕見梁啓超之《清代學術概論》，頁一五七（商務，民國五十五年）。

兼革命家，但是使其在此深厚素養中產生重大質變、轉化學術生命的，就是他開始正視佛法、深趣大乘。所謂「正視」不僅是指直以佛法之名提倡佛法，無有陰隱之諱，更是在思想內涵上親身實踐出來。所以「中歲以後所得，固非清學所能限」〔註2〕，之後學術重心雖然不再明言佛學，此乃應世所需，以平實之傳統儒學爲權變之故，其思想本質已然蘊含佛法於其中，因此佛法在章氏思想上具有極特殊之價值。而《齊物論釋》就是在深入佛法後，返回中土故籍，以慧眼觀照所抉擇詮釋出者。一方面可具體了知章氏之佛法認知，以明其學術生命之重大轉化部份；一方面亦能體會章氏如何融通佛莊，對莊生重新詮釋充實之跡，爲文化提出一種重新整合之方向，即是以佛法來融通文化，藉以掘發傳統文化之深義。再而，這個方向依著當時佛教思潮，亦導推佛教思潮，不僅影響中國佛教本身，亦影響整個文化發展。此乃本論文以章氏《齊物論釋》爲討論核心之意義所在。

二

對於章太炎之評價，於章氏生前，有稱章瘋子、國學界泰斗，有稱近代大文豪、革命家之巨子、新中國之盧騷，有以學閥之名通緝之等等〔註3〕。去世時，魯迅爲文稱其早年是「有學問的革命家」，而晚年「粹然成爲儒宗」〔註4〕；國民政府稱其「巋然儒宗」〔註5〕；又有革命元勳、國學大師之號〔註6〕。大都稱讚其傳統學問之造詣與鼓吹革命之文章，或直陳其個人特質。在如此多變之時代中，交融著章氏個人之學問特質，使得人們對其評價亦是毀譽參半。至於，後人對於章太炎思想之研究，大陸之學者著力甚多，對其個人之評價，亦貼了許多標籤，章氏之學術生命多所流變，故加諸其上之「主義」、「派」、「階級」就特別地多。其中文化大革命前，

〔註2〕同註1書，頁一五九。

〔註3〕章氏於西元一九〇九年反對孫中山等人，而被稱爲瘋子。之前據章氏自言，已有說其「瘋顛」。章氏於辛亥革命那年回國時，《民立報》曾刊載文章歡迎他曰：「章太炎，中國近代之大文豪，而亦革命家之巨子也。……惟望我同胞奉之爲新中國之盧騷」（見《章太炎年譜長編》卷三，頁三六一）。後來，南京政府曾以「學閥」之名通緝他。（同上書，卷五，頁八八八）。

〔註4〕見〈關於太炎先生二三事〉：「我愛看《民報》，但並非爲了先生的文筆古奧，索解爲難，……是爲了他和主張保皇的梁啓超鬥爭，……眞是所向披靡，令人神往，前去聽講也在這時候，但又並非因爲他是學者，卻爲了他是有學問的革命家……但革命之後，先生亦漸爲昭示後世計，自藏其鋒芒……粹然成爲儒宗」。此乃魯迅爲章氏去世之作。言下之意對太炎晚年未能延續其早年政治主張之激進，而感到惋惜。引自《章太炎生平與學術》，頁九～十（三聯書店，西元一九八八）

〔註5〕〈國民政府國葬章炳麟令〉，見註4書，頁十九。

〔註6〕見太炎之學生許壽裳之《章炳麟》第一章，引自《章炳麟傳記彙編》，頁七（東大，民國六十七年）。

將章太炎歸爲：地主反滿派、農民小資產階級革命派，資產階級革命派〔註7〕。四人幫時期將之視爲法家、尊法反儒的代表〔註8〕，此類均在一特定之政治要求下被偏取扭曲。又後，大陸學者雖然較能全面看章氏之思想，但仍有強烈的政治意識型態、一套固定歷史史觀，是以對章氏之評價仍定位在所謂「資產階級思想家」上，並將章氏早先主張革命視爲進步，反對孫、黃，擁護黎袁，是反動、起了壞作用、不符合歷史發展規律〔註9〕。民國成立後之「反共反革命的資產階級右派立場，必須徹底揭露和批判……作爲儒宗的尊孔讀經等鼓吹封建文化的思想主張，那是應當徹底批判的」〔註10〕。諸如此類，比比皆是。即使較能夠分析精細者，對章氏各期思想有所更變之處，予以分別之者，例如：

> 一方面夾雜封建毒素，另一方面又充滿了小生產者慣有的反動空想，是章太炎思想的顯著特徵，在反滿反適的民族主義、經濟平均主義、政治專制主義、道德純潔主義之旁，再加上絕對個人主義和極端虛無主義，便構成了章的社會政治思想特色的全貌。〔註11〕

雖然已能細察變化之跡，但仍逃不出這種框架。

《齊物論釋》乃一「以佛解莊」之作品，所以學者之研究關乎此者，大多置於章太炎之哲學思想、佛學思想中來論述。此中，不外乎冠以主觀唯心論、絕對個人主義、極端虛無主義等等。至於專對《齊物論釋》者，有認爲「由經驗論到唯心論，和主觀地運用辯證」之典型作品〔註12〕；是資產階級思想意識中，相對主義的代表作〔註13〕；是加入老莊虛無主義、相對主義之「強化了的佛教唯心主義」〔註14〕；包蘊唯識思想和對立統一的認識方法，主觀吞沒客觀〔註15〕；「通過將認識的主觀

〔註7〕見蔡尚思〈論章炳麟思想的階級性〉（大陸之《歷史研究》西元一九六二年，第一期）、孫守任〈論章炳麟政治思想的階級屬性及其發展的幾個階段〉（《吉林師大學報》，西元一九六四，第二期）。

〔註8〕引自李潤蒼《論章太炎》〈章太炎是什麼派〉，頁一（四川人民，西元一九八五）。

〔註9〕見李澤厚〈章太炎剖析〉，引自《中國近代思想史論》，頁三六八，頁三九三。

〔註10〕見李潤蒼《論章太炎》，頁三十一。

〔註11〕同註9書，頁三九二。

〔註12〕同註9書，頁四○○。

〔註13〕何成軒〈章太炎的相對主義眞理觀探索〉，見《章太炎生平與學術》，頁四四八。

〔註14〕唐文權：「老莊的虛無主義和相對主義應機而入，大大強化了原有的佛教唯心主義，這在〈四惑論〉和《齊物論釋》這些代表作中都有明白的反映」。見《章太炎思想研究》第七章〈西風之來應機而化——章太炎的佛學思想〉，頁二六八（華中師範，西元一九八六）。

〔註15〕持此觀點爲麻天祥，見其《晚清佛學與近代社會思潮》第八章〈章太炎的法相唯識哲學〉，頁一九八（文津，民國八十一年）。

性極度強化，繼而對它到達純粹眞理的能力，作出否定答案的辦法來論證的」〔註16〕。總之，大都認爲章氏之佛學思想是虛無主義，又因唯識法相之強調而成主觀唯心論者，《齊物論釋》則是再加上相對主義（對立統一）。至於國內，遷台以來研究成書者不多，但大都對其創發性予以讚賞，或「發前人所未發」〔註17〕，或以《齊物論釋》是章氏從虛無到入世之著作〔註18〕。黃錦鋐先生有〈章太炎先生之齊物論釋〉，認爲太炎之《齊物論釋》是「表達諸子思想系統研究的一種模式」〔註19〕。日本學者高田淳有專作《齊物哲學與辛亥革命》，由辛亥革命這個充滿入世精神的角度，來看齊物思想。論述還算公允詳盡。並且相當細膩地比對《齊物論釋》初定本、重定本〔註20〕。以研究數量來說，對章氏思想之研究，有專門論作者，大陸遠比國內多，日本亦不少，海外亦有一些〔註21〕，由於太炎之學術方向豐富，因此方向各異，以其關心國事鼓吹革命，所以與此相關者甚多。近年來，由於資料漸次蒐進整理出來，民國七十五年，還舉辦過「章太炎先生逝世五十週年學術討論會」、杭州亦有太炎紀念館，所以對於章太炎之研究亦愈盛，方向與評價亦更多。專門研究其思想多矣，《齊物論釋》亦是必定會被提到的作品，但是專門研究其佛學思想者無多，因此《齊物論釋》雖常被提及，但卻較少專門從此「以佛解莊」的角度進入。《齊物

〔註16〕見姜義華《章太炎》，頁二〇〇（東大，民國八十年）。

〔註17〕張玉法《中國歷代思想家》曰：「炳麟治老莊有驚人的發現……《齊物論釋》……等篇，精闢創獲，發前人所未發」（商務，民國六十七年）。

〔註18〕王汎森《章太炎的思想》：「他的《齊物論釋》將其獨特的平等思想發揮得很詳盡，也最能代表章氏溶會佛莊的成果，若無佛學的洗禮，他不能斥破名相之拘絆。但若無莊子〈齊物論〉，則章氏永遠只能以虛無終其生，而不能對現實世界作一進步之肯定」（時報，民國八十一年）。此說點出章氏詮釋莊生之重點，即將莊生視爲菩薩一闡提，強調入世應機之志。但卻忘失了章氏「用宗教發起信心，增進國民的道德」部份，入世之菩薩精神章氏本在佛教中汲取，並非詮釋莊生才有，所以說沒有詮釋莊生就虛無終生，不太允當。章氏本認爲莊佛可符應如契，義理與行願可相合，如硬是分析而言，莊生正能應中土之機，而佛法雖高不免有所隔閡。因此章氏說到儒佛莊三者時，有說莊佛皆能兼世間、出世法，而儒者偏重世間法。又說「佛法雖高，不應用于政治社會，此則惟待老莊也」（太炎先生自述學術次第），其中稍移者，乃因老莊爲傳統固有，較能應機於中土生民之故。而這種應機之想法，也促發章氏後來更進而以之前所認爲的：偏重世間法的儒家，爲教化重點。以其偏重世間法更加能應機故。

〔註19〕見《師範大學國文學報》第二十期，頁四四、四五。是黃先生發表於民國七十八年，香港大學「章黃先生國際學會議」的論文。

〔註20〕見東京，研文出版，西元一九八四。

〔註21〕汪榮祖先生著有《康章合論》（聯經，民國七十七年）、《章太炎研究》（李敖，民國八十年）、另有英文作品：《近代民族主義的追尋：章太炎與革命中國》（牛津，西元一九八九）。除此之外，章氏亦有德文之傳記。

論釋》是一「以佛解莊」之作品，由此來理解它，是當然亦是重要的。因此本論文便依此來探討《齊物論釋》。

本文不擬以此唯心唯物等主義，資產無產等階級來劃定章氏《齊物論釋》，因爲主義者云，形成流派有所專定，以此冠上甚爲流變複雜之章氏思想，並非章氏本身內涵所能歸納整理出來的，自然常有扞格見肘之處，何況諸如此類之主義、階級都是在特定之意識型態、價值判準中，更使章氏之評價陷於迷陣中。是以，本論文直接進入《齊物論釋》之內涵，實觀其思想，以章氏之語言判準來闡述理解其思想。

章氏詮釋莊生，是以佛法義理詮解之。本文不立於「是否符合莊生之原意」上論說，而是直接面對《齊物論釋》，探其詮釋之義理內涵如何？如何莊佛符應？爲什麼如此詮釋？如此詮釋之意義價值等等問題上作討論。典籍是不斷發展之生命，以文字開放給後人，因時間、空間、觀者之差異，面對典籍時便各有心向，從典籍中探索出的內涵因而有所差異，各有不同的發揮。就詮釋者而言，詮釋典籍正代表作者本人之意向與時空交錯下之感受，依憑典籍而發；就典籍而言，典籍亦由作者之詮釋，再開出另一視野。如此彼此開放、彼此交流，而融合出有生命之詮釋作品。依此意義下，自來紛然雜陳之詮釋作品，便各有其位，所以探索所謂原意不僅是不實際，亦且不可得。龔師鵬程曾曰：「如果我們借用詮釋學的說法來說，那就是：任何存在都必然是一定時間空間裏的「定位」，故一切存在物皆不能不有時空條件，都具有歷史性，人能通過他的理性去認識歷史、理解傳統，但人的理解，卻是在歷史和傳統中形成的，非超越歷史而有之」〔註22〕，既然理解、詮釋就在歷史與傳統中形成，就事實言，詮釋本身永遠無法回歸原始，反言之，亦無需回歸原始，而是讓傳統、原始在每段歷史中，藉由作者體會而演發開展，據此確定詮釋之位置，而來面對之。當作者在面對典籍時，之所以欲重新詮釋，乃是面對時代種種、個人學養生命交融成之存在感受，或見前人所未見、發前所未發，或假藉另外體系之思想、名相來相證，而行融通之名，以資更加清楚說明。而且是藉著傳統，從掘發傳統中來表達闡述自己之理念〔註23〕。據此，本論文將莊生視爲一開放詮釋體，來體解歷

〔註22〕見《文化、文學與美學》，自序。（時報，民國七十七年）。
〔註23〕此據龔師鵬程：傳統與現代並非絕然可以劃分隔開的，復古之傳統深化常是創新之源，是以浸染傳統愈深，其批判現實亦由傳統中取資，從詮釋掘發傳統開放出來，因此「從反傳統到擁抱傳統，成爲傳統的代言人，乃是內在邏輯的合理發展」。故又言：「歷史與傳統不是凝固既存的，它仰賴讀者的參與詮釋，它也不是自明的，而是需要讀者思索以通、誦數以明。讀者不斷鑽研，見識越來越明通深刻，傳統也隨之深刻化，因爲它被高明深刻的讀者看出深刻的意義，在此情況下，讀者思索理解出來的道理，也同時就是傳統或經典「本身」的意涵。所以到最後，《齊物論釋》既是對莊子的解釋，也是章太炎自己思想的說明」。見《傳統・現在・未來——五四後文化

史中章太炎《齊物論釋》之詮釋，並不局限於所謂莊生原意。

依此，對於《齊物論釋》中之佛法，本論文亦皆以章氏所說者爲準，或證以其所引之經文，或旁及章氏其他佛學之論述來輔佐理解，意在理解章氏所說，因此便不必立於佛教思想流變去追尋其本來之意涵。

三

「以佛解莊」之《齊物論釋》，是對莊生之〈齊物論〉作義理之詮釋，而實則涵容章氏對莊生之全面觀感，在加上身處近代佛教思潮之開端，所以其內涵交融了莊子與當時佛學思潮，以及章氏本人之學養與歷史存在感受，而這種種亦能由《齊物論釋》來顯現出來。因此本論文依其性質，各由幾個角度來澄明其內涵。一者，闡述《齊物論釋》所具之義理，直探本文以爲宗旨。二者，從莊子詮釋史之「以佛解莊」方式中，理解《齊物論釋》所具之詮釋方式，縱觀莊子學以明其特質。三者，置於章氏學術思想中，洞見個人文化生命之流變。四者，安在時代之佛教思潮中，以明《齊物論釋》用心所在，橫觀對時代文化之影響。由此分爲四章，以《齊物論釋》本文爲中心，照入縱線之詮釋史、橫面之時代思潮，同置於章太炎學術生命處。由此紛呈《齊物論釋》，使其各顯一端卻又互明之。

四

章氏終其一生，學術內涵多有所流變，由於本論文焦點置在《齊物論釋》上，爲了論說確切不至於混亂前後，所以討論《齊物論釋》相關之思想時，多引用其前後運用佛法最多之時期的著作爲主，不取早年或晚年者來相證。當然關涉整個學術生命時，則連貫而用。而《齊物論釋》有初定本與重定本之分，由於此二本之寫作皆在章氏最重視佛學之時，所以重定本比之初定本在基本之論點上並無大異，而重定本更加確切清晰、莊佛符應更精密，因此理解闡述其思想，就全部以重定本爲準。至於二本之差異則於另節說明之。又，引用《齊物論釋》本文時，不另用註解註之，而以章氏所分之七大章用數字直標於文字下，在章之下有小段落者，則依序標成一、一或一、二或一、三等等。

的省思》，頁二十四。（金楓，民國七十八年）。

第二章 《齊物論釋》之思想

　　章太炎《齊物論釋》是將〈齊物論〉分爲七大章來作詮釋（以下引《齊物論釋》本文時，將依七章之劃分而各標識之）。〈齊物論〉最重要的觀念就是「齊物」〔註1〕。所以其在解釋「齊物」這兩個字時，就已經將他對整個〈齊物論〉的看法，畫龍點睛地指示出來：

> 齊物者，……蓋離言說相、離名字相、離心緣相、畢竟平等，乃合齊物之
> 義次。即《般若》所云：「字平等性、語平等性」也。其文既破名家之執，
> 而即泯絕人法，兼空見相，如是乃得蕩然無閡。（《齊物論釋》釋篇題）

由離言說相至離名字相，再而離心緣相，最後到達究竟平等，這是引用《大乘起信論》中的句子。代表循序漸進到達齊物的階次。接著，章氏又換另一種說法加以說明：「既破名家之執，而即泯絕人法，兼空見相」而至「蕩然無閡」。他先以「既」、「即」表現出內容的整體感，再而用「兼」字去包納之，展現出非斷裂、非層次分明的理趣。這二種說法，所指涉之意涵基本上是一樣的：離言說相、離名字相就是破名家之執（此處所言名家，應是廣泛地指執著文字語言之人。非專指前秦諸子之名家）。離心緣相，就是泯絕人法、兼空見相。它們都是以超離、泯絕始，而一個終以「畢竟平等」，一個終以「蕩然無閡」，這兩者合而爲言，恰恰能將章氏所要達到之齊物境界，圓融地表現出來。要達此境界，最根本的基礎就是要泯絕人、法二我，亦即是我空、法空。以是，本文將章氏所言之齊物思想的基礎，立於「泯絕人法二我」上，並可廣及一切存在之泯絕。又，如何依此向外遣離言說、名字等等對立虛

〔註1〕〈齊物論〉到底是齊「物論」？或是「齊物」之論？章太炎認爲應是「齊物」連讀，因爲〈齊物論〉並非只在齊言論是非而已，而是齊人我、彼此、是非、生死等等所有的對立。「物」可以包括名言、文字、是非、人我等等，所以「齊物」之範圍，從有形有相之體，到精神意識之思都可以囊括在其中。可是如果是「物論」連讀，就把物的範圍圈限在言論上，不合此論之內容，所以應是「齊物」連讀。

妄之相，一一分析出其唯識虛妄性，再一一予以破執遣妄，以能達到離名言相、離文字相（包括萬物），甚至離心緣相之畢竟空義。此乃析遣一切之齊物過程。最後破執遣妄殆盡，翻轉圓成「兩行之道」、「和之以天倪」之齊物大用，亦即畢竟平等、蕩然無閡。是以，此章共分爲三部份：一者，直指空義爲基礎核心，二者，遣執虛妄之相對存在，以達到齊物精神。三者，圓融中道（兩行），即究竟即平等。

第一節　齊物思想之基礎

壹、以「人我法空」爲基石

一、人我法空

人我法空，指的是「人我空」、「法我空」。「我」有：常、一、主、宰四種意義，「常」是不變義，「一」即獨立義，「主」是自在義，「宰」是支配義，因此說「我」是指有一獨立、不變、自在之實體存在，說「無我」、「我空」即是認爲世間種種無有一獨立、不變、自在之實體，而有情眾生不能通達這個道理，遂生「我執」「我見」。這是眾生輪迴生死不能解脫之主要原因，亦即無明之所在。這個道理是佛法出於印度而大不同於印度其他思想之處，亦即是佛教之最大特色。「人」，對生命主體而言，「法」，則遍指一切存在。所以「人我空」即是否定有一獨立不變之生命主體，「法我空」即否定一切之存在是獨立、不變的。眾生如能體解此二空，即能斷除煩惱障而終向解脫道。不能解此即有人執、法執，因此人執也就是執著我爲不變、獨立之自體。法執就是認爲有實法之存在。此二執亦可說成我（人）、我所（法）之關聯。以八識來說，我、法二執就由第七末那識始，此識具有根本煩惱中的「我痴、我貪、我見、我慢」，都是執我，執自性，無明也就在此，所以要解無明爲明，則要化我執、法執爲無我、無法，無我、無我所，亦即空人法二我。

章氏提出人我法空爲齊物思想之基礎，亦即能達到齊物之境界，展齊物之大用，首在人我法空，所以所謂「離名言相、離文字相、離心緣相」，能破名相之執，即能離言說相、離名字相。如能空見相二分即能離心緣相。名相之執、見相二分之根源就在人我法執，「離」、「空」、「破執」都是指人我法空，所以如能達到人我法空，前面所談即能成就，而到達畢竟平等、蕩然無閡。用這樣的內容來解釋「齊物」，顯然「人我法空」便是章氏之齊物根本要旨。所以其云：

> 齊物本以觀察名相會之一心，名相所依，則人我法空爲其大地，是故先說
> 喪我，爾後名相可空。（一、一）

是故要離言說相、文字相,破除名家之執,而名相可空,就得先有我空、法空爲其根本。因爲各種執著、差異、虛幻,皆是依我執、法執來的,所以他在說明訓釋之詞時,認爲名必求實,所以才有訓釋的產生,訓釋共有三種方式:

> 一謂說其義界,……求義界者即依我執、法執而起。二謂責其因緣,……
> 亦依我執法執而起。三謂尋其實質,……求實質者亦依我執法執而起。
> (一、四)

訓釋是爲了說明而有的,各種各式的說明,章氏都以爲不過是建立在我執、法執上,將之推尋至極,都無有眞實性的存在,所以如何地訓釋如何地說明,對於所謂的「名實相符」之實,皆無能進觸。章氏還用了另外一個名稱來說明我法二執,即「原型觀念」。曰:

> 詳彼意根有人我法我二執,是即原型觀念,以要言之,即執一切皆有自性。
> (一、四)

我執、法執又爲人我執、法我執,「我」是主體意義,指有個不變不異的自體。這兩種執著的根源都在於:認爲有個不變的主體。只是對象稍有差異:一個是對自己存在的執著,一個是對法存在的執著。是故章氏取其根源的共同點,而說這兩者都是:執一切皆有自性,即前面所談之「我」義。一切皆有自性的觀念是根深諦固的,是人類思考的固定基盤、原始型式,所以稱爲「原型觀念」。實則,說得確切些應是「無始無明」。因爲這樣的執著,無始以來即主控著眾生,一切的所思所想皆依循這個無明,展轉流行而出,使眾生迷途不返、輪迴生死,由於往復不斷無從了知它從何而來,從何而始,所以以無始稱之,亦即《起信論》所言:

> 以從本來念念相續,未曾離念,故說無始無明。〔註2〕

如果,欲強尋一個基點安置,讓無明、我執(法執)稍具有根本意義,所以就以「原型觀念」稱之。而原型觀念的內容如果細分可擴大成:

> 藏識子中種子,即原型觀念。(一、三)
> ……吹萬者喻藏識,萬喻藏識中一切種子,晚世或名原型觀念。(一、一)

意即阿賴耶識中的種子,皆可說爲眾生的原型觀念,因其不僅藏納過去世而來的種子,而且種子遇緣則會在現世顯現,且在現世受新的熏習變化,然後留諸於未來世,做爲未來生命的原始基型,所以其爲生死輪迴的主角,《八識規矩頌》說其「去後來先作主翁」。因此就時間、拘限而言,藏識中種子就是眾生「原型觀念」,久存而不爲己知。

〔註2〕《大正藏》冊三十二、頁五七六下。

除此之外，章氏又換個角度專以末那識來說我法二執：意根有人我法我二執。曰：

> ……惟有意根恆審思量執阿羅邪識，以爲自我，而意識分別所不能見也，
> 以恆審思量故，必不自覺爲幻，自疑爲斷……（一、二）

這是以我法二執的依處來說，亦即是意根（末那識）執著阿賴耶識之特性而說。末那，是梵語 Manas 的音譯，義譯爲思量、意。所以章氏才稱爲「意根」。它是八識中的第七識，最主要的特性是具有恆、審（思量）二種作用。「恆」是指它不曾離念，念念相續。「審」即是具有能計度分別的能力，其最主要的計度分別，便是執取阿賴耶識爲我。所以末那識便恆恆相續地計度分別阿賴耶識有永不變異的自性，因其綿綿密密，一剎那一剎那攀緣執著，續執不斷，所以從來也沒有懷疑自己所執著的是否是眞實的，由此造成執著一切皆有自性，而有根深諦固的我法二執。

另外，章氏又廣度地以唯識三性來說明我法二執：

> 無物之見即無我執、法執也，有物、有封、有是非見，我法二執轉益堅定，
> 見定故愛自成，此皆遍計所執自性迷，依佗起自性生，此種種愚妄雖爾，
> 圓成實實性實無增減。（一、五）

有關唯識三性：遍計所執性、依他起性、圓成實性的說法，自來各有角度、程度上參差的看法，在此僅就章氏所認定的意義來說明。章氏將這三性都冠以「自性」，並非獨立不變的自體意義，而只是表示「存在」的涵義。章氏其於〈建立宗教論〉中以三性來說明建立宗教、衡量宗教。云：

> 云何三性？……第一自性惟由意識周遍計度刻畫而成，若色若空若自若他
> 若内若外若能若所……，離於意識則不得有此差別，其名雖有其義絕無，
> 是爲遍計所執自性。第二自性由第八阿賴耶識、第七末那識與眼耳鼻舌身
> 等五識虛妄分別而成，即此色空是五識了別所行之境，即此自他是末那了
> 別所行之境，即此色空自他內外能所……是阿賴耶了別所行之境，賴耶惟
> 以自識見分緣自識中一切種子以爲相分，故其心不必見行而其境可以常
> 在，末那惟以自識見分緣阿賴耶以爲相分，即此相分便執爲我，或執爲法，
> 心不見行，境得常在，亦與阿賴耶識無異。五識惟以自識見分緣色及空以
> 爲相分，心緣境起非見行則不相續，境依心起非感覺則無所存，而此五識
> 對色及空不作色空等想。末那雖執賴耶以此爲我、以此爲法，而無見行我
> 法等想。賴耶雖緣色空自他內外能所……以爲其境，而此數者各有自相，
> 未嘗更互相屬，其緣此自相者，亦惟緣此自相種子，而無見行色空、自他、
> 內外、能所……等想，此數識者非如意識之周遍計度執著名言也，即依此

識而起見分相分二者，其境雖無，其相幻有，是爲依他起自性。

章氏由八識的性質來說明三性〔註3〕。偏計所執自性專指是第六識（意識）。第六識是指我們人人可感覺到的思想、意念，其最重要的性質便是：計度、思惟，所以因它會產生善、惡、無記三種業果，無記是不可記爲善亦不可記爲惡，且不會引生苦樂者。因爲第六識有普遍、計度的功能，所以才形成各種遍及一切的相對概念，而有此是、彼非，此外、彼內等等思惟、想念，依唯識而言，這些都是妄相，根本是無中生有，但眾生卻以爲眞實而名之，所以才說：徒有其名而無其實義。甚至依名而生出妄義。

第二自性依他起自性便是指第八、七識以及前五識。前五識（眼耳鼻舌身識）是任運而轉的，任隨第六識而俱起，第六識以善與之，前五識則依善而起，反之則俱惡，所以它沒有計度、思惟的能力，不會自己見行而起想思。

而第八識與第七識皆是無記性，第八識是「無覆無記」性，第七識是「有覆無記」性。前者之所以是「無覆」乃因阿賴耶識是各種種子之所藏，它本身沒有分別、思量的作用，且沒有障蔽聖道、覆蓋心性的力量，所以雖然具有種種相對概念的種子，而且以這些種子爲對象，但卻不見行起想思。後者第七末那識卻有覆障蔽聖道、覆蓋心性的特質，亦即其執著阿賴耶識爲我爲法，而障覆了眞實。它以阿賴耶識爲它的對象，也因此有自他的分別產生。其有執我、法的思量，是非常的深細而念念不忘失。章氏說它與第八識都是「心不見行，境得常在」，見行即現行，一般是用在「種子生現行，現行熏種」，是指種子產生作用、功能。在此用在心上，依章氏在此文中「心」的意義應是指第六意識，所以所謂此兩識「心不見行」，即是：此二識皆不能如心般地產生功能，所以也沒有思量、念想作用。所以才說「末那雖執賴耶以此爲我，以此爲法，而無見行我法等想，賴耶雖緣色空、自他……而無見行色空、自他……等想。」又這兩識皆有對象之境（阿賴耶之對象境即各種種子，末那之對象境即是阿賴耶），所以說「境得常在」。

末那識是可思量的，而且是「恆審思量」，是微細不斷，但是卻不像第六意識有遍及一切的能力，其只執著阿賴耶爲我爲法而已，所以章氏顯然將重心放在：是否有起思量、念頭之心功能，而與代表遍計所執自性的第六意識區分開來。換言之，章氏以第六意識之思量、計度與否，來說明區別遍計所執和依他起性〔註4〕。這依

〔註3〕八識的説法，參考唐三藏玄奘所著的《八識規矩頌》。三性的説法，參考《解深密經》、《唯識三十論頌》等。

〔註4〕護法以爲第六、第七意識是能遍計，安慧認爲：八識都是遍計所執。這此中仍有不同説法。可參見印順法師《攝大乘論講記》，頁二四〇（正聞，民國七十九年）。

他起性仍在識的範圍，而非智的境界，仍是阿賴耶識種子下的產物，所以仍是依他、依緣而起的〔註5〕，仍是不實、空性的，因此雖然究竟無境，但卻有緣生的幻有。再而他提到圓成實性時，曰：

> 第三自性由實真如法爾（猶云自然）而成，亦由阿賴耶識還滅而成，在遍計所執之名言中即無自性，離遍計所執之名言外，實有自性，是爲圓成實自性。夫此圓成實自性云，昔或稱真如，或稱法界，或稱涅槃。

遍計所執的虛妄執著，對於依他起不能如實了知，纏轉愈深。所以離卻遍計所執自性，能如實了知依他起性之空性，便可成就圓成實性－圓滿真實之性。章氏認爲依遍計所執而形成的種種名言，只得以「無自性」來說，如果能離卻遍計所執之名言分別，則可直下說爲「實有自性」，而肯定地稱爲「圓成實性」。並認爲圓成實性即法爾，即真如，即法界，即涅槃。最重要的是將之比爲「自然」。

章氏以我法二執所產生之種種虛妄假有，亦即遍計所執自性因迷而起了作用，依緣而起各類心識、外境幻相，所以就言：「遍計所執自性迷，依他起自性生」，這是就我法二執所增益出的染污行爲來言。

由上面所揭明的可了解到：章氏以我法二執之泯絕說明齊物思想之基礎、根本。我法二執皆是對自性的執著，故即是自性（我）之執。就時間、拘限性而言，自性執便是原型觀念。就其依處而言，自性執就是末那識之執阿賴耶識爲我，故落於末那識上。就其產生的虛妄染污而言，自性執便是遍計所執自性迷，依他起自性生。

章氏認爲泯絕我法二執是爲齊物思想之基礎，此是由詮釋〈齊物論〉中得出的，所以在〈齊物論〉中何處有此看法呢？此將於下面說明之。

二、喪我即無我

首先在詮釋第一章「南郭子綦隱机而坐」時，將「喪我」提出，而符之於佛法的無我、人我法空。在第二章時，又引〈逍遙遊〉中：「至人無己」，以及〈在宥〉中：「頌論形軀合乎大同，大同而無己，無己惡乎得有有。」的「無己」也來相應於「喪我」，亦即是「無我」，人我執、法我執總括而言是「我執」，所以我法二執之泯

〔註5〕依他起性，在此章氏以心識內容來說明。如同《攝大乘論》中：「此中何者依他起相？謂阿賴耶識爲種子，虛妄分別所攝諸識……何因緣故名依他起？從自熏習種子所生，依他緣故，名依他起；生刹那後無有功能自然住故，名依他起。」以及《唯識三十論頌》：「依他起自性，分別緣所生。（分別即指心識）」都是以心識說明依他起。一般都以外在世界的山河大地等，爲眾緣相關連而生，來說明依他起性，這是因爲唯識是不承認外在世界的實存，所以其存在都是關連到心識，由心識依他起來說明投射成的世界構成亦是依他起的。

絕也就是「無我」。佛法中講「無我」，是因爲「無常」、「緣起」而來的，所謂的「我」是指不變、獨立、主宰的意義，佛陀觀察宇宙內的現象，得出「一切法無我」，亦即無有一不變、獨立、主宰的自性存在，所以要眾生「無我」。而莊子中的喪我是如何？又爲何要喪我呢？是因何而說的呢？章氏多以八識彼此關係，亦即虛妄唯識來說明莊子對喪我的看法。

南郭子綦說喪我而將人籟、天籟、地籟提出，以爲天籟是子游所未聞的。然後南郭子綦用了許多具象的方式描寫：風大作時萬竅怒呺的景象。子游再問以天籟，子綦說了一段極重要的話：

> 夫吹萬不同，而使其自己也，咸其自取，怒者其誰邪！

章氏對此提出他的詮釋：

> 地籟則能吹所吹有別，天籟則能吹所吹不殊，斯其喻旨，地籟中風喻不覺念動。萬竅怒呺各不相似，喻相名分別各異，乃至游塵野馬各有殊形騰躍而起。天籟中，吹萬者喻藏識，萬喻藏識中一切種子，晚世或名原型觀念，非獨籠罩名言，亦是相之本質，故曰「吹萬不同」。「使其自己者」，謂依止藏識乃有意根自執藏識而我之也。（一、一）

依於此意，天籟則是了知萬法一如，沒有彼我、能所等等的割裂。所以因爲不覺之風起動（風作），起了分別，故吹起萬竅，亦即藏識具有千千萬萬的種子，八識也同時具足，這一切的種子又能引生現行各種相、名、分別，遂成整個精神、物質的世界（吹萬不同）。天籟出現割裂就有地籟的吹萬不同，這當中也就包括了人籟的各種不同。爲什麼造成吹萬不同呢？是不覺故，落在心識言，則是因爲末那執藏識爲我的不覺，換個角度而言，末那之執著亦依藏識而有，故吹萬不同反過來讓末那有執取的對象，而這對象卻是自己，故曰「使其自己」。所以其執著藏識爲我，是自我執取自我的方式，因此之故才會有自我割裂、自我設限，而說爲「咸其自取」。既然是自取，所以依之而生之分別、森然萬象，便都是自心的影像，都是沒有獨立、自性存在的，故實無自心之外的一切萬竅之怒，便發問而曰：「怒者其誰邪？」

「怒者其誰邪？」表面是徵詢，更重要的是發出尋我（怒者）不著的驚嘆。爲什麼尋我不著、我不可得？因爲「我」的產生只是「自取」、「使其自己」而來的。「自取」是泛指每一識之能所（見相）而言。「使其自己」則專指末那識執阿賴耶識爲我。以下就分這二部分來說明「我」的產生。

三、自取即我執

「自取」即自心還取自心，即因不覺而有。爲何說自取？如何來自取？章氏引

《攝大乘論》無性釋來與〈知北游篇〉相對比來看：

> 於一識中有相有見二分，俱轉相見二分不即不離……所取分名相，能取分
> 名見，於一識中一分變異似所取相，一分變異似能取相。〔註6〕
> 物物者與物無際，而物有際者所謂物際者也，不際之際際之不際者也。謂
> 盈虛殺衰，彼爲盈虛非盈虛，彼爲衰殺非衰殺，彼爲本末非本末，彼爲積
> 散非積散也。(〈知北游篇〉)

見分、相分是能、所的關係。簡言之，「見分」是識的能緣之作用，「相分」是所緣之境，前者有見照相分之能力，是心法；後者是被見分所見所照的相狀，可包括心內所起之境相到心外山河大地之具體相狀，此皆屬於色法。但是這些意義皆依於唯識義的架構下成立的，唯識以「唯識所變」爲旨，所以不僅見分是識所變現，連相分亦是依於識體而有，亦即攝歸心外之物爲心所變現，依此，言相分時便多會立於心之境相而言。依上面所言之意義而言，見相二分皆是一識中之事，亦是同時而起，不即不離的。以其分爲能所對立故說爲不即，以其同時俱起故說爲不離。既是一識中之事，爲何會分爲二呢？因爲起了變異，遮蔽了實相，便有類似於能取、所取的現象產生，因爲並非實有所以才說爲相似。一識中不明究實，就以這相似現象認爲是眞實，所以就在一識中起了見相二分，而有了能取所取的關係。其實是自心還取自心。見分、相分既皆是自心所起，是自心現影，說到究極處則是：除自心之外應無別義、別物，不僅精神世界如此，連器世界亦是無實的影現，故自心之外亦別無外界。

而〈知北游〉中所說的「物」，章氏認爲可對合於相分：「物物者」即是形成相分的，亦即是見分。所以「物物者與物無際」就是指相分與見分二者是不即不離的，以其一名爲物物者（見分），一名爲物（相分）所以不即；以其二者無際，所以是不離。一般所見之物卻是有際，而稱爲物際，就如同相分不管是心的境相或是心外的色法均是有方圓邊角等等相狀可言，因此也會有分際界線產生，擴言之也就有物與物，物與非物等等分別產生，這就是物際。接著章氏以爲：

> 而彼相分自現方圓邊角是名「物有際」，見分上之相分本無方隅，而現有
> 是方隅是名「不際之際」。即此相分方隅之界如實是無，是名「際之不際」。

依章氏之意：與見分不離的相分，是沒有方隅等等界線的，甚至可說無相分可言，更徹底而言：連見分也無。但是，它們分而爲二（不即），現出有方隅之相分，便產生了物際。所以可言：就見相之不離而離（不即）說是「不際之際」。就見相之不即

〔註6〕《大正藏》冊三十一、頁四○一下。

而即（不離）說為「際之不際」。所以重點在於相見二分之不即不離上。而此二分全是一識所現，因此二分的交互作用，而有種種分際差別，所以均是自心取自心而來的。此處章氏在使用「見分上之相分」之語時，稍有偏離。因見分與相分各有所司，見分是能緣，相分是所緣。因此相分本有狀相之意，此處卻以「見分上之相分本無方隅」來說相分可以無方隅，這與相分的使用慣例不合。但是觀其強調「見分上之相分」可知，其意於見相二分中更進超而有一「見相相即」，此時的相分便是即於見分，而有別於見相二分中的相分，如此方可說「相分本無方隅」。當相見相即時，再更究竟而言，即可說是無見相二分。如此一來，回歸至未起見相二分時，本無這些種種差別狀相，但是現在卻因見相作用而起種種界線、分別，所以由無際這面來看，就是不際之際。由有物際這面看，就是際之不際。但是消解掉見相二分，就不符合章氏以物物者為見分，物者為相分之意，這是在名相定義上稍有偏離之處。但與核心思想並無背離。自心生心，自取之，就有彼我、見相等對立產生，這些對立既是不實且又由自心所現，所以說是心之影像，眾生對此不能如實了知，而執以為真實。就如章氏引《解深密經》意〔註7〕：

> 若彼所行影像即與此心無有異者，云何此心還見此心？善男子，此中無有少法能見少法，然即此心如是生時，即有如是影像顯現。
>
> 若諸有情，自性而住緣色等心所行影像，彼與此心亦無有異，而諸愚夫由顛倒覺，於諸影像不能如實知唯是識。

《解深密經》是唯識學所謂「六經十一論」〔註8〕中最主要的經典。強調唯識所現，外境種種皆自心影像，能現所現唯是識，執所現是實有，乃因顛倒不覺之故。章氏用此來闡釋莊子「自取」之意。

由此可知「自取」是虛妄不實的，是無明不覺所致。如果回轉過來而不自取，不加割裂，還自己為自己保持完整的自己是否即是覺呢？這樣的思考方式，仍然落於對自己的執著上，欲建立一個完整的我，反而成了我執。因為當自取化消之後，就沒有一名曰「自己」可言。又如果有一完整的自己，又如何會分裂為二而自取？章氏對此仍然立於佛法對我執的定義，一貫地無忘失人我法執的泯絕，亦即喪我。自取是一識中自心還取自心，用來解釋萬竅之所以怒吼、對立之所以產生，彼我之見之所以出現。由自取之義知道這全是虛妄之相。就一識來說，其會產生自心分裂，

〔註7〕《大正藏》十六‧六九八中。

〔註8〕「六經十一論」是唯識所依的經論。六經是：《大方廣佛華嚴經》、《解深密經》、《如來出現功德莊嚴經》、《阿毗達磨經》、《入楞伽經》、《厚嚴經》。十一論是：《瑜伽師地論》、《顯揚聖教論》、《大乘莊嚴經論》、《集量論》、《攝大乘論》、《十地經論》、《分別瑜伽論》、《觀所緣緣論》、《二十唯識論》、《辯中邊論》、《阿毗達磨雜集論》。

就代表其並非不變的存在。就自取來說，只是影現的虛相，更非是個獨立的我。因此就沒有不變、獨立、恆存的我存在，雖說有個自心，可以去捉取自心，實則非有一個不變、獨立的自心存在，所以要說喪我。而所謂「怒者其誰」之問就指向「我遍尋不得」、「我不可得」之義，我既不可得，自取即是妄取，我執即是妄執。

四、使其自己

「使其自己」是專對末那識與阿賴耶識的關係而言。末那識與阿賴耶識和其他六識皆屬於心王，因為不覺、無明使得心識自己（末那）執著自己（阿賴耶識）為我。章氏引《莊子》〈庚桑楚〉來印證末那與阿賴耶的關係和性質。

> 靈臺者有持，而不知其所持，而不可持者也，不見其誠己而發，每發而不當，業入而不舍，每更為失。

章氏以「靈臺者有持」比擬阿賴耶識另一意譯：阿陀那識。阿陀那識是特就第八識能執持種子之功能而有的名稱〔註9〕，章氏以靈臺之臺有「持」意，恰合阿陀那識的意義：執持，阿賴耶識的特性之一，所以說靈臺即阿陀那識。有關阿陀那，《攝大乘論》曰：

> 復次，此識（阿賴耶識）亦名阿陀那識。此中阿笈摩者，如《解深密經》說：阿陀那識甚深細，一切種子如瀑流，我於凡愚不開演，恐彼分別執為我。〔註10〕

此中引《解深密經》的說法，章氏就是以阿陀那識深細、如瀑流來說明〈庚桑楚〉。阿陀那識之內涵是深細而不易被覺察，所以說為「不知其所持」。但是有情眾生執著此識為我，就是妄執，因此其是「不可持」。為什麼會執此識為我呢？因為第六識執著阿陀那為我，阿陀那自己並不能自見為我，由這種虛妄的關係下，而產生了各種知見，所以說「不見其誠己而發」。有了知見後，這知見本來就是虛妄產生的，所以與真心是不相應的，故產生微細境相：「三細」，由此再生種種明顯的境相：「六粗」〔註11〕，其中第五個為「起業相」，亦即發起善惡業，這善惡業產生作用，再熏習入

〔註9〕阿陀那識是執持的作用，這是可以確定的，但是執持何者，則有偏重的不同。《解深密經》是以攝持種子為阿陀那：「阿陀那識甚深細……一切種子如瀑流」（《大正藏》冊十六，頁六九二下）。《攝大乘論》是以執受一切有色根為阿陀那：「何緣此識亦復說名阿陀那識？執受一切有色根故，一切自體取所依故」（《大正藏》冊三一，頁一三三中）。顯然章氏在此取其確定的執持作用，又以此二種異名皆是第八識，內容所指涉的亦是第八識，第八識有一切種子，所以就寬言阿陀那識為執持一切種子，因此也直以阿賴耶識的功能來詮釋。

〔註10〕《大正藏》冊三一，頁一三三中。

〔註11〕三細六粗是依《大乘起信論》中：「依不覺故生三種相，與彼不覺相應不離，……一

第八識中的種子，種子被熏習後，第六識又執為我，有了虛妄知見，遇緣再發出作用，如此循環不已，染而再染，為輪迴的依據。如果未到阿羅漢位，就無法捨離這種雜染虛妄的循環，所以說「業入而不舍」。如此的阿陀那持種子，種子被執為自我，再發為業，由業再熏習成種，就阿陀那識內的種子而言，相續不斷地變化，有如瀑流一般，由無數一顆顆的水滴不斷地踴動串連而成，如同《解深密經》的「一切種子如瀑流」，就每一段距離而言，水滴（種子）是失而再有，有而失，所以說「每更為失」。

　　章氏這樣的配合〈庚桑楚〉與《解深密經》、《起信論》，無非是要證明「使其自己」與〈庚桑楚〉中所說的「不見其誠己而發」，皆是指明第七識執第八識為我。因為如此而呈現我執，引生種種虛妄之相。

貳、無我即顯真我

　　上來是由八識的層面、虛妄唯識來說我（執）亦是虛妄不實的，所以要喪我。在具體層面上「我」又是在何處呢？在《雜阿含經》中云：

> 云何為我？我何所為？何法是我？我於何住？……眼色為二，耳聲、鼻香、舌味、身觸、意法為二……譬如兩手和合相對作聲，如是緣眼色生眼識，三事和合觸，觸俱生受、想、思。……是故比丘，於空諸行，當知當喜當念空諸行常恆住不變易，法空，無我我所。〔註12〕

這是以眼耳鼻舌身意六根對色聲香味觸法六塵的和合，而生眼、耳鼻舌身意識，這三者合和再生六受、六想、六思來，如此彼此相合，而「我」其實就是這種相合的現象，這樣的「我」由於是個相合綜合體，所以並沒有一個自主、獨立、不變的我存在，所以說「無我」，既是無我當然也就無我所了，所以這是觀察生命具體的現象而得來的。章氏也認為〈齊物論〉中第二章就是在尋我的過程：

> 非彼無我，非我無所取，是亦近矣，而不知其所為使。若有真宰，而特不得其朕，可行己信，而不見其形，有情而無形。百骸、九竅、六藏，賅而存焉，五誰與為親，汝皆說之乎？其有私焉？如是皆有為臣妾乎？其臣妾不足以相治乎？其遞相為君臣乎？其有真君存焉？

章氏認為：沒有彼，也就沒有我（無我），沒有我也就沒有所取能取之分，能夠這樣

　　者無明業相……二者能見相……三者境界相……。以有境界緣故，復生六種相。云何為六？一者智相……二者相續相……三者執取相……四者計名字相……五者起業相……六者業繫苦相……」這三粗六細皆依不覺而有的，是順著十二緣起而說的。參考印順法師《大乘起信論講記》頁一六四（正聞，民國七十九年）。
〔註12〕《雜阿含經》第二七三經，收入《大正藏》冊二，頁七二中。

的了知無彼、無我、無能取所取，也就近於智者。但是如果以為我徹徹底底是無、是虛無、什麼也沒有，那麼所謂的無我就成了槁木枯腊了，如此便落於斷見、純空。如果真是純空，那麼虛妄依何而生呢？故曰「不知其所為使」。雖然說彼我是虛妄的，但是虛妄必有依處才得以生，所以推尋至盡，必有依處故曰「若有真宰」。但是真宰又不得而尋，此乃「特不得其朕」。

　　章氏這裏跟著莊子之文，而對於無我之意有了進越。前面都竭盡地泯絕我執，亦即喪我。此處因「真君」的提出，而翻轉出了真我。但是依然未離無我，故是喪盡妄我之後，而顯的真我。所以此處要尋得是真我。《雜阿含經》中尋我的過程，主要在彰顯找不到不變、獨立、自在的我，卻不說如果能證得此義，就可立一真我。章氏在詮釋此文時，雖然也是遍尋不著我，卻以遍尋不著，但卻覺有一不變者存在連繫之，所以進越一步，肯定有個真我，而去尋找不變的真我。尋百骸、九竅、六藏何為真我？此中或一、或多、或腦髓神經、或各各輪流為真我？此皆不見有真我在，故而推進以菴摩羅識為真我。

　　章氏將阿陀那識、阿羅邪識、菴摩羅識三個譯名，就其本義，將之符於莊子之靈臺（真宰、心）、靈府、常心（真君）三個名詞。其中阿陀那識、阿羅邪識、阿賴耶識都屬於第八識的異名。唯菴摩羅識，是攝論宗所立的第九識名〔註13〕，義為無垢，是真淨心。章氏並未用第九識之名，但章氏以其作為真體、如來藏，是有第九識之意。

　　但是他並未以為幻我在真我之外，而是依真幻之不一不異、真妄和合而說的，其體不生滅而隨緣生滅，因為體不生滅所以是不異。但因隨緣生滅所以是不一。一時迷為妄，破迷顯為真。分析而言，說「真宰」為染，「真君」為淨。以宰為宰家，宰家更替無常，是為阿陀那識恆轉如瀑流，而生種種虛妄。以君為大君，大君是常存不可廢置的，是為菴摩羅識的不變。因以菴摩羅識為體，所以阿陀那識是因業用而染，菴摩羅識是轉染成淨的，又以其為體，常遍自存，故也無被染，亦無成淨可言。證得菴摩羅識，即找得真君（真我），以無我方能證得菴摩羅識，是故其曰「以無我而顯我耳」。

　　因此在〈齊物論〉中有關乎虛妄者，即是真宰、生滅相，如「一與物相刃相靡，其行盡如馳，而莫之能止，不亦悲乎！」。如關乎真我者，即是真君、真如相，如「求得其情與不得，無益損乎其真」。云「人謂之不死，奚益也」是指違反真如，因此必有生滅。云「其形化，其心與之然」之形化心隨，是隨緣生滅，如來藏就轉名為阿

<hr>

〔註13〕攝論宗《決定藏論》、《三無性論》而立第九識阿摩羅識。

羅邪了。

　　章氏以菴摩羅識代表眞如、眞我，以阿陀那識爲幻我、生滅。是以，其立有一生滅之體，但是未證得眞體，便成阿陀那識而有虛妄、生滅；阿陀那識轉成菴摩羅識，而證得眞我、如來藏。章氏以名稱之轉換來說明眞妄，是眞則名菴摩羅識、如來藏。是妄則轉名爲阿陀那識、阿羅邪識。而眞妄的關係則是「體不生滅而隨緣生滅」、「業相有別而自體無異」。就如《起信論》中：「心生滅者，依如來藏故有生滅心」〔註14〕。《楞伽經》：「如來藏本性清淨不生不滅，無始時來爲雜染法之所熏集，故名阿賴耶識」。《密嚴經》：「我說如來藏，以爲阿賴耶，愚夫不能知，藏即賴耶識」〔註15〕。此中阿賴耶識亦即是阿陀那識，而阿賴耶識就其體上而言，即同如來藏。如其在〈人無我論〉中亦提及：

　　……如上所說我爲幻有而阿賴耶識爲眞，即此阿賴耶識亦名爲如來藏，特
　　以清淨雜染之分，異其名相，據實言之，正猶金與指環兩無差別。〔註16〕
這些都是要來說明眞妄並非絕斷的關係。就其正解：阿陀那識代表的是妄，菴摩羅識代表的是眞，各有所表。但就其體用內容來說，它們是不一不異、眞妄和合，因而可轉染成淨，依淨而染，卻也不染而染，染而不染。法藏說明這種關係爲「隨緣不變，不變隨緣」〔註17〕，此亦即章氏所取之意。但是雖是眞妄和合，卻仍然偏重在眞如爲體而言，所以也實無可染可淨。如能應體則是眞，如是違體則是妄，能應體才成菴摩羅識、如來藏，不能應體則轉名爲阿陀那識、阿賴耶識了。總而言之，章氏在此確立眞我、如來藏而明眞妄和合，顯現出眞常系的特質。

　　以說喪我，說我法二空論述而起，爲何此處更說眞我？章氏以眞常系的經典，來印證之：

　　子綦本言喪我，莊生他篇皆言無己，獨此說有眞君，猶佛典悉言無我，
　　《涅槃經》獨言有我，蓋雙泯二我，則自性清淨始現，斯所以異於斷無
　　也。（一、二）
佛教以「諸行無常，諸法無我，涅槃寂靜」來立其教法，至大乘佛教時代，有眞常、如來藏的說法出現。亦即大乘三系「性空唯名，虛幻唯識，眞常唯心」〔註18〕中的眞常唯心系。章太炎認爲佛法這樣的發展，與莊子書中都以無己、喪我爲主，只在此處說有眞君存在是相同的。他認爲破人我、法我是一貫不變的，但是在說明之時，

〔註14〕《大乘起信論》，《大正藏》冊三二，頁五八五上。
〔註15〕此處引自印順法師《大乘起信論講記》，頁九六～九七。
〔註16〕《章氏叢書》下，〈人無我論〉，頁八八四。
〔註17〕法藏之《大乘起信論義記》，《大正藏》冊四四。
〔註18〕此處引自印順法師之分判者。

爲免落入空無一物的斷見，是以，二我之執破至盡時，便說有清淨、解脫。這就是
《涅槃經》所說的「我」，亦即莊子所言的「眞君」。因爲人們妄情計度幻我爲眞我，
遂產生各種顛倒、紛爭、煩惱。所以先要喪我使幻我如其幻，這當中即是眞我。所
以眞我是幻我喪盡後呈現的，而非另有一眞我存在於幻我之外，如此自然合於無我
之一貫意義。而且就絕對之境言，幻我本來就是虛幻，也就沒有什麼可以喪的，也
就沒有「我」可無，而顯清淨之佛性。就現象相對來說，「我」是虛妄存在，因此將
「我」無之，而說「無我」。由此其曰：

> 佛法或言無我或言有我。言無我者，……意根妄執阿陀那爲我。言有我
> 者，見於《涅槃經》即指佛性，則清淨如來藏也。藏識既起，如來藏亦
> 在生滅中，故名有通別矣。（一、二）

無我是佛法之共法，有我亦在無我的意義中顯。但是這其中的紛雜、偏重是爲學者
所爭論著。章氏以融合的態度來看此問題，藏識（第八識）是生滅的，意根執著有
不變的我存在，所以要說無我解消之。如來藏是不生不滅的，是成佛的體性，因此
是清淨無染的。這是其通名、正解。而無我和有我又如何來共成呢？就依其別名別
解：亦即藏識有能轉成菴摩羅識的可能，而藏識起時，如來藏亦在生滅中。此中並
非意指如來藏變成了生滅，以其不生不滅爲體，（注意，並非永生而不滅，而是不生
不滅）所以生滅無得動搖之，只是被隱蔽住，因此說「亦在生滅中」。

他在〈人無我論〉中說得更清楚：

> 必依他起之我相斷滅無餘，而圓成實自性赫然顯見，當爾所時，始可說有
> 無我之我，先師嘗著此說於《顯揚論》〈成空品〉云：『空性無有二相：一、
> 非有相，「二我」無故（人我、法我）。二、非無相，「二無我」有故。何
> 以故？此「二我」無即是「二無我」有。此「二無我」有即是「二我」無
> 故』。（案自來執著有無者不出四句：一有句。二無句。三非有非無句。四
> 亦有亦無句。惟此能遠離四過，其句云何？曰：無而有。〔註19〕

這是太炎以無我至極，翻轉成眞我，泯絕二我，立現自性清淨，而說是「無而有」，
「無」，即是「非有相」，即泯絕人我、法我。「有」，即「非無相」，其內容即是「無
我」。所以「有」是針對「無我」的成立而說有，而不是與「無我」對反。而所說的
「有我」也是「無我之我」。是以，又曰：「若計眞心即無天地亦無人我，是天地與
我俱不生爾」（一、六）。章氏在面對淨染翻轉之處，對第八識的各種異名和生滅、
第九識不生不滅體，運用通名、別名的融合方式，說明彼此的體同業用有別、不生

〔註19〕同註16書、頁。

滅而隨緣的關係，說轉染成淨。而究極以眞我常遍而自存，這就和眞常系的說法相似。而說幻我是幻，本無可喪，也無轉染成眞可言，即幻我見空，這就頗類似中觀的論理方式。談及眞我、如來藏，只是一顯，是水道渠成，故論述時，章氏仍然著力於泯絕人我之虛妄，以無我爲其論述最重點。

　　章氏宣說人無我、法無我之意爲齊物之基石，以眾生如能泯絕人、法二我，則可達「畢竟平等」、「平等平等」，是故說：「能證無我，而世間始有平等之大慈矣！」（〈人無我論〉）。而其用心在〈人無我論〉之前言，有所感而曰：

> 先師無著大士善破我執最爲深通，然其文義奧衍，或不適於時俗，余雖寡
> 昧，竊聞勝義，閔末俗之沈淪，悲民德之墮癈，皆以我見纏縛，致斯劣果，
> 曲明師説，雜以己意，爲〈人無我論〉一首。

時代之紛亂，此爲其深體〈齊物論〉之一大因緣。在文後當就此更明之。

第二節　如何齊物

　　理解齊物思想之基礎後，依此基礎如何來達到齊物之境界？即觀透外在萬相萬物之虛妄性，而遮遣之。因人我法二執之故，而衍生虛妄不實之相境，故此相境之執著亦即是人我法二執，既要空此二執，此外境亦需加以分析而遮遣之，因此須再擴及各種境相來談。由於名言之性質可通心識、外相，所以除了能以言遣言外，更常能因言遣物我相、心緣相二種執。所以先以其爲準，說明名言之虛妄性而需「滌除名言」，亦即「離言說相、離名字相」。另外再提舉具體存在之物，以「無盡緣起」義來釋「萬物與我爲一」，分析物我存在之關係，而歸於空義。不管是言說相、物我相皆是唯識所生，與心識關聯極大，所以須進一步深入遮遣知識之執，章氏依莊文認爲莊子是以「不可知」之言來破遣，達到「離心緣相」。由此更能連接於人我法空之基礎。此節著重說明齊物思想中，一再析遣將畢竟空義擴及一切的精神。特別值得說明的是，這些遮遣並無先後秩序可言，而且析遣之內容雖有分類，但實則乃爲一體呈現。破名言相時亦即遮遣其他一切，破物我相亦即包含遮破名言之理，遣心緣相時更亦泯絕名言、物我等等對待，並同時體現齊物之基礎：人我法空。

壹、名映一切，執取轉深

　　章氏引《大乘起信論》之「離言說相、離名字相、離心緣相、畢竟平等」來說齊物之義次，其中「離言說相、離名字相」，就是指名言的問題。唐賢首法藏之《大乘起信論義記》中曰：

離言說相者，非在言說音聲中故。離名字者，非在文句詮表中故。此二句，言語路絕，非聞慧境也。離心緣者，非意言分別故，心行處滅，非思慧境〔註20〕。

法藏將「離言說相、離名字相、離心緣相」，用「言語、心行」，「聞慧、思慧」這二組四個觀念來說明，也就是不僅所謂的語言、文字要遣離，連心裏所指涉的觀念、思想都要遣離。所以不僅要所謂的「得意忘言」，而且連「意」都須遣離而不可得的。

言說與文字都是一種符號。前者是聲音符號；後者是文字符號，兩者均是表達心意識的工具，也是人類彼此傳達訊息、文化歷史流傳之重要媒介。一般而言，語言文字只是個符號，而非表達的本身，它是沒有獨立意義的，只是作個中介者的角色而存在。人類從這些符號學習事物，也利用這些符號傳達思想、定位事物，一方面襲用已成定習的語言文字，一方面更期期於精確地使用語言文字，讓複雜的心思得以與世界共鳴，傳諸後代。但是它畢竟只是個聲音或是線條，從心而出即是死物，因此，這樣的符號是否能表達清楚、表達完整、表達真實等等名實是否相符的問題就產生了。所以懷疑它的有效性、思考它的有限性，古來即有，在這懷疑當中，人們一方面努力去達到語言文字的精確，一方面不停地教導人們「言在意外」，所以要「得意忘言」、知「弦外之音」，如《莊子》〈外物〉篇：

荃者所以在魚，得魚而忘荃；蹄者所以在兔，得兔而忘蹄；言者所以在意，得意而忘言，吾安得忘言之人而與之言哉！

乘著語言來認識心中之意念，得到此被承載之意念後，便可以把工具性意義的語言柄棄掉，而得其主要意義。語言本來就是為了意而來，為什麼要如此大費周章地再叮嚀呢？因為人們往往迷於荃，惑於言，而把原來所要的東西－魚或意忘失了，倒成了執荃為魚；執言為意。這當中要體會到：荃和魚是兩回事，言和意亦是兩件事，雖可由荃得魚，由言得意，但永遠無法是：荃即是魚，言即是意。荃和言的工具性如果沒有被深刻的體會，迷執愈多而無法忘荃、忘言，荃或言反而帶我們往歧途上走，得「意」之路便絕塞無通了，因此才說「言語路絕」。所謂的「離言說相」、「離名字相」第一步的意義便在此。

但是接著亦須把「離心緣相」提舉出來，才能更徹底的遣執。將語言文字所絲絲賴以成立的理由也掃除掉了，排遣掉「心」的部份，語言文字那有存在的價值呢？首先說明何謂「離心緣相」：

一切諸法唯依妄念而有差別，若離心念，則無一切境界之相〔註21〕。

〔註20〕《大乘起信論義記》五卷，唐法藏撰。《大正藏》冊四四，頁二五二中。
〔註21〕《大乘起信論》一卷，馬鳴菩薩造，梁真諦譯，《大正藏》冊三二，頁五七五。

「心」有眞心、妄心，妄心之所以有，是因妄念的升起，妄念本身即是差別計度，心一生差別計度，便形成割裂對立，而遠離心眞如的如實性，這種割裂對立也就是產生心、心所的關聯，也可說產生心、境的對立，心對於境而言是能緣，境對於心而言是所緣，所謂緣是指攀緣、緣慮，心對境產生的起動作用、認識作用，就稱爲心緣境、心攀緣境。爲什麼心會攀緣境界呢？就是因爲前面所提的：心起妄念。如果能遣除妄想分別，心攀緣境界的作用就能止息，也就沒有能緣、所緣的割裂、分別，因此一切事象種種的千差萬別就無所成立。眾生不知妄念之錯謬，所以一再地攀緣，所以造成種種對立、差別的心、事、物，這種種的對立，更引發心再次攀緣，如此循迴不已，才有生死流轉不得自在解脫，所以才說「心行處滅」，要「離心緣相」。

　　境是心的所緣，但是並不單指物質界的境，而是包括因迷妄而起的心念，這心念是離於眞心的，所以當心割裂爲能緣、所緣；心、境，亦即產生了見分、相分。見分是心的能緣作用、認識作用。相分是心所緣的影像。以影像來說是表示它是虛幻不實的、非本質的。或有以鏡子之光能鑑物，比之於能緣、見分；而鏡子光所照之影像就是相分。見分、相分是唯識宗用來說明心識作用的〔註22〕，常爲章氏所用，上面所談「泯絕人法，兼空見相」的「見相」就是指此。用見相來說明心緣相時，「相」是應於見而起的心理之「相」。如果把「相」擴大的解釋爲物質之相，這就可以把言說和名字稱爲「相」。但是它們都是妄心所成，亦是心之所緣，所以就可將言說、名字包納在心之所緣相中，而皆是虛幻影相的性質，只是心緣相比較細微、範圍更廣些。有相分則必有見分，這是一組相對應的觀念，彼此有依存的關係。所以說：離言說、名字、心緣相時，亦是包含：離能緣之見分。亦即「離言說相」是離能說所說，「離名字相」是離能詮所詮，「離心緣相」是離能知所知。

　　在心外只提語言、文字這兩個具體之相作爲代表，是很有意思的。人類所有的表達，最基本最重要的就是語言與文字，一切的思維、說明也都依這兩者來展現，但是當我們懷疑它們的準確度時，隱約地了解到語言文字的限制，思考到此還是以心、意爲主體；語言文字爲客體。繼而，翻轉成另一角度：就是因爲語言文字如此的限制，所以常常反過來制約我們的思維，讓我們的思維、認識都是依著語言文字而走。再加上語言文字有其歷史傳統，所以習於使用這樣一套語言的人，也就習於用這套語言文字的範疇去描述、觀察世界，這語言文字就儼然形成一個有主體的模式，影響著使用者，而反過來制約心、意。換言之，我們所了解到的相分，就是語

─────────────────────

〔註22〕護法論師將此分爲四分：相分、見分、自證分、證自證分。見《成唯識論》卷二，《大正藏》冊三一，頁二上。

言文字建構成的。所以在這裏也就突顯語言、文字之於心的重要性，以及人類對世界種種之根本倚賴所在。再而，不管是要順著語言文字去表達、理解，或是逆著去反省語言文字本身，也都是要靠語言文字的。所以章太炎才曰：

> 人心所起無過相、名、分別三事，名映一切，執取轉深，是故以名遣名，斯爲至妙。（一、一）

相、名、分別是五法：相、名、分別、正智、如如〔註23〕中的前三個，代表的是有漏心所呈現的有漏法。分別是心識的作用，「相」是萬法的相狀。「名」就是心識認識萬法相狀所加予的名稱，以爲傳達、表達之用。由於「分別」太抽象，「相」又太具體，都不甚適合遣破，「名」又是「相」、「分別」的中介，因此很能迷障住相、分別，而使執著纏轉更深，所以遣破「名」就可連帶地遣破「相」、「分別」。「名」可以是符號，所以亦是「相」的一種，而「名相」合稱，依之遣破「相」，又可代表概念，依之遣破「分別」，故「名映一切」。換句話說，人類創造語言文字，欲設定安置宇宙世界，已經是心起能緣所緣，而支離了眞如心，產生虛幻，接著又被語言文字轉移掉主導性，反而是由它來看這世界，故曰：「名映一切」，如此一來「執取轉深」，而使其虛幻之上更加虛幻，所以才說語言文字當離。「名」（語言、文字）可用來代表所有外在事相。這是更深之意義所在。

所以曰「名」、曰「言」都可包納概念、語言、文字、事物相，而說名言、名相、名物，再「以言遣言」爲之。是以，遣名言之執是相當重要的。

貳、滌除名言

章太炎在《齊物論釋》中對於滌除名言，以名言爲虛妄不實，有三種方式的說明：

> 一者，證明語言表達的有限性，即名實不相類。
>
> 二者，直接針對語言之詮釋方式均是有所預，是相對、觀待而起的，因此並非是「有自性」，而是「無自性」，亦即無常性，其性本空。
>
> 三者，而語言之所以產生的原因，在於心識的我法二執，是成心所引，用來表達是非等相對概念。此二執是虛妄，由虛妄所生必是虛妄。

這三種方式是相關聯，亦可一體呈現的。說心識而有名言，故名言就如心識一般，是無常的，既是無常又如何來與實物相符？故是有限性。因此如能去掉我法二執，自然虛妄語言不生，虛妄是非亦不生；能了解語言的有限性，當下便不可說，而不說即是說。

〔註23〕《楞伽經》中。《瑜伽師地論》、《成唯識論》亦有。

一、名實之對應關係

對於語言是否能表達它所要表達的，亦即名與實相類的懷疑，在〈齊物論〉中出現多處，點出語言的有限性：

> 今且有言，於此不知其與是類乎，其與是不類乎？類與不類，相與爲類，則與彼無以異矣。

章太炎引《荀子》〈正名〉：「名無固宜是也。」及《攝大乘論》世親之釋來符合莊子此文之義。《攝大乘論》的原文是：

> 相應自性義，所分別非餘。字展轉相應，是謂相應義。非離彼能詮，智於所詮轉。非詮不同故，一切不可言。

世親解此爲：

> 若一切法皆不可言，復以何等爲所分別，爲釋此，故說如是言：「相應自性義，所分別非餘」，謂即相應爲自性義，是所分別非離於此，故言：「非餘」。此云何成？爲重成立，復說是言：「字展轉相應是謂相應義」，謂別別字相續宣傳，以成其義，是相應義。……又一切法不可說，因何成立？故復說言：「非離彼能詮，智於所詮轉」，由若不了能詮之名，於所詮義覺知不起。故一切法皆不可言。若言，要待能詮之名於所詮義有覺知起，爲遮此故，復說是言：「非詮不同」，以能詮名與所詮義互不相稱，各異相故〔註24〕。

名爲能詮，實爲所詮，如果說名與實能相應的話，就是執著有自性之義，是爲相應自性，這是眾生所分別執著的，因爲所謂的相應只是一字解一字，展轉相應，並非固定不變而能相稱的，如果執著爲固定不變，就以爲有相應自性，也就是分別執著。言與義是展轉互釋，並無一固定相稱的關係存在，所以能詮之言與所詮之義「不類」。又，離開能詮之名，對於所詮就無法了解。因此章氏認爲，如果無言的話，則有相分別就無法成立，無由顯實，因此言與義是有其相類的。

世親釋此重在能詮、所詮皆不可說。然章氏引此段之重要部份，較偏重在證明名實又是相類又是不相類，亦即莊子之「類與不類」相反又和合的論述。雖偏重稍有不同，但是章氏仍認爲「類與不類，相與爲類」，亦即言實是類，亦是不類，皆是名言習氣轉生，亦是虛妄。這與《攝論》世親釋中：相應自性是眾生所分別執著的，兩人的最終意思是一樣。

既以「一方相類，一方不相類」，這二種和合，而依於意識，皆是意識分別而起，

〔註24〕《大正藏》冊三十，頁三六四。

故名曰:「類與不類,相與爲類」,意識無法清楚看出這種關係,久而久之,習以爲常,乃以爲名義無別,此與彼是相同的,所以莊子才說會造成:「與彼無以異也」。

針對能詮所詮之不能相稱,章太炎以三事和譯語來說明。要說明的是,此處所用的「相稱」之義,是狹義、嚴格的定義:要絕對的相應稱合才能稱爲「相稱」,亦即一能詮只能有唯一的一個所詮,如果一對應二,即是不相稱。三事是指本名、引伸名、究竟名,是造設名言的三種情況。

論到本名,曰:

> 云何本名?如水說爲水,火說爲火,尋其立名本無所依,若夫由水言準,由火言毀,皆由本名孳乳,此似有所依者,然本名無所依,所藥乳者竟何所恃?……此名與義果不相稱也。(一、六)

舉水、火來說,以水、火之立名,無法去找出什麼一定、唯一、絕對的理由,如果說水是依象形,象水流形而立此字形。但是,這是這樣的水形並非是水唯一、絕對的形狀,如果是,世界各民族所見的水形必同,爲何寫出來的水字卻差參不齊呢?使用拼音文字的水字差異之大,就更不用說。因此這類文字之造,是無有一定、唯一的理由可言。換個角度說,世界各國有如是多的水字來說明水義,是「一所詮上有多能詮」,這當然就不相稱了。又曰:「一所詮上有多能詮,亦有彼此相違者,如初哉首基皆訓爲始,然所以爲始不同」(一、六),能詮本身代表的意義各有不同,但是都可用來表達「始」,因此當然非相稱。是故,名與義必不相稱。

論及引伸名,是指假借字,將會造成「一能詮上有多所詮」:

> 云何引伸名?……如令長,假借。一能詮上有多所詮,此亦引伸之名。……波魯師者,顯目「麤惡語」,密詮「住彼岸」,「波」表彼岸,「魯師」表住。尋其意趣本以綦名成語,然其所詮與彼二名有異,雖意相引伸而現相有別,從二名之本義即是密詮,從綦名之現義即是顯目。(一、六)

此乃引印度梵語有顯目、密詮來說明。兩字聚成一名(綦名),所成之義(現義),與本來兩字各別之義有差異,但是這兩種意義均存在,一曰顯目(現義),一曰密詮(本義)。因此同爲這兩個字,卻有顯目、密詮的差別,因此名義也就無由相稱了。再引中國之名言明之:

> ……如言「公主」,顯目「帝女」,本義乃是平分燭焌。如言「校尉」,顯目「偏將」,本義乃是木囚火伸。……「酋」本久酒,「豪」本豪豬,夷目亦曰酋豪,顯目密詮相距卓遠,若斯之倫不可殫舉。若本名與本義相稱,引伸名與現義即當相違,若引伸名與現義相稱,本名與本義便亦相違,然用麗俱得,互不相礙,以此知其必不相稱。(一、六)

若「酋」與久酒是相稱、「豪」與豪豬亦是相稱，它們之間是無法分離的話，那麼「酋豪」就無法來表達「夷目」，「酋豪」與「夷目」就不能相稱了。若是說酋豪與夷目是相稱，亦即唯有酋豪代表夷目，夷目一定是酋豪，那麼就不能說酋是久酒，豪是豪豬。因此就不能說本名與本義是相稱，它們彼此不相稱，也不相妨礙。這樣的語言，人們日用爲常，並不相妨礙，本名仍然行之，引伸名亦能用之，由此可知義與名並非絕對相稱的。

第三個是究竟名，表達究竟之義，云：

> 云何究竟名？尋求一實詞不能副，如言道、言大極、言實在……道本是路，今究竟名中道字，於所詮中遍一切地，云何可說爲道？大極本是大棟，棟有中義，今究竟名中大極字，於所詮中非支堂器，無內無外，云何可說爲大極？實在、實際者，本以據方分故言在，有邊界故言際，今究竟名中實在、實際字，於所詮中不住不著，無有處所封畛，云何可說爲實在、實際？
> （一、六）

道、太極、實在、實際這些用來說明究竟之義的名言，與這些文字本來的意義有極大的差距，甚至相反。因此亦是一能詮有多所詮的狀況，是以，能詮與所詮不能相稱。

上來說本名、引伸名、究竟名皆是能詮、所詮不相稱，這是就嚴格的相稱意義言，亦即重在「言義不類」的部份，將名言的有限性強調出來，就名言而言，這是它們的實相，所以太炎曰：「未能取意念、所取事相，廣博無邊，而名言自有分齊，未足相稱，自其勢也」。對名言如果有這樣的深體，並非叫人不要使用名言，而是要免除眾生對名言的執著，自然在名言使用上更能掌握、運用得當，因此說：「用此三端證其不類，世人不了斯旨，非獨暗干眇義，亦乃拙于恆言」。（一、六）

「類」的解釋可以寬鬆些，只要有某部份相應就可算是「類」，因此名義之間的關係就是「類與不類」。章氏以不同語言之間的轉譯來說明之：

> 如梵語稱「字」曰「奢婆達」，其本謂聲。此土曰「字」本謂孳乳。梵語稱「德」曰「求那」，本謂增倍，此土曰「德」其本謂得。要以「名」譯「奢婆達」，以多譯「求那」，則隱顯皆容相應，言「字」言「德」，顯目雖同，密詮自異。（一、六）

章氏認爲，如果將「奢婆達」義譯爲「字」，將「求那」翻譯爲「德」，都是得其一部份之意義而已，只能顯目相類，而密詮則不類。同爲本國語言時，這些顯目、密詮會因日用而習常，並不會產生太大的誤解，但是翻譯時有著文化的障隔，本國人是依著本國之譯語來了解他國之實義，因此如讓「不類」存在，則會造成習焉而不察，將之「相與爲類」而不知。名（本國）實（他國）間之差異將更大。

翻譯是一國語言文字翻成加一國之語言文字，因牽涉至文化的差異，名義之間的關係更加不易相稱，如果未能體會文字「類與不類」之類的部份，而將之翻譯出來，必徒增彼此的誤解，執著將愈深，故曰「是故諸譯語者，惟是隨順語依、語果，不可得其語因，不喻此旨，轉相執著，則互相障隔者多，而實不可轉譯」。但是名義本身就如三事的解析一樣，究實之性是彼此不相稱的。所以章氏才說「顯隱無礙者無過十之一二」（一、六）。

二、訓釋之虛妄

此部份亦是討論名實的問題，但是由另一角度來闡明其無常、無自性義。這個角度就是：訓釋，亦即名言用於說明、論理時之詮釋方式。並申明這些方式實是不究竟，終究無法達到說明、智解之目的，而均是由人、法二執而起。

章太炎認為訓釋有三種類型，今依其意分別說明之：

> 一謂說其義界，求義界者即依我執法執而起。……諸說義界似盡邊際，然皆以義解義，以字解字，展轉推求，其義其字惟是更互相訓。

義界是指定義，指出所詮的界線範圍。在全無預設前提下，全無共通定義下，要解釋、說明某一字時，無可避免的必使用名言文字，所使用之名言文字本身，又須另外的名言文字再說明之，此第二次用來說明的名言文字，又需要第三次的詮釋，如此循環下去，第一個都未能明白了，再以不明的名言來解釋之，如此可謂解釋清楚乎？章氏有很生動的說明：

> 如說一字，若求義界，當云二之半也，或云半之倍也，逮至說二字時，又當云一之倍，說半字時又當云一分為二，二與半必待一而後，是則說一字時猶未了，解「二」字、「半」字之義，又其未解者為解，與不解同。
>
> （一、四）

又名言有盡，所以將窮盡所有名言文字，而造成「更取前字為最後字義界」，如此環繞只是「更互相訓」而已，將不得其義解。求義界的方式便無法成立。

另外一種的詮釋方式是為現象找尋原因、理由，即「責其因緣」。

> 二謂責其因緣，……以其如此，謂其先必當如彼，由如彼故得以如此，必不許無根極，求根極者亦依我執法執而起。……諸責因緣，推理之語是也，然責因實不可得。（一、四）

推求因緣必以為有前因前緣可推，而推至盡處，必將有第一因第一緣成立。但章太炎以萬物何故動？母苦參何故能退熱病？井水何故現丹？骨為何發燄？來說明非有第一因可求，非有根極可言。萬物何故動？章氏曰：

皆含動力故動。問動力何動？即云動力自然動。自爾語盡，無可復詰……

今追尋至竟，以自然動爲究極，則動之依據還即在動，非有因也。（一、四）

亦即求前緣前因者，至最終將尋不出再有前因前緣可言，而求因緣之詮釋方式自然無法成立。

第三種詮釋方式是尋求有一實質體存在，以說明物質世界的形成，其曰：

三尋其實質，以不許無成有，謂必有質，求實質者亦依我執法執而起。……諸尋實質，若立四大種子、阿耨（即極微義）、缽羅摩怒（即量義亦通言極微）電子、原子是也。（一、四）

尋其實質的詮釋方式，推至最終，將認爲必有原始實質的存在。章太炎以佛法所立之四大種子（堅、溼、暖、輕。此四者是依地、水、火、風之特性而說的），以及極微、原子、電子等，都是爲了表示世界有最小實質成份組成。而對於此最小實質存在狀況，有二種說法，一種認爲是「有方分」的，一種認爲其爲「無方分」。章氏以爲此二說皆不得成立。爲何如此？

若有方分，剖解不窮，本無至小之倪，何者爲原？誰爲最初之質？……若依無方分物質言，惟是非量。以無方分無現量，非色非聲非香非味且非是觸，無現量故，亦無由成比量。（一、四）

如果說這一最小實質是有方分的，既有方分，則仍有形色，既有形色，便可再分解之，一解再解，將剖解不窮，無法得出最小之實質，也就沒有「有方分」之最小實質存在了，其說無法成立。那麼說此最小實質是無方分的，是否成立呢？佛家以「量」爲獲得知識之方法，量有二種，即現量、比量〔註25〕。現量是指由心識當下能得、知境相，如用眼識依眼根看外色，耳識得音等等。比量是以已知推未知者，如觀遠處有煙，則推爲有火。成立理論要有此二量。而無方分之最小質實，既是無方分，也就無法由人之親身感受證之，就無現量可言。又無法由其他來推度認知它，也不成比量。因此無方分之說是非量的，所以無法成立。由此，名言求實質之詮釋方式，也就在尋不得最小實質，而爲不究竟，詮釋也無得成立。

最重要的是，章太炎認爲「無意根必無訓釋」，引《攝大乘論》曰：

云何知染汙意？謂此若無，訓釋詞亦不得有。〔註26〕

而意根是指末那識執阿賴耶爲我，即有人我、法我二執之染汙產生，亦即執一切皆

〔註25〕《因明入正理論》中「二悟八義」：二是自悟、悟他。八義是：能立、能破、似能立、似能破、現量、比量、似現量、似比量。前四者是用來使他人之正智生起。後四者是使自己獲得道理、知識。（《大正藏》冊三二，頁一一上）。其說明參見《佛家邏輯研究》霍韜晦著（佛光，民國七十五年）。

〔註26〕同註24。

有自性。義界是尋一可以固定、真確之定義。責因緣，是尋根極的第一因，以為必有第一因存在。尋實質是認為萬物要有固定、自存之最小實質。以是，這三種訓釋方式，都是「皆依分析之言成立自義」（一、四），皆即依我執、法執，而虛妄起。

章氏立此義時，是連著「惡乎然，然於然。惡乎不然，不然於不然」說的，上來強調訓釋三端之虛妄，是重在「惡乎然」「惡乎不然」上言，這是彰顯最究竟處，建立勝義諦。關於「然於然」「不然於不然」在此還未說明，其云：

> 隨俗諦說，「物固有所然、物固有所可」。依勝義說，訓釋三端不可得義，
>
> 無義成義，則雖無物不然，無物不可，可也。

訓釋三端皆是我法二執而起，對於「義」，均是不可得，詮釋名言亦成不可能，這是依勝義來說的，依齊物泯絕我法二執之基石而說的。但是章氏依莊子之義，極強調勝義諦而成的世俗諦部份，亦即「然於然」「不然於不然」的部份，亦是所謂「無義成義」「無物不然，無物不可」，重在成義的部份，本文將在〈齊物之大用〉一節中著重闡明。

三、論辯與是非、相知

〈齊物論〉中談及對語言的反省，亦連帶地反省到由語言衍生之辯論、是非、相知之問題，在第五章長梧子部分已很清楚地說明。各種名言、感受、是非都是虛妄、變化、空性的，說明此理時，亦是用名言，但此理又並非單靠名言辭語而可知，所以章氏更進一步否定之，推明為「生空亦非辭辯可知，終說離言自證」。

對於各種變化無常之事，長梧子解析曰：「覺而後知其夢也，且有大覺而後知此其大夢也」。等到體證大覺時，才知種種變化是大夢、是虛妄的。在此提出覺、夢二方，以覺為真；以夢為妄。如此語言一出，又將形成覺夢對立，所以長梧子又曰：「丘也與女，皆夢也，予謂女夢亦夢也，是其言也，其名為弔詭」。我說你在夢中，「我說你在夢中」此言亦是夢中之語，而非我脫離夢（覺）去說夢。以名言辭辯說「夢」，說夢之名言辭辯亦在夢中，不是別有一「覺」對立於「夢」，而是具體於夢中知覺，覺中知夢，方能呈現夢覺俱泯，此乃覺之真意。這是再一步遮遣之，雙遣夢覺二邊。因此章氏曰：「覺夢之喻亦非謂生夢死覺，大覺知大夢者，知生為夢故不求長生，知生死皆夢，故亦不求寂滅」（五）。如此雙遣二邊仍然是以辭言來說明空性之理。

但是長梧子進一步說「萬世之後遇一大聖，知其解者，是旦暮遇之」。雖說解此言之大聖難遇，但似乎仍以為如果得遇，亦可與之相證知。但接著長梧子又引出一段：論辯無能相正、相知〔註27〕，而以「是不是，然不然，是若果是也，則是之異

〔註27〕〈齊物論〉第五章長梧子之言：「既使我與若辯矣，若勝我，我不若勝，若果是也？

乎不是也亦無辯，然若果然也，則然之異乎不然也亦無辯」，無辯爲終，因此章氏將
之歸爲：

> 雖俟大聖亦不可定生空義，何以明之？辯者證者無過四句，雖復待之大
> 聖，大聖有自證之功，亦無證他之語，以大聖語亦隨俗不離四句故。夫然
> 則「有謂無謂，無謂有謂」之爲妙道，於是斷可識矣，終說「和之以天倪」
> 者，以待大聖證成生空，則不如自證也。（五）

所謂四句是指用語言來說明有、無（空）等相對概念之所有方式，亦即以名言說明
總不出這四種方式（句），此四句是一、有。二、無。三、或有或無。四、非有非無
〔註28〕。因此語言論辯是有拘限的，即使有大聖出現於此世間，其名言之限制亦無
法超過此四種論說形式，而實相是「體絕百非，理超四句」。名言或能增進解知之路，
但卻非實相本身，是以仍要破名言方能證解。所以章氏在此特別強調辭論、語言文
字之有限性，即使有大聖之名言，卻也因限制而無法與你相證知，故有待於聖人反
而不如自證；又，名言無得絕對予你實相之所在，故仍需破遣之而離言。此中中道
之妙義即是「有謂無謂，無謂有謂」之不即不離。

而名言、論辯、是非之產生，皆是唯識虛妄所生，亦是唯心所取，故因我執而
有相對性產生，此相對性無有先後，是互緣而起，是觀待而生，由其互緣而生，故
本性爲空。是以，聖人能知「彼是之無分，則兩順而無對」（一、三）。

參、以「無盡緣起」釋「萬物與我爲一」

一、法藏之「無盡緣起」義

「無盡緣起」是華嚴宗很重要的宇宙觀，又說爲「法界緣起」。從智儼提出，至
法藏將之更系統地建立〔註29〕，因此亦是法藏之重要思想。主要集中在其《華嚴一

> 我果非也邪？我勝若，若不吾勝，我果是也，而果非也邪？其或是也，其或非也邪？
> 其俱是也，其俱非也邪？我與若不能相知也。則人固受其黮闇。吾誰使正之？使同
> 乎若者正之，既與若同矣，惡能正之！使同乎我者正之，既同乎我矣，惡能正之！
> 使異乎我與若者正之，既異乎我與若矣，惡能正之！使同乎我與若者正之，既同乎
> 我與若矣，惡能之！然則我與若與人俱不能相知，而待彼也邪？」

〔註28〕此是一重單式四句。又有二重複式四句：一、亦有亦無。二、非有非無。三、或亦
　　　有亦無或非有非無。四、非有非無與非非有非非無。更有依此而層級再昇之四句。
　　　見三論宗吉藏之《淨名玄論》，見《大正藏》冊三八。

〔註29〕智儼是法藏之師，首先在《華嚴一乘十玄門》中提到「法界緣起」：「今且就此《華嚴》
　　　一部經宗，通明法界緣起，不過自體因之與果」。（《大正藏》冊四十五，頁五一四上、
　　　下），又在其中提出「十玄門」，史稱爲「古十玄」，法藏之說爲「新十玄」。另外智
　　　儼所著之《華嚴經搜玄記》亦重視法界緣起之重要觀念：「六相」。（《大正藏》冊三
　　　五），但說得簡略些，法藏則將之詮盡發揮得更完整。

乘教義分齊章》〈義理分齊〉、《華嚴金師子章》、《華嚴經探玄記》之著作中〔註30〕。華嚴宗之所以以華嚴爲名，顯然是因爲尊崇《華嚴經》爲最高境界之緣故。而「法界緣起」之宇宙實相觀亦是由《華嚴經》所啓發。法藏說明「法界緣起」有其嚴密系統之理論，而其說明法界無盡緣起之狀態，主要是以「六相圓融」與「十玄無礙」來闡解。

「六相」〔註31〕是指萬物種種之相狀不外乎有：總、別、同、異、成、壞六種，此六相亦是三對對立相狀所組成，這三對相狀是互相依存而不離的。而總相、同相、成相均表示無差別綜合之狀態，別相、異相、壞相則是差別分析之狀態。無差別與差別、綜合與分析皆是相即相攝之圓融關係。法藏運用了「金師子喻」與「椽舍喻」來說明這六相的關係。《華嚴金師子章雲間類解》〈括六相第八〉：

> 師子是總相，五根差別是別相，其從一緣起是同相，眼、耳等不相濫是異
>
> 相，諸根合會有師子是成相，諸根各住自位是壞相〔註32〕。

一金師子可分析具足這六相。一隻金師子即表總相，其具有眼、耳、鼻、舌、身五根相對於一金師子總相即是別相；五根皆是從金師子之緣而有，故是同相，而眼耳等五根有各別相異之形狀、作用，故依此說是異相；五根會合就形成一師子的樣貌，即是成相；但五根又各別在其自己之位置上，並未合在一起，故相對於成相而言，即成壞相。一金師子與其本身之五根形成六相而展現緣起互依之存在。各各事物亦各各可由此六相體現之，各種組合亦是包具六相，形成一複雜無盡之互依互存變動的關係，智解如此宇宙緣起的情況，體證如此之境界，即是華嚴之境界。

而「十玄」又稱十玄門、一乘十玄門、十無礙、十玄緣起。有同時具足相應門、廣狹自在無礙門、一多相容不同門、諸法相即自在門、隱密顯了俱成門、微細相容安立門、因陀羅網法界門、託事顯法生解門、十地隔法異成門、主伴圓明具德門〔註33〕。由此十門可表示所有現象事物之間的關係，可總括一切之緣起現象，而這些關係是各各圓融無礙，無有何者必爲主，何者必爲客的排斥性，一一皆可爲主，一一皆可爲客，舉此一事物爲主，餘者皆爲客，舉彼一事物爲主，餘

〔註30〕分別見《大正藏》冊四十五、頁三十五。

〔註31〕「六相」本是世親對《華嚴經》〈十地品〉經文中之十句式模式，創發出的詮釋方式。即分別用六種（三對）的關係來說明每個十句，而寫出《十地經論》。

〔註32〕見《大正藏》冊四五，頁六六六中。

〔註33〕此處所引者爲法藏在《華嚴經探玄記》中之「十玄門」，又稱爲「新十玄」。因其在《華嚴金師子章》與《華嚴一乘教義分齊章》中所說之十玄名目繼承智儼之說，但次序不同。而其後期之《華嚴經探玄記》、《華嚴經旨歸》中，將十玄門之名目作了更動，內容亦另有發揮。故智儼之十玄門爲「古十玄」，法藏在《華嚴經探玄記》等所說爲「新十玄」。

者亦皆爲客,主客相伴相參。而且十玄無礙義,即一切事物之緣起無礙,重重無盡、事事無礙,故「一切即一」。一切事物各各亦皆具足此十玄義,故「一即一切」。《華嚴經》說明此華嚴境界時,用了著名的「因陀羅珠網」喻。因陀羅珠網是由摩尼寶珠織成網狀所成,傳爲帝釋所有。此珠網呈立體狀,每一珠之各方各有寶珠圍繞,圍繞無盡。而且寶珠明亮無量鑑照,每一珠皆可映照出各方一切所有之寶珠,因此無論從何珠看亦攝一切珠,此珠攝一切珠,一切珠中亦含容此珠,即成「一即一切,一切即一」。以其無限無盡,故沒有軸心可言,沒有主客,而互爲主客,此乃華嚴境界、佛之境界。

概略地說,華嚴法界緣起、無盡緣起之內涵,即是顯一切森羅萬象、事事物物彼此是相即相攝之緣起圓融,亦即是「一即一切、一切即一」之無礙境界。依此認識,可來看章氏用莊子之「萬物與我爲一」來符應無盡緣起之義。

二、遣除時間空間之執

在說明「萬物與我爲一」前,先順著〈齊物論〉內之句子,將大小、壽夭代表空間、時間之相對概念,加以說明:

> 天下莫大於秋豪之末,而大山爲小,莫壽乎殤子,而彭祖爲夭,天地與我
> 並生,而萬物與我爲一。

萬物有形有狀,有大小、壽夭、生不生的不同,這由分別之心識造成,且因名言而定之。對萬物之所以有各種形狀、遲迅之感,乃因心識中有世識、處識之分別。所謂世識,是認爲過去、現在、未來之時間流動是實在的。所謂處識,是以爲空間之廣狹、大小、長短等等是實有的。因爲心識本是虛妄,其所感受之處識、世識亦是虛妄之執著,但是眾生不解其爲虛妄,乃依此計執爲眞有,而以名言分之。或依名言顯然有分,而以心執之。所以在世識、處識當中,大小、壽夭,由我們之五識感受到而似乎確實有分別,但是如果知世識、處識皆是執著、虛妄的話,或許我們迷時所見的正與實相相反!如章氏說:「就在處識、世識之中,於此平議爲大小壽夭者,彼見或復相反」(七),就因爲「或復相反」,所以才說:「天下莫大於秋豪之末,而大山爲小。莫壽乎殤子,而彭祖爲夭」,將平常之大小、壽夭之觀念予以反之。此處用「或」字,大有遣執之意,要人能一翻平時之見,對往昔以爲眞實之分別執取,予以破遣,使之有所懷疑,並非肯定大者眞的是小、小者是大這種與平常相反之分別,如果肯定實相一定與迷時所見相反,則又立一處識、世識,只是與前之處識、世識倒置來看而已。而這種破遣爲什麼能存在呢?自有其理由,就大小而言章氏解曰:

> 夫秋豪之體排拒餘分，而大山之形不辭土壤，惟自見爲大故不待餘，惟自
> 見爲小故不辭餘也。……小不可令至無厚，大不可令至無外……其猶一尺
> 之捶取半不竭。（一、六）

這是就其「自見」如何來論大小的。如果自見是大，則不需要求其本身以外之物來
附加於己；如果自見是小，則將需求更多本身以外之物來結合於己。秋豪之體排拒
餘分之相，所以其自見爲大。大山之形不辭土壤之相，所以其自見是小，故說秋豪
爲大，而大山是小。如就比較而言，秋豪再小仍是物質的，既是物質就能一分再分，
而至無窮無盡，比之無窮無盡之小，秋豪是大也。而大山再大，又不可令其之外無
物可添，其外既可再添物，故比之於再添所成之物，則知其原爲小。

再就壽夭之時間長短而言，破遣之理如何存在？章氏又解：

> 殤子之念任運相續，而彭祖之志渴愛延年，任運自覺時長，渴愛乃覺時短
> 矣。……一瞬不可令無生住，終古不可令有本剽。（一、六）

壽夭是指時間之長短。此亦是由「自心之見」和「比較」來說明「莫壽乎殤子，而
彭祖爲夭」。殤子並未將壽夭之分別放在心上，其生時心不知爲憂，而任之運行未有
斷，以其無有渴愛故覺時間長，故言「壽」。彭祖卻時時以爲己將夭，故渴愛延年益
壽，時時以爲已夭，渴愛故不知足，故覺時短，而說是「夭」。就其比較而言，壽夭
是時間的問題，時間是指過去、現在、未來的連續關係，依過去說有現在、未來；
亦依現在說有過去、未來。所以「過去」曾是「現在」亦曾是「未來」，「現在」亦
曾是「未來」亦將是「過去」，「未來」也將是「現在」、「過去」。是以三者之名無定
也，總是互依、比較而來的，實無有固定之過去、現在、未來，故曰「三世本空」，
是以何者爲壽？何者爲夭？亦未定，亦是空。故其又曰：

> 故知《北游篇》說：「冉求問於仲尼曰：『未有天地可知邪？仲尼曰：可，
> 故猶今也，無古無今無始無終。』」明本未有生，即無時分。（一、六）

依此，既不是以大爲大，以小爲小；以壽爲壽，以夭爲夭。更非以大爲小，以小爲
大；以壽爲夭，以夭爲壽。而是三世本空，本無時分。大小本空，本無大小。

世間以尺秤來定長短、大小之量，以紀年來定時間先後，皆是由不定當中強加
定立，乃由無限當中強立有限，是假設的，是由處識、世識之虛妄分別所成。就如
數字而言，小是可以無限小下去，大亦可無限大上去。故比之更大，所謂大就成了
小。比之更小，所謂小就成了大。而時間之無限亦是非意識所能知，既無一個盡頭、
開始可言，壽者可有更壽者，夭者可有更夭者，則壽夭未有定。這是比較下產生之
大小、壽夭判定，而實無大小、壽夭之定，此是以空間、時間前後之無限延長來破
除固定之概念。但是如果單就秋豪與大山來比，又似乎有大小之別，單就一個壽者

一個夭者而言，似乎又有壽夭之差，所以又以「自心之見」來破大小、壽夭之分。由此來看，要破遣執著大小、壽夭之量的分別心，亦即遣除時間、空間之執見，無此執見即本無大小、壽夭，時間、空間本空。故章氏曰：「能見獨者，安妙高於豪端；體朝徹者，攝劫波於一念，亦無依焉」（一、六）

三、破彼我之見成「萬物與我為一」以應「無盡緣起」

再論及彼我的關係：「天地與我並生，萬物與我爲一」。天地即是萬物，「並生」是就生滅來說；「爲一」是就一異來說，章氏云：

……我形內爲復有水火金鐵不？若云無者，我身則無，若云有者，此非與天地並起邪？縱令形散壽斷，是等還與天地並盡，勢不先亡，故非獨與天地並生乃亦與天地並滅也。（一、六）

佛教將形軀分爲四大和合而有，所謂四大是：地、水、火、風。地指堅、實之有形物，如骨、肉、內臟等等，水指體液。火指體溫。風指呼吸。不僅是人，此四大亦是萬物之基本構成物質。章氏以水火金鐵來作爲肉體的組成成分，此組成物亦是天地萬物之組成物，所以「我身」之生，是與天地組成物同生，「我身」之滅，回歸天地，也將與天地之組成物並盡，所以說「天地與我並生並滅」。生滅是時間上的問題，上文已說明時間之「三世本空」，但是要進一步說明並生並滅時，必得證成萬物與我之關係是一而非異，因此就著重符應「無盡緣起」來說明。

章氏在說明「萬物與我爲一」時，最主要是提莊書〈寓言〉篇之：「萬物皆種也，以不同形相禪。」來證明之。在佛典方面，則先引《大乘入楞伽經》，再而法藏之《法界緣起章》、《華嚴經指歸》代表法藏所立之無盡緣起義。兩相對應證成莊生「萬物與我爲一」之意，亦即是華嚴「一切即一，一即一切」的境界。所謂：

〈寓言〉篇云：「萬物皆種也，以不同形相禪」，義謂萬物無不相互爲種。

《大乘入楞伽經》云：「應觀一種與非種同印，一種一切種，是名心種種。

〔註34〕」法藏立無盡緣起之義，與〈寓言〉篇意趣正同，彼作《法界緣起章》〔註35〕云：「本一有力爲持，多一無力爲依，容入亦爾」。其《華嚴經指歸》〔註36〕云：「此一華葉理無孤起，必攝無量眷屬圍繞此一華葉」，「其必舒己遍入一切……復能攝取彼一切法，令入己內」。義皆〈寓言篇〉同。

其理論之程序是先提出「萬物皆種」，再就此證成「萬物與我爲一」。因此章氏先以

〔註34〕見《大正藏》冊十六、頁六二六中。
〔註35〕見《大正藏》冊四十五、頁五○二上。
〔註36〕見《大正藏》冊四十三、頁三九四。

〈寓言〉篇之「萬物皆種」證成之，在此當中以《大乘入楞伽經》義與法藏「無盡緣起」義來符應說明。

如此的對應下，「萬物皆種」有幾點意義可言：就「一種」本身而言，「一種」之內含具他種，且是一切種，故「一種」內具一切種，即「一切入一」，萬物之種皆入一物。就一切種而言，每個皆含具「一種」，故此一種進入一切種中，即「一入一切」，一物種皆入萬物。合而言之，一即一切，一切即一，萬物皆種。又，之所以會特顯一種與他種有別，乃因有一有力之顯因，其他則為無力之隱因，故呈顯此一有力處，而造成不同形態，餘則隱沒，而非不存在。因此可知，「種」不僅有類別之意，亦有組成分子之意。此乃以佛典來詮釋說明。章氏又以實例分析的方式，來說明萬物彼此這樣的關係。共有四項：

（一）、物可以分析為無盡的小分子。證明萬物皆種。（二）、金非純金，惟是集合。證明萬物之間互為種。（三）、因依持之種有隱顯不同，故有不同形。（四）、金有重，能引他物，故有業識。證明萬物皆有識，且是唯識。此中最重要的是第四之：萬物皆有識，且萬物唯識。

（一）、首先，金可以分析為無盡的小分子。其曰：

《大毗婆沙論》一百三十六〔註37〕云：「極微是最細色」，「此七極微成一微塵，七微塵成一銅塵（《俱舍論》〔註38〕作金塵），七銅塵成一水塵。」銅塵水塵今所謂分子也，微塵今所謂小分子、微分子，極微乃今所謂原子（依有方分說原子）。（一、六）

這是普遍性而言，每一種物質均可如此分析。分子之大小，從小至大分別是極微、微塵、銅塵、水塵。章氏以科學名詞比對之：水塵、銅塵為分子。微塵為小分子、微分子。極微為原子。但是將極微說為最小，亦是暫時之語，因為只要是物質，理論上層層析分是無盡的。由此來說，物質是有無盡的小分子組成，金亦是如此。

（二）、一物中不僅有同性的分子集成，而且還具有異性的分子。例如黃金之色為黃，而其體是有質礙的。黃與礙是不同的，所以黃金裏就至少有黃、礙兩種不同的分子。又顏色因光線照射而顯，照在綠葉呈現綠色，黃金呈現黃色，呈現白、黑、紅不等，如果光線中沒有與這些顏色同性的分子，這些顏色就無法與之合顯。就黃色言，其亦含有光線的同性分子，以使光線與之合顯黃色，因此在黃金言，黃金亦含有光線分子。因此黃金裏起碼有黃色分子、質礙分子、日光分子、金分子。所以「金非純金，惟是集合」，且具異性分子。他物亦如是，具金分子。

〔註37〕見《大正藏》冊二十七、頁六八四上。
〔註38〕見《大正藏》冊二十七、頁七○二上。

　　（三）、萬物既可層層分析不盡，析至極小之分子時，可說物物皆由此組成，只是組合的方式、狀態不同。因此可說一物中具一切物。既是一物具一切物，一物亦是一切物中之物，但為何此物不同於他物？故知，此物具有與其他物不同之處，亦即此物並非其他物之關鍵所在。此不同處之狀況如何？如何與「一物具一切物」不矛盾呢？章氏曰：

> 方其在大，大者為體，小者為屬，方其在小，小者為體，遞小為屬。如人身中有諸細胞，各有情命，人為自體，細胞為屬，如人死已，細胞或復化為微蟲，此即細胞自為其體。以要言之，一有情者必攝量小有情者，是故金分雖無窮盡，亦得隨其現有說為自體。（一、六）

這是由體、屬；大、小的關係來說明「一即一切，一切即一」。以較大的為體，以較小的為屬，層層互遞大小、體屬，每物皆具有無量之分子，故層遞至無盡無窮，但是仍以大者為其體，所以每物雖仍衍無窮，攝一切他物，卻也不礙其成其自體。

　　由生物體再明「一即一切，一切即一」，亦即莊子之「更相為種」之義。云：

> 如一人體，含有無始以來種種動物形性，至單細胞而止，依此人力又能生起各種種細胞，而彼細胞唯是細胞果色。又食牛羊雞鶩肉者，此異性肉亦化為人肌肉，菜果穀麥亦爾，虎豹食人嚼人其化亦爾。

一體具有種種動物形性，因為人食異性生物。此異性物包括動物與植物，人用為裹腹，入口轉化為體內各種形式而存在，如細胞、血液、肌肉、骨骼等等，故人體內含有各種異性之他物而互存，即「一即一切」。反之，就虎豹而言亦如是，其所食之異性物亦化入其內而互存。如將時間、空間無限擴開，則將含具無量之異性所成。又微細到細胞的存在，亦是含具無量之異性物所化成。連精子之存在亦是如此化成的，所以說：「如精子亦緣無量異性生集成，其更相為種益明」（一、六）。連金石亦含在人體內，如食「雲母」、「鐘乳」等。或食物中含有礦物質等均是，而化為人身之內。是以說「更相為種」。

　　章氏再以顯隱來說物與物之間不同形狀之因。其引法藏之「本一有力為持，多一無力為依」，「多一有力為持，本一無力為依」為證。前者是說明人與其他生物不同形狀之因：此一生物是本此「一有力」為持、其他「多無力」為依而現此狀，而彼生物本著不同之「一有力」為持，故現他狀。故曰：「以有顯果，是故胡麻不生赤豆，穗稻不生小麥，形性無亂」（一、六）。而後者「多一有力為持，本一無力為依」，例如人由自身（有力之持）而能製造一細胞（無力之本）。有力之持即是顯、本；無力之依即是隱、多（屬）。但是角色之更換，則有力者可為隱、多；無力者可為顯、本，因此顯隱之不同亦是相對性地轉化。

又〈庚桑楚〉篇之：「所惡乎分者，其分也以備」、「所以惡乎備者，其有以備」。依章氏意，前「分」是指「分裂」，後「分」是指「一」。分裂不是真實的狀況，所以每個「一」需待「備」（一切），方能成一，因此「一」須具「一切」，「一切」須納「一」，即證成「一即一切，一切即一」。第二句前「備」是動詞，指欲再加入。一物已成、平衡具足時，會排拒他物，所以「惡乎備」。而被排拒之他物則化為隱因潛伏著，即證成物物均有不同於他物之處。

以上使用正因助緣、體屬、大小、顯隱、有力無力等等概念，皆是在說明「萬物與我為一」之觀點下，何以現前物物均有各別差異。證成此差異之因亦同時成立「萬物與我為一」。因有一顯者為主，一切餘者為隱之組合，證成一（含有顯隱）即一切，一切（各有顯隱）即一。

（四）、金有重能引他物，所以章氏判定其有業識，以明無情之物亦有業識。他引《起信論》之三種細相：無明業相、能見相、境界相以及依心起意的三種識：業識、轉識、現識〔註39〕來說明。此三細相與三種識均是所謂的「心不相應」煩惱，對此印順法師解曰：

> 約煩惱與微細妄心，雖可分別而渾融如一，所以名不相應。如依心取境而生分別，心境分離而於心上起念（心所有法）分別，妄心與染污心所，明顯的差別，而同時同緣，其作一事，即名為相應。〔註40〕

意指極微細之妄心（三細），微細難知，與心渾融如一，不易察覺出心、心所或心、境的相應，所以名為不相應。此不相應之微細妄心章氏引《起信論》而說：依不覺故，生三種相亦即三種識。無明業相（業識），即是依不覺故，心動，動即造業，則有苦。覺則不動。能見相（轉識），即是依動故能見。境界相（現識），即依能見故境界妄現。因此是不覺而心動，動則造業，動則能見，能見則境界妄現。而此三種層次均與心渾融難分，是極微細的妄心。是以，章氏曰：

> 此三名細與心不相應故，業識即當作意，轉識當觸，現識當受，並與阿羅邪識相逐相隨，而言與心不相應者，明兼無情之物。（一、六）

其認為心不相應微細妄心，是包括無情之物。無情之物看來無有意識，章氏卻認為其只是沒有顯現心相應之煩惱，沒有心、心所、心、外境之對應，但卻有業識、轉

〔註39〕《大乘起信論》曰：「一者名為業識，謂無明力不覺心動故。二者名為轉識，依於動心能見相故。三者名為現識，所謂能現一切境界，猶如明鏡現於色像」。此依序正配合無明業相、能見相、境界相。乃依不覺而產生之三種「細相」。此三細相與六粗相，前者激細不易覺知，後者粗顯較易察知，全是《起信論》用來解釋說明，眾生不覺而產生惑業苦之全面情形。見《大正藏》冊三二。

〔註40〕見印順法師之《大乘起信論講記》，頁一九九。

識、現識這三種不相應微細妄心，潛存著。業識就代表「作意」，轉識代表「觸」，現識即是「受的能力」。依此，說金重性能引之能力是業識，能觸他物即轉識之作用，能與他物相和或相拒是現識之接受能力。由於金有這些性質，所以證成其有「識」。其他無情之物，亦有其固定之特質、能力，有自體、排拒他物之力，由此特性知其亦是有「識」。此是依《起信論》之不相應心來說明，章氏與其學生吳承任之書信中亦特別討論此，云：

> 三界九地之說，只言梗概，非能事事密合也。……金石蓋無意識及眼耳鼻
> 舌四識，而阿賴耶、末那及以身識，此三是有，既具業識，即有趣道之分
> 〔註41〕。

因此就八識言，章氏認爲金石只是未具前六識，但卻依然有第七末那識與第八阿賴耶識以及身識。對於是否有末那我執識，章氏自問答云：

> 此金爲復有根不？應答言：有，成此小體即是我見，有力能距，依於我慢，
> 若無意根此云何成？（一、六）

意根是指末那識，亦即我執之展現。依萬物唯識所現之義，章氏認爲金石有其自體固定之相狀，那是因爲其有我見固執之故，依此我見才現此相狀。金石在正常狀況下並不與他物合，故知其有排拒之力，以維持其自身固定之存在，章氏認爲這正是其「我慢」的表現。有我見、我慢便是我執，我執即是意根、末那識。有末那識，即連帶也要承認業識（阿賴耶識）存在。所以一般認爲器界之物是純然無識之無生物，此乃因其心相應之煩惱不顯現，自心分別隱沒、無前六識，所以依俗將之劃歸爲「無生」之類，此乃依俗而分，如究實以觀，器界之物亦是有識，是有生之類〔註42〕。

　　章氏又以反證的方式來證明金石有身識。從唯識宗義來看，萬法唯識所現，只

〔註41〕見《章炳麟論學集》，吳承任藏，頁三五七（北京師範，西一九八二）。
〔註42〕有生與有命根不同。章氏曰：「往昔唯識宗義不許四大名爲生物（佛法諸宗皆爾，分析言之，四大可說無命根不可說無生，佛典說：壽暖識三合爲命根。壽即呼吸，四大無呼吸，是故無有命根，四大有業識是故有生，然諸單細胞物呼吸不行，而不可說無命根，則知以壽暖識和合稱命者，但據多數言耳，下劣微蟲已不可概論矣）。」由此知，章氏認爲有生或無生是指有無業識而言。有命根則須再加上壽、暖這二項因素。但是這樣的劃分只是據多數而已，並非放諸四海無一例外。所以佛法不立四大爲生物，亦是據多數而言。就如同有情界、器界之分，只是依世俗諦而說，依智慧高下假爲分別。而實是情是器本難界定。故雖說金爲器界物，但仍可更究實其爲「有生」。但是區分這種種仍然是依世俗諦而說，若依眞諦，章氏則言：「若依眞諦即唯是識，黃礙諸相，唯是各各現量所得，互相爲增上緣，而實非有黃礙相」（一、六）。其確立唯識之眞諦義仍以「本無生」爲最究竟義。

有識而非實有外境之物。但是人類為何有身體？對金有質礙感，與金相觸卻不能相滲，互相阻礙不能過？如云：

> 今應問彼：「若但有識，何故觸有窒礙身不能過？」答言：「身識不滅，不能證無窒礙，故不能過，非外有窒礙故」。如是雖能成立唯識離諸過咎，然復問：「彼金石相遇亦不能過，此金為復有身識不？」如若言無者，何故金石不能相徹？金不過石，石不過金，而言金石本無身識，如是人觸窒礙不能徹過，亦可說言人無身識。唯識義壞。是故非說金石皆有身識，不能成唯識義。（一、六）

如果人與金相觸不能相過而有質礙感，是因人有身識。故可證知金石二者相觸亦不能過而有質礙，亦是因其有身識之故。如果金石之質礙可說是無身識，是以，人之有質礙亦可說是無身識。如此推論，如果人可以無身識，所謂唯識之義也就無法成立矣，故必得承認金石有身識，才能成就一切唯識之義。

　　章氏證明無情物有業識（具第七、八識與身識），一方面是要成就「萬法唯識」之義，一方面更是要成立「一即一切，一切即一」之境界。以皆有識才能「能所互動，重重交攝」。否則唯生物有識，無生物無識，則生物為能變現者，無生物永恆為被變現者，「一即一切」之境界則有缺漏，將山河大地諸物排拒於外，就所謂之無生物者為言，則無法是「一即一切」，因此交攝之義不成。金石、四大等均是有生之類、有業識故，因此萬法各各自有業識，各各自在，各各自能變現。但是如果各各有識，則彼我之間便有隔閡，何以能成「一切即一」？章氏自設問云：

> 問曰：若爾，云何說地水火風唯心變現？以彼既由自心變現，即不得由他心變現故。答曰：此中正因由彼自心變現力，亦由各各他心變現為其助緣，寧獨金石？乃至人畜根身亦爾，若他心無變現力，即不能互相見觸，故死後不得尚現尸骸故是，故地水火風各由他心變現，而亦由彼自心變現，兩俱無礙。（一、六）

此處以正因、助緣為說，正因為顯、助緣為隱。自心與他心之變現是同時具足、兩俱無礙。自心為主因；他心為助緣，兩者俱足方是萬物相互關係。如果單只承認自心變現，則他心必無法見我，因為唯有心識而無外境，如果他心沒有變現，當然無見己心之可能。但是事實上彼我皆能互見，所以必非單一自心所變現而已，但是彼我畢竟有強弱之不同，所以事事物物均是自心變現為主因，他心變現為助緣，他心則表一切，一一如此，則立一即一切，一切即一之互成之義。這種正因、助緣之說正是章氏引自法藏《法界緣起章》：「本一有力為持，多一無力為依，容入亦爾。」之意。

　　總而言之，爲了說明「萬物與我爲一」，章氏分兩種層次說明，一者就物質性，一者就心識根源處。首先，就萬物物質之間的關係言：主要以〈寓言〉篇之「萬物皆種也，以不同形相禪」之意義來符證《大乘入楞伽經》之「一種一切種」義，指出萬物各各皆可析化爲無盡之小分子，以其無盡、和拒之現象，又知分子中亦同時具有異分子，彼此是合集互依，一具一切，一切中有一，故「萬物與我爲一」。章氏由此符應於法藏之無盡緣起：「一即一切，一即一切」義，再以〈庚桑楚〉篇：「所惡乎分，其分也以備」、「所以惡乎備者，其有以備」補充說明之。是以其曰：「凡此萬物與我爲一之說，萬物皆種以不同形相禪之說，無盡緣起之說，三者無分」（一、六）。接著再說明此互依同具中，會因顯隱之因（種）的不同而有萬物各別之差異，亦以此符應法藏之義。接著，再將萬物歸於心識根源處：這種種互緣、一即一切、一切即一的相互關係，以及各別之相狀，皆歸爲由識所生，唯識所現。因此，萬物雖有有情、器界之區分，但皆有識，這一點是相同的，只是金石器界物未具前六識。而一物之成就不僅由自心變現，亦是他心同時變現，兩者互成而無礙，故成「萬物與我爲一」。

　　《華嚴經》、法藏之「無盡緣起」義，在前面已解說，章氏顯然並無全面引用「六相」來說明（只有對法藏在說明「六相」之「椽舍喻」加以批評，認爲法藏在此未能充份說明一即一切，一切即一之理），亦無「十玄門」之分析，只將其義理化歸成「一即一切，一切即一」、顯隱之說二種。在莊書這一面則引「萬物與我爲一」句與〈寓言篇〉之說法來符應之。依〈寓言〉篇之「萬物皆種」說，再引《大乘入楞伽經》證成之，章氏用同異分子來說明彼此之關係，有如「六相」中之一對相狀：同異。至於成壞、總別這二對相狀則未涉入。所用之佛典與莊書之句子顯然只有幾句，但其中漫衍之概念與分析，皆是章氏消化華嚴法藏之「無盡緣起」義而用來詮解的。這其中他自取很多例子加以增實說明之，這些例子並非莊生之文，但其中「金」之例子，卻似法藏《華嚴金獅子章》之「金獅子喻」。在此當中，章氏又大大地發揮其「以佛解莊」之大膽符應。

四、究竟一向無有

　　最值得注意的是，章氏並未將「一即一切，一切即一」無盡緣起義視爲最究竟義，亦即「萬物與我爲一」、「萬物皆種」之說仍是置於第二位，仍是依幻有而說。因爲這些分析地說明，在「如來藏緣起」「藏識緣起」義，反成幻有。何謂如來藏、藏識？章氏依《起信論》之眞妄和合的關係：一者爲體（不生滅），一者依之而起（生滅）之關係，而將此二者化歸爲一，泯絕虛妄阿賴耶識而具顯如來藏，

此點在言眞我、妄我時已明。故由體而言，如來藏、藏識可爲一。有妄念之起，才成其「萬法唯識」之現象，所以依種種妄相之生才有觀察而得的「萬法唯識」，如果能遣清唯識之虛妄，自然無有外塵、外境，如此「一即一切，一切即一」的說明亦無意義，因此唯識所變現的說明亦是在俗諦的說明，亦是對幻有的說明。既是唯識所現，即知所現是幻，故依勝義諦、眞諦、究竟義而說，即無可說、無有萬物、「一向無有」，故其云：

> 且依幻有說萬物與我爲一，若依圓成實性唯是一如來藏，一向無有，人與
> 萬物何形隔器殊之有乎？（一、六）

意即萬物與我本無分別，現在說「萬物與我爲一」，必是依「萬物與我有別」後，才需要化之。故章氏認爲依究竟義本無「分別」，故實無再說「爲一」的必要。因此說「爲一」還是世俗諦。章氏在說明「天地與我並生」時亦強調云：

> 若計眞心即無天地亦無人我，是天地與我不生爾。（一、六）

若計眞心，即無天地、無人我、無生、無滅、無大小、無壽夭、無時間。由此可知，章氏依然相當堅持其最究竟義之「離語言文字相」、「不可說」、「離心緣相」，故至究竟處時，在語言上皆是用「否定」的態度來表達，要在思考判斷上加予止息、遣離，最多最多只純然的以「平等」來表達，徹底體現「心行處滅，言語道斷」之面相。故其云：

> 《般若經》說去諸法一性即是無性，諸法無性即是一性，是故一即無見、
> 無相、何得有言。……即前引《大般若經》所謂「不可說爲平等性，乃名
> 平等性也」。（一、六）

由他在此處皆引《大般若經》爲證可知，其在究竟義上的論述方式與理念，得力於般若空宗爲多。也因莊生在「萬物與我爲一」後，亦反省說「一」時，勢將有「二」有「三」，而至「巧歷不能得」的無盡追索狀況，因此亦結之爲「無適焉，因是已」，才使章氏使用否定之方式。而「萬物與我爲一」在無盡緣起義下詮釋，證成一切存在之關係，皆是互緣而成一即一切，一切即一，此處說爲「一」。由其並非不變、獨立的存在，亦即是虛妄、空性、唯識所生，是以又可說爲無性、無見、無相等否定義，以其說「一」會再形成無限循環，不符實相，所以對究竟義終以否定式語言表達之。

肆、以「不可知」遮破虛妄心識

〈齊物論〉中多有說「孰知之」、「惡乎知之」、「不辯之辯」，這跟語言是有關係的。最重要的是「惡乎然？然於然。惡乎不然？不然於不然」（〈齊物論〉一、四）。又在第五節中曰：「惡識之所以然，惡識之所以不然」。以及第四節之「吾惡乎知之」，

均有反面、不可知之味道，章氏證以佛法，很是曲折。

　　「不可說」，是偏重在破遣語言的虛妄性。「不可知」是偏重在破遣心識迷妄之知，心識之迷妄故有語言之虛妄。破語言之虛妄性，還可能在心識中存有是非相對概念，如果破心識之相對概念，則亦破語言。因此，說「不可知」時兼破心識與名言、離卻兩邊對待。因此此時之「不可知」仍可說為「不知之知」、「真證知」。但是如果要問事物之緣因，則緣生之現象是知之，但為何如此緣生？卻「連釋迦亦不能知」（四）？所以一者是「不可知之知」，是真知，一者是自爾之「不可知」。另外，以「不可知」的語句，來破斥無盡追尋的虛妄心，立顯勝義空性。這應算是不可知之知。

一、不知之知

　　〈齊物論〉中齧缺與王倪的對話，就涉及到這個問題：

　　　　齧缺問王倪曰：「子知物之所同是乎？」曰：「吾惡乎知之！」「子知子之
　　　　所不知邪？」曰：「吾惡乎知之！」「然則物無知邪？」曰：「吾惡乎知之！」
　　　　雖然，嘗試言之。庸詎知吾所謂知之非不知邪？

第一個問題問「物之所同」。「物之所同」，章氏認為是「眾同分所發觸、受、想、思」（以下關乎此三問皆引自第四章）。「眾同分」是指有情得以成為同等果報之因。例如人足以成為人類眾中之一的原因。觸、受、想、思是指心所法中週遍行起之心所，亦即心起時，此五心所亦同時而起。（此處章太炎漏列了「作意」心所），由然這遍行心所是有情之同者，故如此問，此乃第一問。齧缺答以「吾惡乎知之」，那是因為：

　　　　如第一問，已證圓成實性，而見依他起性者，當能知之。……觸、受、想、
　　　　思唯是識妄，故知即不知也。達一法界心無分別。故不知即知也。（四）

已證圓成實性的聖者，對於依緣而起的現象、因果，當能知之，只是要超越世間語言與心識中知與不知的相對相，所以答以「不知」，但卻是真知、不知而知。是以，後來齧缺再說「庸詎知吾所謂知之非不知邪？」，便是用來警醒其對知、不知僵化的觀念。對於虛妄之心而言其所謂知，究實是不知。以求知之心欲尋一可知之物，如此反而纏轉欲深，不能自拔。因此聖者以「不知」反之，使其停止追索知、所知之虛妄，而能離見、無有分別。在另一節裏章氏又有曰：

　　　　其真自證者，乃以不知知之。如彼《起信論》說：「若心起見，則有不見
　　　　之相，心性離見，即是遍照法界義」，故〈大宗師〉篇云：「有真人而後有
　　　　真知」，此為離絕相見對待之境，乃是真自證爾。（五）

因是而知「不知」是「不使用虛妄之知」，亦即不（離卻）相對之知與不知，而無分

別，而曰：「此理本在忘言之域，非及思議之間」（五），忘言忘知是也。

二、自爾之不可知

接上面所問之第二第三問，章氏皆認為齧缺回答的是「不可知」。這是相當特別的。先明第三問。

第三問是問「物無知邪」，章太炎認為是問：物是無知嗎？「物」泛指一切眾生，是以是問：眾生是不覺、是迷、是虛妄？一般說眾生有無始無明，心識所出皆是虛妄，但又說「迷亦是覺，物無不迷，故物無不覺」，故「實不覺亦不可知」。是以「物無知邪」？這是不可知的。故齧缺再答以「吾惡乎知之」。

而第二問，章氏認為「子所不知」是問觸、受、想、思，造成的別別境界，為何會如此呢？就識與根塵而言，迷時就有六識、六根、六塵產生各各境界相，為什麼不是七識、九根、十塵呢？而必定要說是六呢？如果說是分析歸納出這個數目，迷妄之境不超過這六種情形。但是為什麼會不超過這個數目？成為六根、六識、六塵的情形，是可以了解的，但是數目只限於六則是不可知的。難道「本覺心中豈有眼耳鼻舌意等六根、六識，及彼所取六塵？」（四）本覺心中無有分別差異，何況有此六根？所以當然不是如此。但其原因如何呢：「何故迷時乃有此數？此仍不可知」（四），故曰：「如第二問，雖釋迦亦不能知也」，諸如各種分析之法數，均適用在章氏這問題下，也都是「不可知」。

而且在前面訓釋三事中的「責緣起」項，章氏最終的態度亦是如此。「母苦參」此藥能退熱病，如果追問此藥為何能退熱病，會說此藥中有某成分能退熱，所以能退熱病。如反問：冰、雪亦能使水等物退熱，但是人服之，卻無法退熱病。所以說能退熱者就能退熱病是不通的。如果再說：此藥自有能退熱病之力，跟冰雪是不同的。章氏便認為：

> 欲知其能退熱病之因，非徒欲知其能退熱病之力，今追尋至竟，以能退熱
> 病之力為究極，是則能退熱病之依據即在能退熱病，非有因也。

由此看來章氏認為所謂的有因有緣，是指要有前因前緣，且不是本身，要有獨特、不能改變，唯其能如此的原因，才算是真因。但事物推尋其作用時，最終的答案仍在事物自己身上，所以章氏說：自爾。這就不算「責緣起」的答案了：

> 此有故彼有，此然故彼然，復依何義，則亦唯言自爾。（一、四）

自爾，就是「然於然，不然於不然」的意義。追責緣起，最後卻無前因可再言，如同上面六根、六識為何只得是六的問題一樣，有著相同的看法。

試推想之：「不可知」有二層意義。一者是自爾之不可知。一者是知，而不以妄

知知之。後者所說之「不可知」，即是遣破語言、心識虛妄之知，意使眾生「不可」以妄「知」，故曰：「不可知」。而自爾之不可知又如何呢？在此章氏針對的是：責緣起、名相之法數、物無知（不覺）之問的問題。其中責緣起至極至就是在追尋第一因，而第一因到底存在與否？可分為二層，第一層：如果不存在。自然與「不可知」是能符應。第二層：是存在，但不可知。就章氏曰「本無真因可求」來看，是第一層。問「第一因」、「責緣起」這本身就是錯誤的。為什麼是錯誤的？因為現象的存在並非有第一因存在來存在的。因此第一因是不存在的，連帶地亦否定了第一因的問題之存在。如果硬要追問一個因出來，就只能說「自爾」。但是對「責緣起」的要求來說，說「自爾」，根本不符追尋緣起之本意，是以說「自爾」等於是說「不可知」。就回答的立場，問第一因是問一個不存在的問題，是以回答「不可知」以破之，齧缺才說「吾惡乎知之」。針對責緣起者說，無有真因可求。硬要說，只得說「自爾」。

總之章氏這裡所說明之「不可說」，大有自爾所成，無有原因可追之意，在心上說的是迷妄最終之因；在物質上，說的是緣起之第一因、最後因：在名言上，說的是名相法數為何如此之因，此三種狀況與問題，無真因（無最後一因）可言，只說「惡乎然，惡乎不然」，直言「不知」。進一步言，這些均是「然於然，不然於不然」，顯言即是「自爾」。

章氏認為這些皆在找尋自爾之因上，歸尋此問題，可以無窮追索，而無有盡處，所以第一因永遠不存在，是以說終乃不可知、自爾如是。但是追求第一因是人我法執而生之虛妄心，這在訓釋之虛妄中已經提到。是以此處之「不可知」亦可說是為遮破虛妄分別、追索第一因之心，但是章氏在詮釋第四節時，並未如此明說。

三、以不可知表達空義——無因論

章氏由「不可知」引出對於佛法緣起論的看法，證成所謂「無因論」，這是很重要的觀點，這與上面兩種層次之不可知有所不同。章氏是以「不可知」的方式來表達「空」之義涵。這是在《齊物論釋》第六章：罔兩問景的寓言故事中討論，景答曰：

> 吾有待而然者邪？吾所待又有待而然者邪？吾待蛇蚹蜩翼邪？惡識所以
> 然，惡識所以不然。

重點在於「惡識所以然，惡識所以不然」。章氏以為言「惡識」，就是在破無窮追索之過患，亦即因因果果無窮推極之過患。故曰：

> 且彼法爾道理者，即猶老莊所謂自然……而彼自然亦非莊生所能誠信……
> 言「惡識所以然，惡識所以不然」者，非信法爾道理，正破因果律耳！（六）

法爾道理，章氏將之應於自然，佛法所說「法爾」，常是指緣起而言，因此章氏亦即

以佛法之緣起道理來說「自然」。自然即是緣起。章氏認為莊子並非不知緣生之理，只是沒有十二緣起之名而已。並認為莊子不以緣起為最究竟，甚至還是「正破因果律」，這是否代表要推翻佛教緣起之看法呢？

我們先來了解緣起。緣起是指此有故彼有，此生故彼生，此無故彼無，此滅故彼滅的現象〔註43〕。緣起法是佛法的重心，因它而成立因果，亦因它而成立無我、無常、空。所謂「因緣所生法，我說即是空」〔註44〕因此可曰：緣起即無常即無我即空。看到空、無常，常會有人反責問：「緣起本身是否是無常？」，如果是，則緣起不一定成立了！如果不是，則仍有一法永常，無常無法成立。這似乎有所矛盾。緣起法當然是有，但是卻不是「常」，而是：「真、實、諦、如、法爾」。就它為萬法之實相，故是「常」。就它最終仍是假名施設，要使眾生能離執證空，證空已，即無須此假名，故說「不常」。既是常既是不常，故不成其為「常」義。

說緣起法是「真、實、諦、如」則較稱合。因為緣起是對萬物現象觀察了解而得出的答案。目它為萬法之實相、法爾如是，是真、實、如。原始佛教之經典《雜阿含》，關於緣起有這樣的說明：

> 此法常住法住法界……此等諸法，法住、法空法如、法爾，法不離如，法
>
> 不異如，審諦真實不顛倒〔註45〕。

緣起法是法爾如是、真實不謬的。而這如實不謬之義應是：認識宇宙法界的現象（緣起），與我們所認識到的（緣起法）是一致（不謬）、符合（如實）的。亦即現象與認識到的是相應的。深觀體解萬法現象而認清即是緣起，如果能如此，就是真實地了解萬法，就是正確。是在這個意義下說「真實不謬」，因此並不適用「常」存的字眼。

因此緣起是真實不謬的，亦即現象與所認識的是一致。這樣的緣起道理並非章氏所反對的。章氏仍是信受因果的，就如景的回答：「吾有待而然，吾所待又有待而然」代表著緣生，但是前面說「正破因果律」又是何義？章氏曰：

> 今有一人欲破因果之律，乃云世俗說言：種瓜得瓜，為問：瓜子為因，種
>
> 者為因？種具為因？種事為因？土由為因？……種種不可相離而不得
>
> 謂，有爾所自體，是故說無因論，然此實是淺陋不覺之見，所以者何？一
>
> 果本非一因所成。

其以為如果認為一因只能有一果，而見有多因，因此便認為無因，就是錯誤的。因

〔註43〕「離此二邊，處於中道而說法，所謂：此有故彼有，此起故彼起」，（《雜阿含》三〇○經）。最後二句即指緣起法而言。

〔註44〕「因緣所生法，我說即是空，亦即是假名，是為中道義」，此為龍樹《中論》的句子。

〔註45〕《雜阿含經》二九六經。《大正藏》冊二，頁八四中。

爲因果的關係本非簡單的一因成一果，亦承認各因合和而成。他以因果變化言：

> 雖至金鐵樸鋋，唯是一注，固者可化爲液，液者可化爲固，未有恆無轉變
> 者，豈況雜集流形之品而可說爲不變，如是因果歷然，無所疑滯。不了者，
> 惟許有一主宰，今見主宰猥多，遂生無因之義，是故等是一無因論，愚智
> 之分，有若天壤者矣。

事物均有變化，有變化就有何者爲原來之此，何者爲後來之彼，所以亦是此有故彼
有，亦是因果緣生。但是如因見事物這樣輾轉流行，沒有一個唯一主宰，便說是「無
因論」，這並非章氏所要破的因果律，亦非其認爲的無因論。

其實章氏既說因果歷然，爲何卻認爲莊子是「非信法爾道理，正破因果律」，並說緣
起是俗說假有？其實他是要保存緣起的眞、實、諦、世俗諦的意義，否定其「常」
的意義，進而以遣消「緣起」來確立勝義諦。

其實說緣起爲世論，在《雜阿含經》中已有云「俗數法者，謂此有故彼有」〔註
46〕。《增一阿含》：「云何假號因緣？所謂緣是有是，此生則生」〔註47〕。這都說緣
起法爲假名法，是世俗諦，以其爲萬法之實相，而說爲「諦」。能於此深體緣起法，
離卻我執證入空性，就是勝義諦。而世俗、勝義二諦是相順的。「因緣所生法，我說
即是空，亦即是假名，是爲中道義」（此處中道義，可同勝義諦），就能即體呈現空
義，無須再破遣。但如果強調緣生之因果相生關係，強調假名，而要再彰顯勝義諦
之空義，便需離此生生之執著，而究竟說「無因」。因此，章氏說「無因論」是意圖
超越世俗諦，而顯勝義諦、第一諦之實相而說的。重點偏重在勝義、究竟上。

佛法裏既有緣起爲世俗諦的說法，章氏亦由佛法來立其「無因論」，其引：《大
乘入楞伽經》來明之，其曰：

> 《大乘入楞伽經》云：「世論婆羅門問我言：無明、愛、業爲因緣，故有
> 三有邪？爲無因邪？我言此二亦是世論」。是則緣生正是世論，無因無緣
> 而生亦世論。又云：「爲除有生執，成立無生義，我說無因論，非愚所能
> 了，一切法無生亦非是無法，如乾城幻夢，雖有而無因。」此乃以無因論
> 爲究竟，蓋諸法不生，因緣亦假。

依世俗諦立緣起法，再進一步爲遣除有生之執，故依勝義諦說緣生亦是假名，故成
立「無生義」，即「無因論」，是爲佛法最後了義。如「乾城幻夢，雖有而無因」，章
氏認爲乾城幻夢亦是有因，乾城是指海市蜃樓，其依陽光反射而成的，所以其因是
對岸的山巒城郭。幻事、幻物，是以施幻者爲因。夢是以白日之意想分別爲因，故

〔註46〕《雜阿含經》三三五經《第一義空經》，《大正藏》冊二，頁九二下。
〔註47〕《增一阿含》「六重品」第七經。《大正藏》冊二，頁七一三下。

「雖有無因之義，於近事中無可舉例」。在世俗中無有不由緣起的，由此亦可知其「無因」是指勝義諦而言，非得證入空性者無法解之。

既然可見之世俗事物並無「無因」，如何來證成呢？章氏曰：

> 詳夫因緣及果，此三名者，隨俗說有，依唯心說即是心上種子，不可執著說有，是故緣生亦是假說，莊生云「惡識所以然，惡識所以不然」，正謂此也。（六）

觀太炎之文皆以「緣生」之名，其實緣起、緣生是可視爲一致的〔註48〕。章氏亦以「十二緣起」說爲「十二緣生」，所關涉的內容本無差異。重點在於緣生（緣起）乃是心上種子，是虛妄所生，所以世俗種種萬法皆是虛妄所生，因此必無「無因」。而將緣生與虛妄結合，因此一方面要遣執生生之義，而立無因論之外，一方面又以覺心不（妄）動，來說明之：

> 今說生之所因還待前生，展轉相推，第一生因，唯心不覺，不覺故動，動則有生，而彼心體非從因緣和合而生，所以爾者，世識三時即心種子，因果之識亦心種子，不以前後因果而有心，唯依心而成前後因果，如說無因論乃成無過。

章氏將「緣起法」專重在緣生上言，而將因果、生生歸於心體，此心體是離卻時間、前後等等種子的，故說其「非從因緣和合而生」。有前因後果之生是因爲「心不覺」故，而產生萬法唯識，所以概念由此心識種子變現，萬物之種種緣起存在亦因心識而有，但心體本身沒有前因後果、緣生緣滅、時間、概念、萬物之種子，也就連帶沒有萬物的存在可言。依心不覺，不覺而動才有因果、緣生可言。因果緣生是在不覺下說的，如果能超越不覺，而證無前無後，亦無我無彼，不生不滅之心體時，就可說無因論。

由此進而強調：「……是皆說物質本無，而不說心量本無，正契唯心勝義。」成唯心勝義。又云：「本無造色種子，造色者心，證見心造，其物自空」。造成物質的種子本無，因此所成的物質亦無，物質本無，又何來緣生呢？如果證知此物質緣生由心所造，物自空，則無有緣生與否的問題了，因此說「無因」。

總之，章氏論理之方式是將緣生視爲即是虛妄識所生，而立於唯心勝義上。萬法唯識而生，將緣生化歸於心識，是故緣生是虛妄之識而非覺心。因此超越緣生之生即無生，即非虛妄，即歸一心，是爲勝義說、究竟說。而重點在於「無」上，充

〔註48〕說緣生或緣起或有些不同，《唯識論述記》云：「瑜伽五十六說，因名緣起，果名緣生」。但一般以緣起言，而包納所有的含義。俱舍論九曰：「諸支因分，說名緣起，此爲緣能起果故，諸支果分，說緣已生，由此皆從緣所生故。」

份發揮「無」的精神，而至唯心。章氏此處所說的「無」即是空。章氏「無因論」似乎有偏向不生、無、空而說，但他另有言：

> 空緣生者……云何空之？此生彼滅，成毀同時，是則畢竟無生亦復無滅，……如是人雖展轉幻化故未化耳。達者知其如是，不厭轉生；豈希圓寂而惡流轉哉。證無生滅示有生滅此亦兩行也。……執著空言，不可附合莊氏。（一、四）

這是空有兩面皆說明的方式。亦即如能轉心識虛妄種子，而致虛妄消亡，證得緣生之生滅、因果之理，則知唯是一心，全體成毀同時，此境界即是「畢竟無生亦即無滅」，證得無生滅，而示現有生滅，亦即證空示有，此方爲圓融之道。由此可知，上面所說的「無因論」是專在虛妄心動而說不生、無因，偏重於勝義空上言。並非是執著空義。所以所謂景回答：「所以然，所以不然」表示是追責緣生之理，但追尋虛妄將徒增虛妄，是以說「惡識」，乃以不可知來破緣生，推得「無因論」，而立顯無生、空之勝義諦。這並非是「眞不可知」，而是表達空性。章氏認爲莊子藉著景的回答，來表達「無因論」，是「圓音勝諦，超越人天」，相當推崇，但世人皆不見此勝義之旨。

第三節　齊物之大用

章太炎隨文舉釋〈齊物論〉，對於莊子其他篇章亦皆有所參入，通暢一貫，全目爲莊子精神面貌之具體呈現。上節乃說明齊物之基石，以及基石滲透入萬象，遣消萬物之呈現。是以人法二執之泯絕，無我即喪我，破析世間名言概念詮解之虛妄，一切本無，忘言忘義，即能離妄顯眞，明勝義之眞實義。此全在表達「無」之精神，在申明空性之理，即所謂「離名言相，離文字相，離心緣相」。此節要說明的則是以此「無」之體證，一體呈現齊物境界之大用，即是指向齊物之精神如何映應於世間種種。齊物，本以物爲對象，廣泛言之，舉凡世間種種，包括概念、名言、萬物，皆可以說是物。因此最終之用全在於物之齊上。此齊物之用與齊物之基石核心是一體呈現的，爲說明之清楚起見，前面將之分開而解。今爲了有全面具體之展現，故先呈顯莊子之境界內涵。然後再分解地明齊物之用。

壹、莊子之境界：一闡提菩薩

齊物之境界亦即是莊子境界之展現，因此莊子境界究竟爲何，可與齊物境界互通而觀。換言之，齊物之用即莊子境界之用，無有隔閡。所以了解莊子境界，能全觀整體之精神，且有利於齊物之用的明解，更有互相參證之效。又，章氏之論釋，

乃是以佛法來證明莊子，不免驚駭於世人，故字裏行間，總有莊子與佛法關係的答辯之言，這種針對問難的說明，很能凸顯章太炎對莊子的看法，是以，列而說明之。

　　章氏認為莊子所詣之地是「一闡提菩薩」。其引了一段很重要的文字來說明所謂的「一闡提菩薩」。曰：

　　《大乘入楞伽經》〔註49〕指目菩薩一闡提云：「諸菩薩以本願方便，願一切眾生悉入涅槃，若一眾生未涅槃者，我終不入，此亦住一闡提，趣此是無涅槃種性相，菩薩一闡提，知一切法本來涅槃，畢竟不入。此蓋莊生所詣之地。(七)

章氏指出莊子所至之境界是菩薩一闡提。在此，涅槃是指寂滅，而與生死、輪迴相對而說。一闡提者，是指斷善根者，斷佛種性亦即無有無漏種子，無法成佛者。此乃為教化之應機，而將眾生分有各種根性，是根據現實現象而說的，由此得出有所謂無法成佛者，即一闡提。「菩薩」全名為「菩提薩埵」，「菩提」為道、覺，「薩埵」為勇猛精進、大心、對無上道有大心。總為：勇猛精進求大道者。具足大心大願之者。《法華玄贊》曰：「菩提覺義，智所求果，薩埵有情義……有情是自身也。求菩提之有情者，故名菩薩」〔註50〕。何為大心？勇猛無畏之心、度生利他之心。因此菩薩以上求佛道，下化眾生為特質，度化眾生乃其志業，而以利他為先。覺有情：一面是情悟之有情，一面是使有情覺悟。甚至寧願暫捨成佛之路，留惑潤身，下生有情界，與眾生為伍，而度化之。諸如地藏菩薩之「地獄不空，誓不成佛」，觀音菩薩之「聞聲求苦」「應以何身得度者，即現何身而為說法」。文殊菩薩為諸佛之導師，成就眾生成佛等等，皆是菩薩精神的展現。如此勇猛大心為度眾生，而至若有一眾生未入涅槃者，自己便也不入涅槃。眾生何等之多，如依此願，成佛之日勢必遙遙無期，感於此心，就稱其為「菩薩一闡提」，而與斷善根，永不得成佛者同列一闡提，同為不入涅槃者，但兩者境界之懸殊實不能以千里計。是以一闡提有兩種，一種即前面所說的斷佛種性之一闡提，一種則是「一闡提菩薩」。同樣在《大乘入楞伽經》中云：

　　一闡提者，無涅槃性……一闡提者有二種，何等為二？一者焚燒一切善根。二者憐愍一切眾生，作盡一切眾生界願。〔註51〕

就其大心言，菩薩悲愍眾生、不捨眾生，但以大願大力大悲之大心專為救拔眾生，而不願立即成佛。如果在真實之境界言，能發此大心者，亦是明瞭「一切法本來涅槃，畢竟不入」，所謂生死與涅槃不一不異，無有能入所入，生死本是虛妄而生，對

〔註49〕《大正藏》冊十六，頁五九七下。
〔註50〕《大正藏》冊三十四，頁六七一下。
〔註51〕《大正藏》冊十六。

治虛妄之涅槃本身亦是一對治法而已。虛妄本無故生死亦無，生死無矣，涅槃亦離，如此兩方皆遣，成立畢竟空亦即中道義。畢竟空另一個角度呈現即畢竟平等，因此「無生死無涅槃」即「生死即涅槃」，「無煩惱無菩提」即「煩惱即菩提」，兩方相即而立。一遣一立，畢竟空即畢竟平等，平等平等。能夠深體此妙道者，不是不願入涅槃，而是處處涅槃，自然無有入涅槃之念，並起菩薩勇猛大心，終是隨順生死而度化眾生。此就種性言就是「無涅槃種性」。《中論》〈觀涅槃品〉亦曰：

> 涅槃與世間，無有少分別；世間與涅槃，亦無少分別。〔註52〕

這種雙遣雙立的境界，是大乘佛教空宗之龍樹思想精義，亦是大乘佛教對空意之解釋。章氏又引《起信論》云：

> 《起信論》說初發心者，尚云：「離於妄見，不住生死。攝化眾生，不住涅槃。」轉至無窮。〔註53〕

在修行的過程中，仍然要說離卻虛妄，了脫生死。而深體大道、具大願心者，能不住涅槃爲眾生作依佑，離生死、涅槃兩邊之對立，而無生死亦無涅槃，不住生死，不住涅槃，法法涅槃，隨順生死。說不願入涅槃，是以涅槃爲寂靜，一入涅槃即不以變化利生爲重，是故此乃具大願心爲度化眾生而說；說本來涅槃，畢竟不入，是爲究竟義理說。此兩者並無高下，只是一體兩面之說。章氏又云：

> 莊生本不以輪轉生死遣憂，……又其特別志願本在內聖外王，哀生民之無拯，念刑政之苛殘。必令世無工宰，見無文野，人各自主之謂王，智無留礙然後聖。（七）

將內聖外王視爲菩薩之度眾大心，而將內聖之聖解釋爲「智無留礙」，外王之王已非政治聖王之意，而是「人各自主」。依章氏之理路「內聖」即深體畢竟空，「外王」即是畢竟平等。以是，說莊子以內聖外王爲志願，亦即善體畢竟空、畢竟平等，而有菩薩一闡提之大願大心。因此又強調：「莊生是菩薩一闡提，已證法身，無所住著，不欣涅槃，隨順生死，其以自道綽然有餘裕矣」（七）。

　　章氏究竟以那些文字來說明莊子之不欣涅槃，隨順生死，以利群生？他先證明莊子是知道佛教的輪迴觀。在莊周夢蝶中有所謂「物化」，章氏以物化爲輪迴，認爲莊子藉夢比喻輪迴。又指出〈大宗師〉：「若人之形者，萬化而未始有極也」，〈養生主〉云：「適來夫子時也，適來夫子順也，指窮於爲薪火傳也，不知其盡也」，〈知北

〔註52〕《中觀論頌》《大正藏》冊三十，頁三六上。

〔註53〕《大乘起信論》之原文爲：「信成就發心……觀一切法自性無生，離於妄見，不住生死。觀一切法因緣和合，業果不失，起於大悲，修諸福德，攝化眾生，不住涅槃，以隨順法性無住故。」見《大正藏》冊三十二，頁五八○下。

游〉:「生也死之徒，死也生之始」等等來證明莊子是了解輪迴的，只是未明顯說明而已。

莊子不僅知輪迴，而且不以物化爲憂惱，不以輪迴生死爲懼。正是不欣涅槃，隨順生死，章氏引〈德充符〉云：

〈德充符〉說：「人故無情」，謂本無煩惱障，五蘊自性不生亦無有滅也，又說：「吾所謂無情者，人之不以好惡內傷其身，常因自然而不益生」，謂不佈畏生死、隨順法性，亦不爲生作增上緣也，是豈以輪轉遣憂邪？原夫大乘高致，唯在斷除爾燄，譯言所知障，此旣斷已，何有生滅非生滅之殊？（七）

章氏已將「無情」詮釋爲無「厭輪迴欣涅槃」之情。「不以好惡」亦是不欣不厭。而「自然」就解爲隨順法性。因此說莊子就是這樣的境界。又引〈天地〉篇曰：

〈天地篇〉云：「其與萬物接也，至無而供其求，時騁而要其宿，（「至無」者，即二無我所現圓成實性也。「供其求」者，即示現利生也。「時騁」者，即不住涅槃也。「要其宿」者，即不墮生死也。）大小長短修遠。」（七）

章氏認爲莊子與萬物接應時，是以人法無我而示現菩薩、利益眾生。因此是不住涅槃不墮生死輪迴，而自在應對。又以〈天下篇〉談莊子之道術時曰：「上與造物者游，而下與外死生、無終始者爲友，其於本也，弘大而辟，深閎而肆，其於宗也，可謂調適而上遂矣！」將「外死生、無終始」詮釋爲不住生死，無有生死，一切法本來涅槃，而又無所謂涅槃，菩薩以萬化無窮爲度生之業，故亦不以入涅槃爲志。

大乘佛教最重要之精神就在菩薩道精神，不以涅槃爲究竟，而以大願心度眾生爲懷，這是比之於原始、部派佛教之著重涅槃寂靜而言。之所以能發大願心廣度眾生，乃在於深體畢竟空、畢竟平等之中道義。章氏以大乘最主要的菩薩精神來印證莊子，且又以極盡大願大心者之菩薩一闡提目之，以不欣涅槃，隨順生死許之。莊子亦隨著章氏之畢竟空畢竟平等觀念，而具內聖外王之志願。這是章氏解莊的一大特色。

泯絕人法我，離名言相，離心緣相等乃闡述畢竟空之眞義，雖說畢竟空爲雙遣有無兩邊，此已是勝義，已是莊生所證解之智〔註54〕，但如未再雙立兩邊，則無以

〔註54〕《菿漢微言》中曰：「莊生臨終之語曰：以不平平其平也不平，以不徵徵其徵也不徵，明者唯爲之使神者徵之。夫明之不勝神也久矣，而愚者恃其所見入于人其功外也，不亦悲乎？夫言與齊不齊，齊與言不齊，以言齊之其齊猶非齊齊也，以無證驗者爲證驗，其證非證也，明則有分別智，神則無分別智，有分別智所證唯是名相，名相妄法，所證非誠證矣。無分別智所證始是眞如，是爲眞證耳。所謂一切眾生以有妄心，念念分別，皆不相應，離念境界，唯證相應，臨終乃自言其所至如此」，章氏在

深明所謂中道義、畢竟平等，所以要說不欣涅槃，隨順生死之義，而此乃莊子度化眾生之特別志願，亦是萬化無窮、應之十方之齊物大用。

貳、兩行之道

　　既明莊子之境界，乃知莊生體現真俗不二之中道精神，具有渡菩薩入世之悲願。由此再來分解式地說明：從齊物之破遣虛妄中過渡到齊物之大用，由於莊生之熱切入世更不得不說是大用。

　　齊物之全體展現即是兩行之道，因此兩行是即空即有，說空不遣有，說有不失空，空有交融；即體即用，說體不遣用，說用不失體，而至空有（真俗）、體用界線渾然不存。所以先明何謂兩行之道。本是無言，而說為兩行，無寧是要顯其大用，故將兩行之道置在齊物之用，而說兩行即是齊物之用亦可，因為說齊物之用本亦不失齊物之體矣。如果更偏重大用而言，則是說「和之以天倪」。世間相對性之產生，以名言為最重要部份，是以章氏以兩行之道來齊名言是非，此第二部份明之。再而，說明「和之以天倪」，則能知虛妄唯識而自悟、能解紛百家以悟他，由此更明兩行之道所產生之功用。接著第四部分申明章氏所重視的文野之齊。第五部分是理出莊書具體呈現在中土之兩行之道。莊生特生於中土，其思想特應中土之民，所以其文是專適中土之應機徵事之文。說兩行之道，本具體用，用來齊是非名言之「和之以天倪」義則特明世間之用。如不能深體其意，回歸其體，即體即用，則「和之天倪」亦是失根之手，故末了第六部分將之和究竟義比較之，以顯體破迷，而使兩行完整呈現。

一、「兩行之道」之深義

　　齊物之核心思想以人我法空，而離名言、離心緣、不可言、不可知，本自無生。如轉成齊物之用，則容或有言即：畢竟平等，而隨順應機利世。章氏在為《齊物論》解題時，就已為齊物之「齊」，以及如何齊作了判別。所謂：

> 齊其不齊，下士之鄙執；不齊而齊，上哲之玄談，自非滌除名相其孰能與
> 於此？（解題）

齊物之齊是「不齊而齊」，而非「齊其不齊」。所謂「齊其不齊」，是立一標準用來將種種之不齊齊之，使各各隨此標準而齊。章氏認為如果立這樣的一標準存在，正是下士鄙執，且常假仁愛、道義之名，為酷鄙之行，不僅愚弄人民，為害眾生更甚於

此亦認為莊生已到離念、無分別之境界。《章氏叢書》，頁九三八（世界，民國七十一年）。

大盜。云：

> 然則兼愛爲大迂之談，偃兵則造兵之本，豈虛言邪？夫託上神以禰，順帝
> 則以游心，愛且瞽兼，兵亦苟偃然，其繩墨所出斠然有量，工宰之用依乎
> 巫師，苟人各有心，拂其條教，雖踐屍蹀血猶曰秉之天討也。夫然兼愛酷
> 於仁義，仁義憯於法律，較然明矣。（解題）

這種以偉大理想爲名目，而實則在順服少數人之心意，均使得「兼愛酷於仁義，仁
義憯於法律」。當他人違逆其意時，其卻能以非仁義之行，冠以行仁義之名，爲「踐
屍蹀血猶曰秉之天討」，使眾人眩惑其名而不曉。如此的「齊其不齊」，是假齊物之
名，猶劣於不齊。又：「以論攝論即論非齊，所以者何？能總攝故方謂之齊，已與齊
反，所以者何？遣不齊故」，是以，齊之意義並非在綜合、統一的關係上，而重在「保
住不齊」「安住不齊」「各安其位」。

因此如何是「不齊而齊」呢？此「不齊」並非未知齊物而放任不齊，而是眞
知齊物所得出之「不齊而齊」。如何才能安住不齊？首先就在泯絕人法二執上。章
氏曰：「若其情存彼此，智有是非，雖復汎愛兼利，人我畢足，封畛已分，乃奚齊
之有哉？」換句話說，之所以不能齊物甚至是假齊物之名這些全是由於「人法二
執」之故。只要仍有我執之存在，未能深體種種概念之妄執，就無法達到眞正的
齊物之用。所以齊物之基石全在泯絕人法二執上，以及由此而衍伸的各種概念、
名相、萬物執著之滌掃遣除。如此一來，萬象俱泯，一向無有，但是如此便是齊
嗎？這自然是齊，是一不可說之境。但是就齊物之用而言，如何落實在世間種種
現象上來說才會更具實用價值，這也就是爲何要說莊子有內聖外王之特別志願，
而爲一闡提菩薩。也因此說：「徒以跡存導化，非言不顯，而言說有還滅性，故因
言以寄實」，所以以其泯絕執著，泯絕言說等相之後，亦能以言顯眞，因言寄實，
甚至因言遣言，運用至妙，而說安住不齊、「不齊而齊」之用。

泯絕人法顯如來藏之清淨，即離言說相、離名字相、離心緣相而即畢竟平等，
蕩然無閡，章氏用這些理義來說明「不齊而齊」，以其蕩然無閡，各安其位，而曰「不
齊」，由此即顯現無生、無相，如來藏清淨，畢竟平等，而曰「而齊」。在最究竟之
境界處，恰能在無相、無性、無生中顯平等平等，亦即不入涅槃隨順生死。在此中，
不齊與齊，生死與涅槃，平等與無閡、無生滅與有生滅，言與不言，知與不可知均
是俱行不悖，且是即體即用，全體展現。在齊物之體上言，即無言、無相、無生。
即前面反覆破遣的心、言、境種種相對性後所呈顯出來的。在齊物之用上言，以菩
薩大悲大願、內聖外王之志溶於體相中，絕待即成大用，用中極顯體相。章氏認爲
此即所謂「兩行」，此乃說明齊物之用的最核心內涵，亦在這當中極成齊物之體相。

直申兩行之道者在〈齊物論〉中：

> 道通爲一，其分也成也，其成也毀也，凡物無成與毀，復通爲一，惟達
> 者知通爲一，爲是不用而寓諸庸。庸也者，用也，用也者，通也，通也
> 者，得也，適得而幾矣，因是已，已而不知其然，謂之道。……名實未
> 虧而喜怒爲用，亦因是也。是以聖人和之以是非，而休乎天鈞，是之謂
> 兩行。（一、四）

同於此意者，又有曰：

> ……則莫若以明。……是以聖人不由，而照之於天，亦因是也。……彼是
> 莫得其偶，謂之道樞，樞始得其環中，以應無窮，是亦一無窮，非亦一無
> 窮也，故曰莫若以明。（一、三）

另有：

> 爲是不用而寓諸庸，此之謂以明。（一、五）

又：

> 無適焉，因是已。（一、六）

再：

> 和之以天倪，因之以曼衍，所以窮年也，忘年忘義，振於無竟，故寓諸無
> 竟。（五）

這裏有幾組思想：「爲是不用而寓諸庸」、「無適焉，因是已」、「和之以是非，而休乎
天鈞」、「聖人不由，而照之於天」、「名實未虧而喜怒爲用」、「和之以天倪，因之以
曼衍」。此均是「兩行」。而此「兩行」亦是道通爲「一」，故曰：「以明」、「道樞」、
「忘年忘義」、「寓諸無竟」，此皆描述「道一」。而道「一」之內容即此「兩行」，是
以，「兩行」是體用分開來言，說體說用，表達即體即用。「道一」是直接呈顯，而
不分言體與用。就成毀而言，道通爲「一」之兩行說法是：無成毀而成毀同時。全
面性言，則是無成與毀，在相對性上觀，乃成也毀也，即成毀同時。前者言無，後
者言有。前者爲體，後者爲用。說體說用即是兩行，如果能善體兩行相即之理，便
就是道一。因此道就用兩行來說明，亦即用兩行來體現。「兩行」中，又可分爲一者
爲體，一者爲用，亦是表彰即體即用。就「道一」而言，「和之以是非，休乎天均」
是用。就兩行內部而言，「和之以是非」爲用。此二種用均是齊物之用，且一舉連結
「兩行」與「道一」。

　　由此可知，言「無成與毀」是「爲是不用」，言「成毀同時」是「而寓諸庸」。
故名實未虧，即無成與毀，即無適，即休乎天鈞，即聖人不由，即爲是不用，均是
在體上言；喜怒爲用即成毀同時，即因是，即和之以是非，即照之於天而寓諸庸，

均是在用上言。又「無成與毀」即「成毀同時」；「爲是不用」即「而寓諸庸」；「和之以是非」即「休乎天鈞」；「聖人不由」即「照之於天」，即體即用，因此說此相即的兩方爲「兩行」之道。其眞義並非落在是與非、成與毀這二個概念上，而是著重在「即」上，有「兩」方云「即」。有「即」才曰「一」，故前者說兩行，後者說道通爲一。

兩行之道的具體內容爲何？今以「和之以是非而休乎天鈞」言，章氏言：

> 聖人內了無言，而外還順世，順世故和之以是非，無言故休乎天鈞。……
> 天均者天倪也。和以是非者，則假天鈞爲用，所謂隨順言說。休乎天鈞者
> 自相，所謂性離言說。一語一默無非至教，此之謂兩行也。（一、四）

所謂兩行即二個矛盾概念之融合，互遣互立。此二者並非同等級的概念，而有體用之別，從體化生而出用，但又即體即用，所謂全體在用，全用在體。就言語而言，聖人內了無言，而外還順世，所以是「兩行之道」，兩行即是隨順言說而無言。天鈞展用而隨順言說，所以能和之以是非。天鈞休即天鈞自相，是離言說、不可知。聖人在世間以此行事，而爲一語一默之至教，方是「不齊而齊」，此自不同於只有「齊」或「不齊」。因此兩行之道即〈寓言〉篇：「言無言，終身言未嘗言，終身不言未嘗不言」、「無言而言」。在生滅上言，兩行之道即是「證無生滅示有生滅」（一、四）。章氏又曰：

> 聖人無常，以百姓心爲心，故「不由，而照之於天」，知彼是之無分，則
> 兩順而無對，如戶有樞，旋轉環內，開闔進退與時宜之，是非無窮，因應
> 亦爾，所謂「莫若以明」也。（一、三）

聖人能體無對之義，知道彼是無分，有如戶樞開闔均順，自在平等，以此照見（以明）一切一切的萬類種種，而無主宰之意念。自然能與時相宜運用自如，以百姓之心爲心。以此因應森羅萬象，自然合之於天、道，這樣便是「兩行」。章氏對於自己詮解莊子的兩行之道，很是重視，自認爲非深明玄旨者不能知其義趣，亦因此深發莊子不得解人之慨。而前面所提的莊子境界：菩薩一闡提，大悲大願、內聖外王之志願就在此兩行之道下展現。而曰：

> ……一語一默無非至教，之謂兩行也。詳此一解，金聲玉振高蹈太虛，本
> 非隸政之談從事之訓。……又復兩行之道，聖哲皆然，自非深明玄旨，何
> 由尋其義趣，自子期子玄之倫猶不憭悟，況玄英以下乎？（一、四）

如此之莊子義理與志願，自來無人能解。可見章氏重視且自負一般。

兩行之道既是即體即用，但是說爲兩行有將重點置於「用」上之義，而即體顯用，即展菩薩慈悲度眾勇猛無厭之願力。章氏認爲天均即天倪，是以「休乎天均」爲體，

「和之天倪」爲用。因此更推一步言，兩行之用具體表現在「和之以天倪」。世間種種相對性者，有彼我、是非、優劣、生死等等爲數極多之現象、概念。究言之，在我執之下，無一事不是相對的，因此兩行運用之對象便可以有無窮無盡，其中名言既可深入心意識，亦可影響行爲事物，介於心與物之間，所以欲於世間行兩行之用就得著重在這一點上，故以下再明章氏以兩行之道來齊名言是非，以申明齊物之用。

二、兩行之道以齊名言、感受

兩行之道運用在語言上，〈齊物論〉中極多討論。這是在消解語言、是非之實在性，深體其爲虛妄後，再來討論。在說明言名之虛妄時，已由上一節名實相符否、訓釋得成否來驗知。主要是在詮釋莊子「惡乎然？然於然，惡乎不然？不然於不然，物固有所然，物固有所可，無物不然，無物不可」之意時說。尤其是在說明訓釋得以成立與否時，引用「惡乎然？然於然，惡乎不然？不然於不然」（一、四）而詮釋的。章氏所要說明的是，不管如何地詮釋演繹都是依人法二執而有，亦即由原型觀念而來。就原型觀念言，如何地推論訓釋都仍是在此點上。就名言而言，無論如何言說，還即在己，無由可論可推可言的，故皆是「然於然，不然於不然」。接著言：「物固有所然，物固有所可」，章氏認爲這是依俗諦而說，指出世間種種都是有因有緣有果之因果必然現象，但是依「然於然，不然於不然」之義，則知此現象皆是執著而有，執著乃虛妄不實的，故訓釋不得成，是無義、無言，這樣的說法即是勝義說。可是，接著轉入「無物不然，無物不可」語，就將此勝義轉爲即用而說。然、不然、可、不可皆是虛妄而有，故慧解其虛妄，知虛妄本無，既無亦不必取消之，故即隨順不執，而「無義成義，則雖無物不然無物不可，可也」（一、四）。這便是即體即用，亦即「兩行之道」。

在言說、是非上亦是如此，是以必先體會無言，才得以有言而無妄，這便是「無言而言」。處於世間必然有語言存在，能「無言而言」方是中道、圓融之路。因此章太炎認爲語言不生、不可說並非僵化地去掉語言，相反的，是認清語言的無常性，深體不可說之眞義，而說即不說，逍遙在語言的生生滅滅中，行兩行之道爲自悟悟他而說。因此「可言說性非有，離言說性非無」（題解）這種即說即掃、雙遣雙立的方式，亦即兩行之道。因此曰：

> 夫語言者，惟是博棊、五木、旌旗之類，名實本不相依，執名爲實，名家
> 之封圍，淫名異實，狂人之囈愚，殊涂同歸，兩皆不可。（一、六）

本爲無言說，但是人們不得此境，聖人只得起言說，故說「離言說性非無」，以本是無言今起言說，故「非無」。但是其已證得無言說之境，故其言說時與一般有我執者

之言說，在意義上絕然不同，是欲悟他，使之至無言說之境，是以說「可言說性非有」，以其有言說，而非平常言說，故「非有」。「非有」與「無」之間仍有可說，故言「可言說性非有」時，以「有」字成立有言說，以「非有」遣掃了可言說性。「非無」與「有」之間仍有可說，說「離言說性非無」時，以「無」遮住了離言說性，再以「非無」肯定離言說性。如此雙遣雙立而成此義。因此如果有人在言說是虛妄不實的觀念下，就以爲可以「淫名異實」混淆名言，企圖打破世俗之言說順則，此仍是「狂人之蟗愚」。與執著「名言與實相依」、「以名爲實」者一樣，均只是局於一隅，未是兩行之道。尤其對於事物之定名，其曰：

> 及在名言，白表白相，黑表黑相，菽表菽事，麥表麥事，俗詮有定則，亦隨順故言，斯爲照之於天，不因己制。……是以有德司契，本之約定俗成也，或欲引用殊文自移舊貫，未悟文則鳥跡，言乃轂音，等無是非，何間彼我。（一、三）

會爲了虛妄之言說，而企圖混淆名言，這還不能眞正深體何謂虛妄性，因爲如果眞體言語之虛妄，是絲毫無所對立的，故如果強立另一套標準來改變現有之言說，只是以另一虛妄破此一虛妄。此亦虛妄，彼亦虛妄，只要照破虛妄則已，何必增事徒飾，再增加一個虛妄？故以當時之名言而體其虛妄性，知其爲有待的相對性，而能無有對立，隨之順之而已。所以看白曰白，觀黑曰黑，知麥言麥，以菽表菽事，隨順俗詮定則，當下亦知「白」、「黑」、「麥」、「菽」此種種名言之能指所指均是虛妄性、相對性、有限性的。此便是兩行之道：聖人不由，而照之於天。

另有代表主觀感受、自然現象之名言，亦是以兩行之道處之。其在第四節王倪答齧缺：「民食芻豢，麋鹿食薦，蝍且甘帶，鴟鴉耆鼠，四者孰知正味？」此中對於正處、正味、正色發出疑問，亦對仁義、是非之確定性提出疑問。章氏認爲莊子運用王倪之口，表達一般認爲之自然現象或是主觀感受，實是任運分別所得，本無定法。能感受之心識各有不同，所感受之事物亦無必然如此，能深體此義，則知人們應對事物只是：

> ……但當其所宜，則知避就取舍而已。必謂塵性自然物感同爾，則爲一覕之論，非復齊物之談，若轉以彼之所感而責我之亦然，此亦曲士之見，是故高言平等，還順俗情，所以異乎反人爲實，勝人爲名者也。若夫至人者，親證一如，即無歧相。（四）

能感受與被感受皆是變化不定，只是依著喜怒慣習而有不同反應，如果眞以爲「塵性自然，物感同爾」，這是執著自性之見。如果他人以其之感，要求我等亦如是，這亦是曲士之見，勝人爲名者。如果以感受不定爲理由，而要求他人以平常視美者爲

不美，以平常視爲醜者爲美，以平常感爲苦者爲甘，以平常感爲熱者爲冷等等反異一般感受者，這並非齊物之用，因爲本知無定，何用另一有定來遣此一無定？是用有定之實，行無定之名，此非眞齊物之用，只是反人爲實而已。所以章氏提出「高言平等，還順俗情」的兩行齊物之道。於此中最具體者爲「和之以天倪」者，章氏用來自證人我法空以爲自悟之用，又亦以評議安立百家以爲悟他之用。以下明之。

三、以「和之以天倪」自悟、悟他

上來，「兩行之道」義，換個名相即是「和之以天倪」，因爲說「兩行之道」是重在關聯空、有二面；而說「和之以天倪」則重在「有」（萬相）之隨順解紛，所以用了「和」字。實則兩者意義相當，而詞義偏重有別。由於「和之以天倪」重於「有」之觀照、解紛，所以因觀照萬相而知虛妄唯識，以爲自悟；評議百家而能隨順解紛，以爲悟他。這是兩行之道很重要的功用。

伴隨著言說而來的，最大之迷障就是是非之執。對於是非如何去看待開解呢？章氏認爲莊子亦以兩行之道解之。如能深體我法二執，以及由此產生的種種虛妄，在究竟空義照見之下虛妄自然消解於無形，而將是是非非置在其所當居之位，由然深體虛妄之各各狀相，故能知其如何爲虛妄。徹見其虛妄，事事物物、是是非非則能通用無礙，以其通用無礙，故亦知解此事此物、此是此非存在的因緣理由，終達究竟義，一方面更能隨順各各是非存在之變化因緣，而使各有其位，當下便能知其相待，而破虛妄解紛亂，即「和之以天倪」。

章氏云「天倪」引郭象之義：自然之分。將之比擬爲：

> 《成唯識論》云：「如契經說一切有情無始時來有種種界，如惡叉聚法。
> 爾而有界即種子差別名故。」〔註55〕……「界」是因義即種子識，然則自
> 然之分，即種種界，法爾而有者也。（五）

此處欲說明：天倪是自然之分，亦如佛法之種種界，「界」有因、類別之義，心內產生種種心識亦即產生種種界，所以「種種界」就合於「自然之分」之義，以種子言即是種種不同的種子。其又云：

> 色根、器界、相名、分別悉號爲種，即天倪義，若就相名、分別、習氣計
> 之，此即成心，此即原型觀念。（五）

由此可知，從內到外皆是種子所攝所變現，所以所有種種森羅萬相皆存在於各各差別之種子。換個角度言，即是成心、原型觀念，由於是無始時來久存，久之不得其由，遂稱爲自然。又其有種種界差別，是以能符稱「自然之分」。章氏由此證成「天

〔註55〕《大正藏》冊三一，頁八上。

倪」即指「各各種子」。以往說成心、原型觀念是以其僵化固定吾人之心而言，此處章氏將之中性化，指稱其是成就種種差別相的源頭、包含所有差別相。

天倪包納所有差別界、分、種子，以其各各差別可以劃分界限，所以章氏亦說為「量」。天倪既然包含各種分別、差異，並各有界限、分際，如果依識別來分，可劃為七種識：世識、處識、相識、數識、作用識、因果識、我識（以下再明），眾生所思所想皆在此七種識中，故說為成心、原型觀念，雖然因此而有相對、固定之執限，但卻可依此去推尋道理，證悟真實之理，所謂「諸有情數始以尋思，終以引生如實智，悉依此量，可以自內證知」。所謂「尋思而引如實智」，是指如理作意地觀察萬相，由天倪之量來尋思觀察自悟，依此尋思觀察而悟解唯識所現、一切空性之義〔註56〕，而能離念、無所分別，此為真自證，所以說「初依天倪為量，終後乃至離念境界，所證者即亦最勝天倪也」，這已是轉成心（識）為智，轉天倪之自然之分為「最勝天倪」，達到無分別之境界。這是「和之以天倪」可用來自悟之部份。

至於解紛、悟他之功用，則重在「和之以天倪」之「和之」上，由此原型觀念、成心，天倪又如何能「和之」？因為：

> 一切情想思慧騰掉無方，而繩繫所限不可竄軼，平議百家，莫不持此。所以者何？諸有知見，若淺若深，悉依此種子而現，世識、處識、相識、數識、作用識、因果識、乃至我識，此七事者，情想之虎落智術之垣苑。（五）

天倪為各各種子，是各種是非之所從出。換角度言，由各種是非之出現，皆可在各各種子中找到源頭，而可使之各置其位。又佛法對心識的各各種子亦即心、心所均有詳細的分析劃分，這種種虛妄而生之各各差別見分相分，其源頭綜合言之即各類種子，以其各有分別，故言種種界，分類言之即可分為世識、處識、相識、數識、作用識、因果識、我識這七種識〔註57〕，前六個是在阿賴耶識中，我識是於末那識。章氏在另外一處言此前六種識時，是指其為「心不相應行法」〔註58〕。它包括對時

〔註56〕關乎尋思、如實智，章氏在《齊物論釋》解題的部份，引用一大段《瑜伽師地論三十六》說明四種尋思能引四如實智者，所謂四種尋思即：名尋思、事尋思、自性假立尋思，差別假立尋思。由此尋思而能如實了知就是分別能有：名尋思所引如實智、事尋思所引如實智、自性假立尋思所引如實智、差別假立尋思所引如實智。皆是歸向唯識所生、虛妄假立之義。

〔註57〕此七種識，章氏在《齊物論釋》之第一、三章中曰：「世謂現在、過去、未來。處謂點線面體中邊方位。相謂色聲香味觸。數謂一二三等。作用謂有為。因果謂彼由於此，由此有彼」。

〔註58〕所謂「心不相應行法」是五位法中除了心、心所、色法、無為法外的一位法，心與心所是有緣慮作用的。色法則有質礙作用，無為法是指不生不滅、真如者。而心不相應行法皆無有以上之特性。境由心造，所以心、心所、色法均以心為主。而此法

間、數字、空間、因果等等並非緣慮作用的概念。主宰建立知識的整個客觀架構，而我識是人我二執，代表主觀上的心理執著作用。由客觀主觀的互相建立就可以成就各種差別相，章氏認爲這即是自然之分。這七種識是各種差別相之源頭，萬相依之而現，亦即各種差別對立之見相均可安置在這七種識當中。是以，以這七種識去觀看各種差別對立，則有所條貫，而知其立其巋。故曰「情想之虎落智術之垣苑」，評議百家莫不持此。既由阿賴耶識與末那識成就的「自然」之分，亦是虛妄性的，如此如何解紛呢？其曰：

> 其他有無、是非、自共、合散、成壞等相，悉由此七種子支分觀待而生。
> 成心即種子，種子者心之礙相，一切障礙即究竟覺，故轉此成心則成智，
> 順此成心則解紛。（一、三）

此處之七種子即是前面所提之七種識。種種差別相由此相待而生，因此對於究竟之境而言，其是虛妄有對的，是障礙煩惱的。是以由下往上之實踐歷程，須轉化此成心而成智、轉成心爲如來藏，便可成就自悟。但是，由上往下展現而言，以究竟無對照之，則虛妄自消，亦即隨順成心之展現而知各置其位，成爲可以解紛之「和之以天倪」。是以「自然」之虛妄性亦在隨順（和之）下達到解紛的效果，而無所謂虛妄不虛妄，此亦是兩行之道。以其能證知究竟無對之境界，故對於成心、天倪所展生的種種差別相，能以「無物不然，無物不可」的心態看之，因此曰：

> 凡諸儒林、白衣、大匠、袄師，所論縱無全是，必不全非，邊見但得中見
> 一部，不能悉與中見反也，倒見，但誤以倒爲正，不能竟與正見離也。（五）

以「所論縱無全是，必不全非」之心來看。說邊見、中見雖不同，但仍有幾分關係。說倒見、正見有所不同，但倒見仍與正見有相反的關係。章氏以各各存在均有其與眞理的相關性，而認爲不論從何處著手，都能藉此契入眞理。又，如何契入、面對呢？章氏有相當清楚的說明，以彰其「和之以天倪」：

> 俗諦相會轉益增勝，還以自然種子角議，所以者何？一種子與多種子相
> 攝，此種子與彼種子相傾，相攝非具，即此見具。相傾故礙，轉得無礙，
> 故諸局於俗諦者，觀其會通隨亦呈露眞諦，然彼數輩自未發蒙，必相與爭
> 明，則迫光成闇，苟納約自牖而精象回旋，以此曉了，受者當無膏肓之疾。
> 此說同異之辯不能相正，獨有和以天倪。（五）

以是其所是，非其所非，本就無法互相證明，是與非亦無由知。由種子之理來說明：各種議論均由種子而出，故有些議論爲此一種子，有些則是彼多種子而出，各各差

不與心相應，故稱此。五位百法中此位有二十四法，章氏以爲：「色法、無爲法外，大小乘皆立二十四種不相應行，近世康德立十二範疇，此皆繁碎。」

異有所不同。但是種子與種子之間有所關聯,非相攝便是相傾。相攝並不代表完全相同,故予以相即,則知彼此相攝之部份,而能會之。相傾則互相障礙,知彼此相斥之處,予以轉之,則能通之。所以一切之是非,知其所限所出,只要不拘執己見,而能開放交會融通之可能,觀彼此之會通,轉之交集,則亦可同時呈現真諦。未知如此者,只徒以己見為固定為唯一,故互相爭辯,徒使各拘於一隅,原來露出之一角光明反而因情緒執著口角爭辯失其光亮,是以無法包納各宜,成就圓融真諦。

因此所謂「和之以天倪」之「和之」頗有「會通」之義,建構在七識中,能互納眾宜,尋得會通之處,自然非真諦之部份能化消,虛妄自破,且知其所立所安之處,而彼此之爭議亦解。

對於齊物這種兩行之道、和之以天倪的運用,章氏相當自豪,其在《菿漢微言》末言:

> 凡古近政俗之消息,社會都野之情狀,華梵聖哲之義諦,東西學人之所說,拘者執著而鮮通……余則操齊物以解紛,明天倪以為量,割制大理,莫不孫順。……下至天教執耶和華為造物主,可謂迷妄,然格以天倪,所誤特在體相,其由果尋因之念,固未誤也。諸如此類不可盡說,執著之見,不離天倪,和以天倪,則妄自破,而紛亦解,所謂無物不然,無物不可,豈專為圓滑無所裁量者乎?

之所以不同於圓滑不知裁量者,是因這一些都是在究竟義下的運用,是由上而下的展現,如果沒有究竟無對之體會,沒有天倪差別分界之認知,並非「和之以天倪」之真義。運用其真義,則能評議、解紛百家,這是「和之以天倪」悟他之用。

「和之以天倪」能引生如實智、能解紛於是非,自然也能化和世間種種相對之事、物,齊物顯用便在此中。天倪乃自然之分,初即成心、原型觀念,明此,且以此來觀照、安置諸相對之是非,即「順此成心則解紛」。能如此觀照即能不受此自然之分拘限,證解其空性,即「轉此成心則成智」。觀其會通以呈顯真諦,又因此將事事物物各安置之,而評議百家,解紛是非而悟他。對自己而言,由此天倪之量分,知所析解,而能尋思引悟如實智,此時之自然之分即轉化成離念究竟之境界,即成真自證者之最勝天倪,而達到自悟。是以章氏將莊生舉為:

> 康德之批判哲學、華嚴之事理無礙、事事無礙,乃莊生所籠罩,自非天下至精,其孰能與於此,爾則天倪所證,寧獨生空,固有法空,即彼我執法執亦不離,是真妄一原,假實相盪,又非徒以自悟,乃更為悟他之齊斧也。

（五）

在天倪中是真妄和合、真妄一原的,因為其有兩個方向:依此而轉,最終可證得我

（生）、法二空，離虛妄顯眞空，這能達到自悟之用。順此而無對，則能解紛、安置百家之論，能達到悟他之用。順天倪之分別時，似乎有對待、彼我、分別，似乎我法二執不離，但以其隨順安立而能知其所立，知其乃非實在永存知其爲假有幻相。由此眞妄一原、假實相盪，此亦是兩行之道。

四、隨順文野而齊文野

〈齊物論〉之第三節，有攻伐、文野之論，是堯與舜的對話。舜欲伐三國，但心不能釋然故問堯。堯以「十日並出，萬物皆照，而況德之進乎日者乎！」解之。此三國顯然較舜所治理者爲「野」。所以舜想伐之，使其入文明之域，但畢竟攻伐乃殺戮之事，王者自然心有所不安，而堯答以「十日並出」之喻，要他如日光普照萬物而萬物各自爲生，不加阻礙。章氏引郭象之注，深表讚同。

齊物之各式各樣作用，以齊文野之見最爲章氏所重視。因爲常有以齊文野之名行攻伐之實者，卻得世人之讚美。章氏認爲此乃莊子所不能苟同，並非眞齊文野。但是被世人稱爲聖人、賢人者卻往往易爲蒙蔽。關乎戰爭血肉生死事，類如集體之屠殺，不同於一人一事一物是非之爭執、語言之辯論。又因章氏身處西方強，中國弱之處境，更使章氏對此特別用心。所以眞正之齊文野亦是兩行之道。其曰：

> 原夫齊物之用，將以內存寂照，外利有情。世情不齊、文野異尚，亦各安其貫利，無所慕往。……然志存兼幷者，外辭蠶食之名，而方寄言高義，
> 若云：使彼野人獲與文化，斯則文野不齊之見爲桀跖之嚆矢明矣。（三）

兩行之道即「內存寂照，外利有情」，所謂的外利有情即：世情不齊，文野異尚，各安其貫利。聖人使物物各有其處，平等平等無有差異，亦無須增益。此乃眞能體會本自無生，無有彼此。有生之世情皆虛妄，以其虛妄故，照之即明，無有增之損之之必要。故外利有情即隨順有情，故眞齊文野乃是隨順文野。

爲齊文野者冠上高義，卻成爲有野心蠶食他國者的藉口，造成以文明之名來行滅國之實，此爲害最大，是以最爲章氏所詆毀痛心。連墨子講兼愛者，最反對攻戰者都不免說「違之者則分當夷滅而不辭」〔註59〕，各種以宗教之名行殺伐者更是比比皆是。孟子在討論湯伐葛伯時，仍讚美成湯爲「非富天下，爲匹夫匹婦復讎也」〔註60〕，因此章氏認爲墨子、孟子等大哲均難逃此眩惑。而莊子能看破此中相對待

〔註59〕《墨子》〈天志〉、〈明鬼〉有言。

〔註60〕《孟子》〈滕文公〉下：「孟子曰：『……書曰：『葛伯仇餉』。爲是其殺是童子而征之，四海之內皆曰：『非富天下也，爲匹夫匹婦復讎也。』湯始征，自葛載，十一征而無敵於天下。』」章太炎評論此事曰：「尚考成湯伊尹之謀，蓋藉宗教以夷人國，誠知牛羊御米非邦君所難供，放而不祀非比鄰所得問，故陳調諷待其釁言，爾乃遣眾往

的迷惑，在這當中依然秉著兩行隨順之道，最爲高明。章氏更以此爲〈齊物論〉之重點，而言：

> 向令〈齊物〉一篇，方行海表，縱無減於攻戰，與人之所不與，必不得藉爲口實，以收淫名明矣。……此章纔有六十三字，辭旨淵博，含藏眾宜，〈馬蹄〉、〈胠篋〉、〈盜跖〉諸篇，皆依是出也。（三）

不管是外利有情、各安其貫利、含藏眾宜，均是兩行之道，即齊物之大用。

五、莊子應機徵事之文

兩行之道，即行齊物之用，亦是行內聖外王、菩薩闡提之大悲大願，隨順眾生利益有情。說隨順，就有因時因地制宜之意，東西聖人之隨順必有不同，是以章氏曰：

> 世人或言東西聖人心理不異，不悟眞心固同，生滅心中所起事相分理有異，言語亦殊。彼聖不易阿㕛邪聲，此聖不易東西夏語，寧得奄如合符泯無朕兆？精理故訓容態自殊，隨順顯相，意趣相會，未有畢同之法也。（一、六）

齊物之體、眞心如來藏是普遍而常存的，故向此證會之聖人亦同此眞心境界。是以，雖各處世界不同之處，其所證所會不異。但是，章氏特別強調在生滅心上的各各差異，以合應所謂「隨順」。由生滅心之差異言，其與不生不滅之眞心自有異別。但是自不生不滅、無對之眞如心言，已無生滅之差異見，故能隨順生滅。以其有生滅差異故要隨順，以其隨順故生滅自解。因此章氏認爲只看到東西聖人眞心無異之部份，仍未中的，更需明瞭生滅差異各別，方能眞眞正正運用隨順之道。況且東西聖人所運用之語言不同，思考重點之差異是顯言易見的，這些都可在隨順眾生中得到解釋。章氏亦由此爲莊子思想找到一個可以游刃有餘的位置。

是以，莊生作《莊子》，又如何隨順此地之眾生，利益中國之有情？基本上章氏以隨順之義認爲莊書乃「應機徵事之文」。又能應機又得徵事，因此在論及輪迴之義時，章氏爲莊子的徵事做了說明：

> 而彼梵土積喙相傳輪回義，非獨依於比量，亦由借彼重言，此土既無成證，鰈化黃熊，緩作秋柏，唯有一二事狀而不能睹其必然，質言輪回既非恆人所見，轉近夸誣，故徒以夢化相擬，未嘗質言實爾。……就有重言，亦非聰睿質誠者所保信，應機徵事之文不應爾。……而莊生亦無異文別擇，皆以眾所不徵，不容苟且建立，斯其所以爲卮言歟。（七）

耕，使之疑怖，童子已戮，得以復仇爲名」。章氏認爲這全是成湯伊尹之計謀，干預他人內政，使對方在被干預時作出種種不仁之行爲，而罹不仁之名，致使天下人以成湯爲是，萬伯爲非，是以成湯出師有名以義攻戰，這實乃一大謬解。而言：「今之伐國取邑者，所在皆是」。

徵事，最重要的是要有親證，即現量。章氏認爲，輪迴之說是印度本有之傳統觀念，所以要找到傳說來證明很是容易，而且自來爲其人民所深信，所以直明其義無所疑惑。但是在中國卻難有輪迴之實例可說（只有一二個例子），更無此傳統觀念，自然無法用來證明輪迴之必然。不能驗證而知，就說眞有其事，反而不能取信於他人，因此莊子不明言輪迴，而用種種比擬、形容，如〈齊物論〉之夢喻、物化，〈大宗師〉：「若人之形者，萬化而未始有極也。」〈知北游〉：「生也死之徒，死也生之始」，〈田子方〉：「生有所乎萌，死有所乎歸，始終相友乎無端而莫知乎其所窮」等等，均是言輪迴之義，並非不知輪迴。說明、了解事理，有幾種方式：現量、比量、聖言量。無有實例就沒有現量。沒有現量，比量就薄弱許多。聖言量就是莊子之重言，章氏認爲聖言量是以過往聖人之言爲證，但是並非親證而知，亦難令人爲信。〈寓言〉云：「寓言十九，重言十七，巵言日出，和以天倪」，其中巵言，章氏云：「……（巵言《釋文》引〈字略〉云：巵，圓酒器也。是取圓義，猶言圓言爾）圓遍一切者矣」（一、四）。巵言章氏將之認爲是莊子隨順眾生之言，能和以天倪。是以莊子運用巵言，對於「眾所不徵」者，就不容苟且建立，以達到隨順徵事，圓遍一切的言說。

　　巵，亦是應機之言，故除了徵事，莊子亦是應機的。這是章氏在說明莊子不佈畏生死，不以輪迴爲煩惱時所詮釋的。章氏認爲中國人是期望長生的，其曰：

> ……此則單音語人，所歷時短，以經爾所分別，必經爾所流注聲故，如念法字，此土念法惟是一聲，印度念「達爾摩」，乃有三聲，轉相積聚，則經時長短相縣矣，是故複音語人，聲餘於念，意中章句其成則遲。單音語人，聲與念稱，意中章句其成則速。念成遲，故覺時促，惜分陰而近死地，望在隕身以後，故宗教之用興。念成速，故覺時舒，多暇日而遠盡期，味著有身之時，故宗教之用絀。（一、三）

章氏以語言之差異來說明民族性。中國之語言是一字單音，所以言一音立即可知一義。印度語言是複音成字的，言一音還未知何字。如此連串成句子時，單音成字者聞聲知義的時間可以較短，而複音成字者勢必要費較長的時間才知其義。以這樣的語言來溝通、生活，在心裏感受上，單音者會相對性覺得時間較多，複音者因爲費時多才覺其義，故覺得時間匆促。覺得時間匆促者特別珍惜時間，感覺生命幾近死亡，故常期望死後如何如何。覺得時間充裕者，感覺上生活較多閒暇，覺得生命可享受者多，而生命之期似乎還遠。章氏以此說明爲何中國人較沒有期待來生之宗教產生。又以政治民生之事來說明中土人士重視現世：

> 印度素未一統，小國林立，地狹民寡才比此土縣邑聚落，其君長則宗子祭

酒之倫也，其務省，其國易爲，則政治非所亟，加以氣候燠穀實易孰，裘絮可捐，則生業亦非所亟，釋迦應之故出世之法多，而于內聖。支那廣土眾民競于衣食，情實相反，故學者以君相之業自效，以經國治民利用厚生爲職志，孔老應之則世間之法多而詳，于外王兼是二者，厥爲莊生，即《齊物》一篇。〔註61〕

舉印度與中國之民生情形而說民族性。因爲土地廣狹、聚落人民寡眾、氣候生活等等不同故，比之於印度，中國重視各種民生作務，爲衣食競爭，因此對於所謂利用厚生、經國治民之事最是關心，所以中土之聖人爲應機而多言此論。莊生亦是，只是又多有內聖的部份〔註62〕。

　　章氏就用中土之人重視現世、味著有身來說莊生之應機，而莊生如何應機呢？云：

東夏眾生耽樂生趣，唯懼速死，豈憚漂流？以佈死之心爲詒子之計，趣死轉速，務得亦多。而天下沈濁不可莊語，爲是開示萬化無極樂不勝計，所以解其耽著遣此鄙吝。蓋與梵士有情，受疚既異，發藥亦殊焉，既開示已，後懼人以展轉受生爲樂，故〈田子方〉篇復與仲尼對顏回語稱：「哀莫大於心死，而人死亦次之」……此兩說展轉延進，始者猶初斷兒乳，雜華珍膳競與觀覽，止其嗁號，漸次猶醫治風痹，注艾下鍼，癥瘕粟起，爾乃得知痛苦耳。既延進已，由是〈達生〉所說，示以能移，其說轉勝，若乃所以遍度群倫，偕詣極地者。……若斯諸論系級而上，漸至轉依，尋其梯歷然可知。（七）

應機之說即是以其藥治其症，病有不同藥亦有異。而且先以利引，再導入正道。是以，應機在於先應其所樂者而引之，而非去其所樂。因此中土眾生耽樂生趣〔註63〕，如以速死來懼之，要其去其所樂，不僅無法令其放棄行樂，且更造成其加速行樂之念，而務得更多。所以要以輪迴生死之苦來令其超出輪迴，亦無法應機，因爲既可輪迴不死，即生生不已，又何懼輪迴呢？況且輪迴之事隔於形身變化，

〔註61〕《菿漢微言》，《章氏叢書》下，九三七頁。

〔註62〕此處所指之內聖與儒家內聖之內涵不同，而是連貫於齊物之無言、無相、無性之義。

〔註63〕《菿漢微言》亦有言：「吾國人心自昔詒今多墮斷見，以爲一棺戢身萬事都已，故我受增上而艱於捨生，既知生必有死，無所逃於天地之間，則寄我愛於子孫後嗣，子曰：「及其老也，血氣既哀，戒之在得」，蓋爲是也。莊生知之故唱言，若人之形者，萬化而未始有極爲不善于幽閒之中者鬼得而誅之，輪迴之義既明，則世人繫戀馳求之心可以少殺。印度數論執我是思勝論執實德句義是有實有性，多墮常見，故佛唱言無我雙破二執，以顯真常，彼二聖者異地則皆然也。且此土政治生計較爲切要，孔氏且不置論，即老莊本多持世善俗之談。」見《章氏叢書》，九三七頁。

要以未知之事來戒懼眾生，效果必不彰〔註64〕故莊子就不以輪迴之苦來化導眾生，而是開示萬化無極之快樂，以更大之樂引之，使其能化解耽於此有待的樂生中。而後，恐怕眾生以展轉受生爲樂，故爲其說「心死」之理，所謂「心死」，章氏以心相之變化可壞謂之，亦即眞心可無滅，但是心之生滅相是會壞失的，用諸輪迴即是人會由聰明變爲聾盲等等不同的情形產生，用此來使其知苦痛。再而論明離大年小年、大知小知等等，而至常樂我淨之境地。所以莊子之隨順生死而逍遙，是爲應中土眾生之機，使將之帶入無待、常樂我淨之境（即齊物之體），因此其隨順生死並非一般之不自主的輪迴，而是有自主性（常樂我淨）的變異生死〔註65〕。所以爲了應機，不僅隨順生死，且：

> ……自順時利見，示現白衣，何能果此願哉？苟專以滅度眾生爲念，而忘中塗恫怨之情，何翅河清之難俟，陵谷變遷之不可豫期，雖抱大悲猶未適於民意。（七）

示現白衣，與俗同處，不以滅度眾生爲主，以適其機，章氏以爲這些都是莊子爲行其內聖外王之道之法。

又以中土不尙神變，故莊子未如佛經有多神變之事，在談及莊子如何悟他教化時，其云：

> 然惟神變之道，此土聖哲之所罕言，是以莊生述此文章，深美穆如清風，未嘗揚厲也。（五）〔註66〕

對於神通變化事，在佛經多處有顯，尤其是大乘經典。章氏在此並未否定神變爲夸謬〔註67〕，但以應機來說莊子不在此土說各種神變，因爲此土宗教不興，是以少有神變之道。

莊子之應機、徵事如是，亦即隨順眾生，外利有情，亦是以卮言應機、日出並

〔註64〕章太炎曰：「若其渴望無己，攻取萬端，王章禁盜非不屬也，而寒裳赴鑊者甘之若薺，噬膚滅算者就死如飴，是故鋌而走險，雖大威在前猶不時避，又況形身變化，情之所隔，雖復當遭炮烙，其何憚哉？」（七）即使當時有些畏懼，但也會因已經起心動念而心醉，而將畏心置於不顧，所以輪迴之說，在過去無法使中土之民爲戒，而現今又反而被其所封閉，所以以此爲戒訓對中土之民無益。

〔註65〕章氏曰：「佛法所說輪迴異生，唯是分段生死，不自主故，聖者乃有變易生死，得自主故。如說老聃「不知其盡」，仲尼「以是日徂」，斯皆變易生死之類。」（七）所謂「變異生死」是指諸聖所得之法身，有神化自在、能變、能異這三種意義。

〔註66〕在第二章中章氏亦云：「釋迦稱一切知者，然於俗諦雖是隨逐梵土故言故說，史志方輿等事多有不實，此則內外聖哲，軌徹有殊者矣」。（二）

〔註67〕在第五章說顏回與孔之問答心齊之義中，「無行地以無翼飛」、「虛室生白，吉祥止止」、「夫且不上是謂坐馳」，皆是指依於三昧得起神用，由此神用來啓悟眾生。

照、和以天倪來說。是以，愈明人事封略，愈能解了如何應機，是以章氏在《菿漢微言》中言：

> 大士（莊子）說法唯在應機，然應機之云非局於當人問答之間，亦當觀彼
> 一期政俗風會遷變之跡。〔註68〕

由於中土重視現世，因此亦重政治民生，莊子應此機而教，故章氏特稱其有「內聖外王」之志願，對於政俗風會亦是精曉明瞭，故章氏在：〈原學〉言：「夫言兵莫如孫子，經國莫如齊物論」〔註69〕。

應機之說在章氏不僅運用在齊物之用上，更作為詮釋莊子處世為文之法。章氏詮釋莊子時，在齊物之體相上，多尋佛法為標的，以莊子符應之。但是在齊物之用、兩行之道，隨順眾生的理路下，章氏似乎尋得一莊子自為於此土為聖人之理，而與印度佛法有所分途，將與佛法不同之處歸於應機之說，亦可言章氏由應機之說尋得佛莊之不同處，建立起莊子之位。亦由應機之說故，面對中國聖人時之看法亦因此有所轉變。

六、「和之以天倪」與究竟義之比較

在說明精細之理時，如果能取抉到比較符實之語言，則能減少誤解，使人容易明瞭契入。前面所提之「道通為一」仍是正面的語言而說有「一」，如果以具象語言表達，即所謂「道樞」。以抽象之形容表達，即所謂「以明」。而「和之以天倪」是偏重在齊物之用上言，要使世間種種相對之紛爭，能各從其安、和之無傷，以其須應機隨順故不免流轉生滅。如果重在隨順之用而不知究竟義之體，這並已非齊物之用。因此，有必要在說明齊物之用，闡明隨順應機後，再提醒究竟義的地位。對於表達究竟義的語言，為使更符應於實相，章氏認為否定的語言較能表達。因此便認為「忘年忘義」超乎「和之天倪」，而說「道一」亦是太過，章氏云：

> 「忘年」謂前後際斷，仲尼所謂「無古無今無始無終」，乃超乎窮年矣。
>
> 「忘義」謂所知障斷，老聃所謂「滌除玄覽」，乃超乎「和以天倪」矣。
>
> 忘年為體，窮年為用。（五）

「和之以天倪，因是以曼衍，所以窮年」，這是特與「兩行之道」中之用而言，如果善體「和之天倪」之「和」，亦可知其非體「道一」、「忘年」不得至，如此兩者便無所謂高下。但是在語言表達的精確度上言，云「道一」便有所立，有立則有相對性產生，故易由語言產生與究竟義不符之想。且流轉衍行方成其大用，所以無盡之流

〔註68〕《菿漢微言》。見《章氏叢書》下，頁九三七。
〔註69〕《國故論衡》〈原學〉，見《章氏叢書》上，頁四七一。

轉可說爲用。由此可知，在準確語言的要求下、在究竟顯體之意義下：窮年次於忘年，以窮年爲用，忘年爲體，以前者流轉，後者無生絕待，故章氏在最究竟義之語言上不容混合，仍取否定之義，其云：

> 其眞證乃以不知知之，如彼《起信論》說：「若心起見，則有不見之相，心性離見，即是遍照法界義」，……此爲離絕相見對待之境，乃是眞自證爾，而此眞自證者初依天倪爲量，終後乃至離念境界，所證得即亦最勝天倪也。(五)

最究竟之義說爲忘年忘義、無念、不知知之等等仍是一再表達「離絕對待」之境界，無有一絲一毫之立，故終乃以忘、無、離爲字眼。至多以「眞」、「最勝」來表達此最究竟義，而不有所建立。因此說「和以天倪」、「窮年」仍有彼此、輾轉之意，故不如忘年。

章氏解釋「萬物與我爲一」時，亦認爲其是第二義，是依幻有而說。而第一義是「若依圓成實性唯一如來藏，一向無有，人與萬物何形隔器殊之有乎？」(一、六)所以說：「萬物與我爲一」，是因有萬物與我之差別時而說的，故對於本無差別而言就是多餘之語。所以此處「和之以天倪」、「窮年」爲第二義，而忘年、忘義爲最究竟義，亦是依此理而說的。章氏堅持以否定的語言表達最究竟義，以使所言之內容毫無誤差。所以推至極盡處非得翻轉成肯定語言，以申表其非斷滅見時，最多就用「眞如」、「心」、「如來藏」或是「平等」來表達之。就如其自己常引《大般若經》之言：

> 若於是處都無有性，亦無無性，亦不可說，爲平等性，如是乃名法平等性，當知法平等性，既不可說亦不可知，除平等性，無法可得，離一切法無平等性。〔註70〕

既說爲平等性，亦在語言上以無有性亦無無性、不可說、不可知、無法可得等否定式來說。

第四節　結　論

　　莊佛思想之間的關係，比起儒佛之關係還要來得接近。從以莊（道家）格義佛法，搭起接應佛法的橋樑；再來以佛解莊，詮釋深啓莊子之精神內涵，皆有積極之價值，但前者對佛教本身而言，卻是個混淆不眞切的過渡時期；後者就道家者言，

〔註70〕《大般若經》四百一十八卷，《大正藏》冊七，頁四二三中。

則是作爲增補加強之資；後來佛教徒自己亦有多人「以佛解莊」，而被視爲調和三家之流，故此中有不少爭論在。至於莊佛理路之間何以造成如此密切之關係，其理路之相關性究竟何在？當代學者牟宗三先生與方東美先生均曾爲此說明之。今先分別觀之，以明白個中會通之路，再由本章所說明之《齊物論釋》思想之總貌，觀會通莊佛之內涵如何？是否透解此共通之理路？一方面總結其思想，一方面更明瞭章氏詮釋之立場。

壹、莊佛共通之理路模型

　　首先，牟先生析論老莊二人義理之不同風貌，認爲莊子比老子更進一步，能「消融老子分解講法之所展示而成一大詭辭者是也」〔註71〕。向郭之注闡發莊生「詭辭爲用」爲「跡冥圓」之內涵，可作爲莊佛理路之共同模型，其言：

> 離跡言冥，是出世也；離冥言跡，是入世也。冥在跡中，跡在冥中，是世出世也。世出世者即世即出世，即出世即世，亦非世非出世也。是謂雙遣二邊不離二邊之圓極中道也。……是以分解言之，可列爲三觀：
>
> 一、觀冥，此是抽象地單顯冥體之自己。此爲內域。（無）
>
> 二、觀跡，此是抽象地單視具體之散殊。此爲外域。（有）
>
> 三、觀跡冥圓，此爲具體之中道：冥體之普遍是具體之普遍，跡用之散殊是普遍之散殊……（玄）〔註72〕

其言甚爲清晰：分解性而言，可分爲三個階段：離跡而入冥，體會冥體「無」之境界，展現出世之智。再離冥體而觀跡有，深入跡行「有」之大用，展現入世之心。進至將跡冥之對立性化解，而無有跡冥之界線，故亦無有離入之問題，雙遮兩方，非跡非冥；不離兩方，即冥即跡，冥不離跡，跡不離冥，冥在跡中，跡在冥中，當體具呈跡冥，即成「跡冥圓」，亦乃「無有玄」。如果就一體呈現而言，無庸言離跡離冥，眞接即跡即冥、非跡非冥，兩邊遮遣、兩方不離，成就「跡冥圓」；無庸出世再入世，直接即出世即入世，非世非出世，雙遣不離，成就「世出世」。此乃圓融中道義。牟先生認爲郭象之跡冥圓，很能表達莊生詭辭爲用，一切沾滯皆化的精神，而且此亦莊生有進於老子之重要部份。

　　「跡冥圓」之理路模型與佛教之何種理路模型相當呢？牟先生認爲是「般若」之中道思想。般若典型之思路即龍樹依《般若經》而作之《中論》所曰：「眾緣所生法，我說即是空，亦名爲假名，亦是中道義」，呈顯空假中之中道思想。般若思想是

〔註71〕見《才性與玄理》，頁一八〇。（學生，民國七十四年）。

〔註72〕同註71書，頁一九二。

較早傳入中國者，正與老莊特盛之魏晉玄學時代相接合，莊生之精神正幫助中國人理解佛法之般若義。而中國佛教之天台宗智者大師依般若中道義而成一心三觀，亦是不外此模型，他將智者大師之「空假中」列成：

　　一、從假入空→一切智→慧眼：二乘；抽象的普遍。（空）

　　二、從空入假→道種智→法眼：菩薩；抽象的特殊。（假）

　　三、雙遮二邊→一切種智→佛眼：佛；具體的普遍與普遍的具體。（中）

　　　　　〔註73〕

假者，以萬法空性故萬法之存在即假有，故要捨有趨空，從假入空。由於此空性之體會無法遍及一切，不夠透底，所以須由空入假，即於一切法而見空性，故從空入假。此二種渾然圓融不二不異，即成中道義。因此，空假中之般若中道義與跡冥圓（無有玄）之詭辭爲用中道義，同爲一種理路模型。

　　所以，牟先生認爲此乃莊佛之所以能相通之理路所在，故有「以莊解佛」亦有「以佛解莊」，其云：

　　　　在道家即爲玄智之模型；在佛教即爲般若之模型。在道家，莊子發之，所謂一大詭辭，一大無待，而向郭探微索隱，則發爲跡冥圓融之論。千哲同契……夫詭辭爲用所達之圓境，乃各聖心之共法也……人徒知魏晉玄學爲吸收佛教之橋樑，而不知其互相契接者爲何事，吾今答曰，即以「詭辭爲用」契接其般若一系也。〔註74〕

契接佛法般若系者，乃是莊生詭辭爲用之玄智模型。（其所說能契接般若者，並非單指莊生而已，而是魏晉玄學所啓掘之老莊玄智。但是比之於老子，莊生更具「詭辭爲用」之形態，更顯契接之相）。

　　對於這個問題，方東美先生雖未直言佛莊思想之間有一共同之模型，但卻經由對僧肇思想之說明，引出般若思想與莊生有共通之理路。其亦從老莊之差異談起，云：

　　　　僧肇在中國思想中回到老莊……老子思想的根本目的是要超脫萬有，成立一套超本體論……把一切「有」都點化了成爲「無」……可是莊子認爲在老子的思想裏面，我們不要走這條路，假使我們從萬物之有走向道的祕密一無，就會陷到毀滅那一條路上面去，莊子認爲兩種思想都不能偏廢，就是要成立一個思想體系，把「萬有」同「本無」這兩層都容納進去……現

──────────────────

〔註73〕牟先生引智者大師之《摩訶止觀》之文：「佛眼達精細色空，如二乘所見，名慧眼。達假名不謬，如菩薩所見，名法眼。於諸法中，皆見實相，名佛眼」、「佛智照空，如二乘所見，名一切智。佛智照假，如菩薩所見，名道種智。佛智照空假中，皆見實相，名一切種智」。見註71書，頁一九二～一九四。

〔註74〕同註71書，頁一九四。

在僧肇講不眞空論，就是在有、無兩個思想體系裏面要求一個理論的統

一，這個理論的統一，用佛學上面的名辭，叫作「中道」。〔註75〕

這是在說明僧肇之〈不眞空論〉時提到的，特別以莊生之特點來說明僧肇之意，而
引出佛莊之關係。方先生認爲莊生比老子更進一步的是，其要化掉老子強調的超本
體論：「無」，而使「無」與「有」統一融合無別。這種統一與僧肇講〈不眞空論〉
是一致的，亦即是般若中道義。僧肇是中國解般若空宗思想之重要人物，在佛學傳
入之初期，對龍樹空宗之體會很深，其少時深喜莊子，對莊子有豐富之學養，所以
方先生云：

僧肇，他以莊子的道家思想爲根本，然後接觸佛家的般若宗、空宗的思想，

他看出了這兩方面有一個共通的橋樑……兩方面的思想他都深透進去變

作行家，再把兩種精神的核心融化了……〔註76〕

由此可知，方先生認爲這種「有」、「無」的統一是莊生與般若空宗的共通橋樑。並
描述這種統一爲「一串雙迴向式之無窮序列」：

……（莊子）在整個逆推序列之中，並不以「無」爲究極之始點，同時，

亦肯定存有界之一切存在可以無限地重複往返，順逆雙運，形成一串雙迴

向式之無窮序列，原有之「有無對反」也因各採其相待義而在理論上得到

調和（和之庆天倪），蓋兩者均實同於玄祕奧窔之「重玄」之境，整整個

宇宙大全化成一「彼是相因」、「交融互攝」之無限有機整體。〔註77〕

莊生不以「無」爲終點，而同時肯定一切存在之有，因此有無彼此就可無限地往返，
由「有」到「無」順上，由「無」到「有」逆下，順逆雙運而有無具融，和之以天
倪而交融互攝，形成立體無窮，就如同「在華嚴宗裏面就可以說，一方面是上迴向，
可以達於眞空；另一方面是下迴向，可以入於妙有」〔註78〕。雙迴向義，即眞空妙
有圓融相攝，亦即中道義，此與莊生之「有無統一」、「和之天倪」之思想，有相當
之理路。

值得說明的是，此處所謂相同之理路模型，或是交通之橋樑，並非指其內涵意
義皆同，而是理路之論說層次有相同之趨向與層級。

觀此二人之說明可知，在莊佛之間有一相同之理路模式，可作爲彼此之橋樑交
通者，於莊生言，是「跡冥圓」之有無相融，於佛教言，即般若中道思想。只是二

〔註75〕見《大乘佛學》，頁七十一（黎明，民國七十七年）。
〔註76〕同註75書，頁七十三。
〔註77〕見《中國哲學之精神及其發展》，頁一八三（成均，民國七十三年）。
〔註78〕同註75書，頁九六。

人在分析時，對於佛法般若思想所使用的方式有異〔註79〕：牟宗三先生以空、假、中三觀來論，分析較爲細密，直以解般若最透徹之龍樹《中論》來說；方東美先生則以眞空、妙有二諦圓融來說明，乃採用上下雙迴向來表達，特別展現流動圓融、無限時空之性質〔註80〕。但二人皆是顯現中道義。般若空性思想是佛教三乘之共法，佛法三法印「諸行無常，諸法無我，涅槃寂靜」已經具呈之，所以是佛法之根本思想。至龍樹則對之觀察得更透徹，綜貫空有無礙，作《中論》而建立精嚴綿密的論述，更通徹確當地確立此三乘共法，呈顯大乘佛法之精神〔註81〕。所以言佛法則不能不言般若思想，言般若思想則必以龍樹爲至，其與唯識、眞常系思想比較而言，則成所謂「空宗」，所謂空有無礙之中觀者。因此牟、方二位先生就以空有、有無之雙遣不離、交融互攝（無礙）爲般若中道思想，而認爲與莊生之思想有著相同之理路模型。

貳、總　結

牟、方兩位先生皆云：般若中道思想乃莊生與佛學之交通橋樑，具有相同之理路模型。今再引入章氏之《齊物論釋》，觀其端倪。

本論文在說明《齊物論釋》之思想時，共分爲三部份：一者以「人我法空」爲齊物之基石。直指其根源處。二者，以唯識虛妄，透見名相，遮遣萬法。三者，以聖人和之以是非，休乎天鈞，故內了空性，外順俗情，以爲齊物應世之大用。前二部份皆爲遮破造作、分別、萬相，呈顯空性。最後一部份爲：既明空性則能一體平

〔註79〕依文而看，兩人尚有一些差異：牟先生直接認爲此理路模型是經由郭象詮釋出來，是老、莊、向、郭之玄智模型，並非單指莊子。方先生此處則單指莊子。

〔註80〕二人在明中道義的方式有所差異，或是因其彼此對佛法之判攝不同之故：牟先生判天台宗爲圓教，在此以天台宗智者大師之空、假、中，來講一心三觀，明般若中道義；方先生判華嚴宗爲最高境界，在此是以華嚴宗來明上下雙迴向，明中道義。唐君毅先生曾云：「就華嚴與天臺之說法方式而論，則天臺之教義，乃以中統假空二偏成三法、三諦、三觀、三佛性、三法身……皆如伊字三點，不縱不橫。華嚴于一切法皆自其異體之自他之相對，與同體中自與自之相對，以觀其「相即相入」與「相奪相泯」，乃由兩兩對開，而有四法界、六相、十玄之說，故其義理皆縱橫交錯，而亦縱亦橫」，見《中國哲學原論——原道篇》，頁三二七（學生，民國七十五年）。以此天台、華嚴說法方式之差異來觀，或亦即牟、方二人立論方式之差異。

〔註81〕參見印順法師之《中觀論頌講記》：「他（龍樹）正確的深入（南方佛教所重的）一切法性空，於（北方佛教所重的）三世法相有，也有透闢的觀察，所以……就善巧的溝通了兩大流……他是空有無礙的中觀者，南北方佛教的綜貫者，大小乘佛教的貫通者。……到龍樹，建立精嚴綿密的觀法，批評一般聲聞學者的似而非眞，確立三乘共貫的大乘法幢，顯著的與一般聲聞學者分化，所以在印度，大乘學者都尊他爲大乘的鼻祖，在中國也被尊爲大乘八宗的共祖」。頁一、二。

等無有住著、分別，一切法本來涅槃，無有生滅非生滅之殊，因此生死、涅槃不一不異，亦即「無、有」、「生死、涅槃」、「出世、入世」不異不一。證此再言莊生具菩薩精神，有內聖外王之特別志願，故不欣涅槃而隨順生死、應化無盡而畢竟不入涅槃，隨順眾生應機而化，依莊生言即是和之以天倪、無物不然，無物不可，具體呈現「不齊之齊」之大用。此亦即莊所言之：兩行之道，章氏將之詮釋為：一語一默無非至教、證無生滅而示有生滅。是以，總而言之是：內存寂照，外利有情；高言平等，還順俗情。於理體上，證見不一不異之無分別，真俗不二；於利用上，展大悲願力深注世間俗情，具體呈現真俗不二。要說明的是：如果沒有前二部份之遣執呈真，強調無我空性，則無法具呈真俗不二之齊物大用，所以章氏發了極大功夫證成真諦究竟義，而每每一再遣執。

由此觀來，真俗不二，體真入俗，真空妙有，即兩行之道，此相當於般若中道思想之模型，果然如牟、方兩位先生所明，而章氏在詮釋時，就是能掌握透通此思路模型，而「以佛解莊」，對莊子而言，其文（特別是〈齊物論〉）展現出如此之模型以接受佛法，此乃莊文在「全以佛法內容為實」中足以自立之處，是以章氏就曾譽莊生為能兼出世入世（內聖外王）者〔註82〕，玄遠之理是中土最高，而比佛法更適中土之民、應中土之機。此乃看出莊生此一理路模型，而符契相會於佛法之般若中道義。

但是在符契佛教中道觀時，章氏又特別突顯莊生個人之特色，亦即強調莊生有極熱切之入世大願，而成菩薩一闡提。體證空假中之中道者是佛位，並非菩薩位，莊生能證此中道思想，但因入世之願熱切，所以在涅槃生死一如下，以一切法皆涅槃而不入涅槃常願生死，作一菩薩。因此除了中道義之模型外，再加上一股動力：大乘菩薩道精神。這與方東美先生之上下雙回向之流化意象似乎較為貼近。而且章氏多用真、俗二諦相稱，在語詞上亦與其真空妙有較接近。

一般學者大都認為章氏是用法相唯識哲學來詮釋莊子，就是章氏本人之佛學思想亦是以法相唯識學為重點，此乃確然之事，但是可以再細密地說明之。綜觀其引用之佛典可作為代表者為：《大般若經》、唯識方面之論述、《華嚴經》、《大乘起信論》。

般若中道思想，乃龍樹代表的大乘空宗發揮得最極盡者，而大乘空宗之內涵是以世俗諦為假名，勝義諦為畢竟空〔註83〕，以畢竟空為透底了義之談。後期之大乘學者，認為一切空並非佛之了義，故將之別解，特重「妙有」上，而有真常系與唯

〔註82〕《菿漢微言》，見《章氏叢書》，頁九三七。
〔註83〕參見同註81書，頁十二。

識系之產生，前者說「勝義不空」，後者爲「世俗不空」〔註84〕。這樣的發展是大乘佛教歷史之思想演變，因此各體系之內容自有其必須面對的問題，以及有別於他系或超越他系之差異處，以爲立宗之所需。章氏自然沒有這些宗派之歷史問題，所以其引用某一系之佛法時，並非必須收納此一系之全部體系與問題，亦自然不必拘守此系與他宗之不同點，所以章氏可以一并引用唯識、般若、眞常系之經典，來共同詮釋莊生，以致於無法確然質言其專以何宗爲釋。況且，各系理路雖有異，但仍在佛法之範圍下，這是面對《齊物論釋》時必要之心態。

但是在引用唯識名相時，無可避免地帶有其體系之定義，其中亦關涉章氏爲學篤實之路徑，因此章氏引用法相唯識之唯識說時，一一析解名相萬法，證成唯識虛妄，使其方法上精密不含糊。再配合般若思想之所謂「若於是處都無有性，亦無無性，亦不可說，爲平等性」「不可說爲平等性，乃名平等性」之一再泯遣，對此勝義畢竟空義，章氏在詮釋過程中始終未有脫滑，展現得極爲透徹。例如詮釋「萬物與我爲一」時，以一即一切，一切即一說明其互爲緣起，但最終更進言曰：「且依幻有說「萬物與我爲一」，若依圓成實性唯是一如來藏，一向無有，人與萬物何形隔器殊之有乎？」（一、六）化掉彼我之見爲「一」，又將「一」亦化掉。又還要將「緣起」遮遣而說「無因論」（六）。如此極盡之遮遣，表現出章氏在語言精確度上之要求。雖然畢竟空性又能即成畢竟平等義，而能眞俗二諦平等，但是章氏仍然一再地以破執而說，以眞諦空義爲究竟，亦即本論文之第一、二節部分，因爲體解畢竟空性自然即成畢竟平等，深知眞諦實義乃能含納俗諦。反之，單說平等無法清楚表達空義，單說俗諦則易失其本。

章氏在透徹地一再破遣下，也終有翻轉成圓成實、如來藏之眞常說法，乃無我即顯眞我。例如說外境虛妄而心不空（六），心有起滅分別就成虛妄，心若無分別則我執自喪；在比較如來藏緣起、藏識緣起、無盡緣起三者時，章氏認爲基本上三者無分，但以無盡緣起說依如來藏緣起說作第二位，而認爲藏識即如來藏（一、六），故藏識緣起與如來藏緣起二者無分居之於前，藏識可轉識成智，如來藏有眞如相、生滅相，體不生滅而隨緣生滅。（一、二），由此可知，章氏在人我法空通徹，而翻言「眞我」時，是取《大乘起信論》之通眞妄，眞妄合和之如來藏義。只是章氏特重名相之精確度，以般若思想貫串，使其很少使用「眞我」、「不生滅」，即使使用了

〔註84〕所謂「勝義不空」是指眞常系者，將勝義分爲空、不空，而建立如來藏、佛性，此中有眞實的清淨法，是常住之眞心。所謂「世俗不空」是指三性中之依他起性之不空，「假名之偏計所執性是外境，是無；眞實的依他起性，是內識，是有」。此意皆引自印順法師之說法，見《中觀論頌講記》，頁十二～十五（正聞，民國七十九年）。

亦多所說明，強調之所以說「有我」，是指佛性清淨如來藏，是爲有別於斷見無見之故〔註85〕。

　　是以，章氏「以佛解莊」之《齊物論釋》，其義理內涵：以般若中道思想爲理路模型，於此特重於究竟空義（人我法空）之眞諦，以爲破執遣妄；而彙入菩薩道精神，轉成畢竟平等成爲眞俗交融之齊物大用。並容納《大乘起信論》之如來藏思想，其論述之分析方式，是以唯識虛妄所生，及其八識、見相二分、五位百法等等法數名相來析解破妄，更清楚地說明究竟空義。其中又爲符應「萬物與我爲一」而引用了華嚴無盡緣起思想。而莊書所提供之特色在於：〈齊物論〉作爲一詮釋體，具備與佛法相同之理路模型，使章氏可以莊佛符應。而章氏之詮釋有別於莊佛共同模型者，特顯其自己特色處，即在於以唯識名相作爲遣執方式，以及目莊生爲一熱切入世之一闡提菩薩（此在第三章第四節，有更詳細論述）。

〔註85〕見《齊物論釋》：「子綦本言喪我，莊生他篇皆言無己，獨此說有眞君，猶佛典悉言無我，《涅槃經》獨言有我，蓋雙泯二我，則自性清淨始現，斯所以異於斷無也。」（一、二），他並沒有將此二說視爲空宗、眞常不同體系之差異，而加以會通解釋爲：言「眞我」是要避免斷滅（頑空）之見。

第三章 《齊物論釋》詮釋方法之探討

第一節 莊書爲開放之詮釋體

《莊子》一書爲前秦諸子中最具文學性，且其一向被公認爲難讀、難解。不僅因其哲思萬化不知其極，更因其文字之華變恣縱，不能以規矩固之。是故司馬遷已言其文：「然善屬書離辭，指事類情，用剽剝儒墨，雖當世宿學，不能自解免也。其言洸洋自恣以適己，故自王公大人不能器之」〔註1〕。唐柳宗元自謂其寫作文章「參之莊、老以肆其端」〔註2〕。唐陸德明之《經典釋文》曰：「辭趣華深，正言若反」〔註3〕。林希逸之《南華眞經口義》序言列有讀莊之五難：一難，此書所言仁義性命之類字義皆與吾書不同。二難，欲與夫子爭衡，故其言多過當。三難，專爲最上乘者說，故其言每每過高。四難，筆端鼓舞變化，皆不可以尋常文字蹊徑求之。五難，語脉機鋒多如禪家頓宗所謂劍刃上事。四、五二難即是專指莊文之變化莫測，不易爲解〔註4〕。南宋葉適對莊書有言：「好文者資其辭，求道者意其妙，汩俗者遺其累，姦邪者濟其欲」〔註5〕。明方正學云：「莊子神於文者，非工於文者所可及」〔註6〕。清林雲銘〈增註莊子因序〉更云：「古今能文之士有不讀莊者乎？既讀有不贊其神奇工妙者乎？」對於莊子之文學造詣極具讚賞，但

〔註1〕見《史記》〈老莊申韓列傳〉。
〔註2〕見〈答韋中立論師道書〉：「參之《孟子》以暢其支，參之《老》《莊》以肆其端，參之《國語》以博其趣，參之《離騷》以致其幽」。
〔註3〕見唐陸德明《經典釋文》。
〔註4〕見林希逸《南華眞經口義》發題。
〔註5〕見葉適《葉適集》冊二，〈水心別集〉卷六，頁七一二。
〔註6〕見王夫之《莊子解》，董思凝序。

是對其難解難知亦云：「莊之爲文其字面有平易醇雅者即有生割奇創者；其句讀有徑捷雋爽者即有艱澀糾纏；其段落有斬截疏明者即有曼衍錯綜者。」諸如此類，均顯莊子一書之文字變化多端，而意涵亦汪洋涵富。許多文類多出現於莊書中〔註7〕。其作品風格影響歷史上著名的文人墨客甚深甚遠，故經常有拈出莊生之文學理論、藝術精神來論者，亦以莊書本身就是富有詩意情境律動〔註8〕，連帶地將莊書視爲極爲高妙之文學作品來研究。

莊生在〈天下篇〉中自言：

> 以謬悠之説，荒唐之言，无端崖之辭，時恣縱而不儻，不以觭見之也。以天下爲沈濁，不可與莊語，以巵言爲曼衍，以重言爲眞，以寓言爲廣。……
> 其書雖瓌瑋而連犿无傷也，其辭雖參差而諔詭可觀。

成玄英疏曰：「謬，虛也。悠，遠也。荒唐，廣大也。恣縱，猶放任也。觭，不偶也。而莊子應世挺生，冥契玄道，故能致虛遠深弘之説，無涯無緒之談，隨時放任而不偏黨，和氣混俗，未嘗觭介也」。謬悠、荒唐、无端崖等語辭，亦即虛遠、廣大無邊際的語辭，皆是突破語言之拘限，無僵化規矩可循，非常理可依，又乃無限應世。又寓言、重言、巵言，自來被視爲莊書格式之樣貌。譬喻故事可以寄寓無限意義；引古人語言借古證眞，但也常會陷於聖人所言，但是莊書在運用時，卻展現無拘無束的心境，隨手拈來自由證己，莊書中徵引儒家聖人言語，引起莊子是詆孔或援孔的不同看法，便可看出其不自陷於重言，藉重言反顯其內涵之自由活潑。巵言指渾圓之言〔註9〕，乃超越無待且隨物變化無有凝滯，更是直接點出莊生和光混俗、無窮應物之語言特色。如此的文字依舊隱然有相當可觀者在，一種超越之境界，而非無的放矢、雜亂不知所從出。牟宗三先生就曾比較老、莊之表達方式，而認爲：

〔註7〕「小説」此一語詞最早出自《莊子》〈外物〉中：「飾小説以干縣令，其於大達亦遠矣」。若以現代小説之標準要有人物、時間、地點、虛構情節等條件，莊書中多有符合此的極短篇小説者。而寓言是莊子自覺地使用，又有神話等等。

〔註8〕近人吳光明《莊子》第二章〈莊書的詩意〉：「莊子的文章是詩情、歪仿與哲思三者合而爲一的有機體，第一我們要注意的，就是他的瞑想玄思，是完全彌滿著詩意的，他的一詞半句，都完全浸潤在有奏律、雅韻及詩興的大天倪的意境的。」其書以文學哲思交趣，實踐深心爲特色。頁三十八（東大，民國七十七年）。

〔註9〕「巵」是圓酒器。郭象注爲：「夫巵滿則傾，巵空則仰，故以巵器以況至言」。《說文》：「巵，圓器也。圓，天體也」。章氏亦取此義。「圓」之意象有著無待、無限、超越、圓融、豐富之義。楊儒賓先生認爲：巵言是莊生爲了達成語言最核心的功能——溝通，而又想避免其毛病之最好語言表達方式。而且認爲巵言是具有三項特色：一、具有一不變的核心，而核心落於中央。二、超越相對，而又成全相對。三、能隨時與物變化。是聯繫絕對——相對——永恒——變化。見〈巵言論：莊子論如何使用語言表達思想〉。引自《漢學研究》十卷二期，頁一三六。

老子採取分解的講法，莊子採取描述的講法。……莊子，則隨詭辭爲用，化體用而爲一……彼（莊子）將老子由分解的講法所展現者，一起消融於描述的講法中，而芒忽恣縱以烘託之。……此所謂描述的講法，非通常義，除對遮「分解的講法」外，以以下三層義理明之：首先「以巵言爲曼衍，以重言爲眞，以寓言爲廣」，此中之巵言、重言、寓言，即是描述的講法，並無形式的邏輯關係，亦無概念的辨解理路。巵言曼衍，隨機而轉。重言尊老，並無我見。寓言寄意，推陳出新。……其次，在此漫畫式的描述講法中，正藏有「詭辭爲用」之玄智，此謂「無理路之理路」……全部莊子一大混沌，亦是一大玄智，亦整個是一大詭辭。……最後，此大詭辭之玄智，如再概念化之，嚴整地説出，便是一種「辯證的融化」……「俄而有無矣，而未知有無之果孰有孰無也」（〈齊物論〉），此之謂辯證的融化，老子是概念的分解，莊子是辯證的融化，而「辯證的融化」卻是藏在謬悠、荒唐、無端崖之芒忽恣縱之描寫中。平常之描寫，大體是平面的平鋪眞述，而此芒忽恣縱之描寫卻是有一種立體的詭辭玄智藏於其中〔註10〕。

其認爲莊生之語言，是一大詭辭，要遮遣有待之言思，而運用巵言、重言、寓言，或是謬悠、荒唐、無端崖之言辭，來隨機應物而說，其中蘊含一大玄智。而又即於巵言、謬悠等語言中，展現消融、通一、圓滿之自足、自在境界，故說是「立體的詭辭玄智」。莊生之語言就即如此呈現立體而非平面、描述而非分解、具體卻又融化無跡。

　　這樣的體式加上三種語辭皆是指向變化、無限的時間、空間，充份能呈顯文學藝術精神，更使哲思參差於文學虛構形式中，使莊子之文充滿著藝術精神、文學之寬廣意象和美感。用此種語言來表達其哲思，不僅是單純的「正言若反」、「言在此意在彼」正反、此彼兩面而已，更是言無不此而意無不彼，言意之間蘊藏無限的交涉，產生廣大自由的空間。而且莊書文字與其哲思變化更有增勝相成的效果。又唯有這樣的文字語言中，才能充份表達如此深妙哲思之實相；唯有這樣深妙之哲思才足以成就如此之文字。不過由於謬悠、荒唐、无端崖之文字，寓言、重言、巵言之方式，濃厚地文學色彩，使莊書增加解讀上的極大困擾。但是就因其如此，更增廣大無際的詮釋空間，換句話說，莊書具有極開放的詮釋空間。因此自來註疏家多重文字訓詁之通解，深尋莊書文字鼓舞章法脈絡中，詮釋義理者更是意見分歧，或以之通儒家、入道教、應佛法，或三教和一或自成條貫等等無一不足，參與者愈多愈顯其無限。這全是莊書作爲一開放詮釋體所應得者。

〔註10〕見《才性與玄理》，頁一七六（學生，民國七十四年）。

而且中國文字一字形音義完備，同時可兼有多義，能表現獨立、完整的意義。而且在展現思想內涵、詮釋古書時，經常有以一字之形、音、義推類比物之，輾轉聯結，一遂衍爲多，而更使其意義漫衍無盡。於此深入挖掘各層意義，或擇一最切之義來說明，作爲其思想的展現〔註11〕。以是之故，更增加詮釋空間的廣度。

再就詮釋學的角度言，語言文字是被詮釋者與詮釋者之重要中介物，由它來帶領出被詮釋者所要表達的思想，但是反省到語言文字並非單純只是媒介之角色，而是可以包含複雜深刻的關係時，詮釋學就在探索揭示這種關係。這深刻複雜的關係就是它是可以不斷被創新的。因爲這中間存在著不斷在變動的時間與空間，時空可以交織成某個存在感，詮釋者存在此中，自然具有此時空之存在感，當試圖理解傳統之經典文字時，此時空交織之存在感所蘊含之方向、性質，當然影響著對文字的理解，所以不同之詮釋者對其有不同之存在感受，同爲詮釋傳統之經典時，將發爲不同之向度與評價。龔師鵬程在其〈論熊十力論張江陵〉一文中，指此爲作者與經典（歷史）交光互攝之作用。因此詮釋者會因詮釋情境之不同，而有不同的交攝作用。構成詮釋情境者有生命型態、時代感受與學術路徑等差異。這樣理解詮釋，應是較能眞切知道詮釋者之用心，並且能確認其詮釋之意義所在。〔註12〕。

因此，因爲歷史之遷移，人們需由傳統來了知自己的存在，此了知卻含蘊自己主觀之情境，所以歷史可以不斷地在你身上被創新，而創新又是憑藉對傳統之理解活動中來，龔師鵬程又曾曰：

> ……第一，歷史雖然是過去的遺蹟，但人面對歷史的經驗，卻永遠是現存的，直接的經驗，故歷史可以是客觀的，可是一旦涉及歷史的理解活動，便一定是人與歷史的互動互融；客觀進入主觀之中，主觀涵融於客觀之內，即傳統即現在。其次，人的理解之所以可能，是因爲歷史傳統提供了理解的條件，誠如詮釋學所云。然而，在通過歷史以了解我們現在的處境時，存在的境遇感，也正同時帶動著我們去理解歷史，所以歷史又同時顯

〔註11〕見龔師鵬程之《文化符號學》第一章〈深察名號：哲學文字學〉。其認爲中國之哲學方法是偏向文字性思考，與西洋哲學偏於語言性思考，有所不同。西洋語言一個字並無法構成完整的命題，須得合字成句才能判斷。因此字義之重要性不同中國哲學傳統。以字解字、一字多義的現象即是中國以「釋字言哲學」，「深察名號」爲其方法學之傳統。頁一四八（學生，民國八十一年）。

〔註12〕曰：「事實上熊十力論張江陵，不當僅就張江陵這一面的歷史來討論，它是熊十力與張江陵二者交光互攝的結果」，見龔鵬程先生之《文化、文學與美學》，頁三六〇（時報，民國七十七年）。

其現在相，變成一切歷史都是現代史的弔詭〔註13〕。
在這樣的意義下，追求唯一存在的解釋內涵便是一種妄想。而各式各樣與傳統經典互融的詮釋方式與內涵，方是詮釋活動最大之意義，由此不僅展現語言文字本身的開放度，更連結著解釋者本身的心靈情境及過去、現在、未來之歷史感受。

　　由此觀來，之所以能成就詮解乃是此兩者互贊相成的。而且，莊書文學性之特徵、中國文字一字多義的傳統，更增添詮釋體的開放度與無限變化。就詮釋者而言，詮釋者時代感受、個人思想經歷種種的複雜關係，可以創造莊書、開發顯現莊書之世界，又從中得到獨特相應的莊學哲思。因此對於莊書之詮釋便須如此看待之，而章氏之《齊物論釋》亦如是。

第二節　「以佛解莊」之詮釋類型與文化流變

壹、格義佛教

　　莊書之註解最著名者應算是郭象注，往後之註家大多得參其見解，但是隨著文化的流變，最主要是因佛法進入中國所帶來的文化巨變，使得莊子詮釋史中產生一支特別之詮釋類型，那就是「以佛解莊」之詮釋方式。

　　所謂「以佛解莊」簡單說即是以佛法來詮釋莊子。以莊子詮釋學來論，這種詮釋方式由來已久，已成解莊之一大特色。佛道二家思想的糾葛，自佛法傳入中國便已產生，且不勝枚舉。老莊道家相對而言，一向被目為忘世、離世、出世之思想。這樣的氣質與佛法相遇時，自然與證果解脫、開悟度眾的佛法宗義有同質之感。因此由此二家主客體來論，大體呈現二種合作關係：一方面作為文化傳播的適應，一方面作為文化融合的激發。前者表現在所謂「格義佛教」，以莊解佛。後者則表現在三教合一、以佛解莊。

　　格義佛教的產生，乃因佛法初入，在翻譯經典、解釋義理時藉老莊之文字、義理以為詮釋，以達到知解的目的，此乃不同文化交流之一過渡時期。不同文化自有其不同之文字傳統，文字既有差異，連帶亦是義理的差異。這種差異並非同一文化內的差異，而是整個世界觀的不同，是全面體系的差異。表現在文字翻譯時便因此常有無恰當的文字符應之，故須先假借本文化中類質較貼近者，以為橋樑輔助。故格義一詞出自晉竺法雅之傳記：

　　竺法雅……少善外學，長通佛義，衣冠仕子或附諮稟，時依雅門徒，并世

〔註13〕同註12書，自序，頁九。

典有功，未善佛理。雅乃與康法朗等，以經中事數，擬配外書，爲生解之
例，謂之格義。……雅風彩灑落，善於機樞，外典佛經，遞互講説，與道
安、法汰，每披釋湊疑，其盡經要。〔註14〕

由這樣的敘述可以知道，當時爲了講授佛法，慮思出「以經中事數，擬配外書，爲
生解之例」之格義法，而且顯然亦發揮了極大的功能，增添講説時游刃有餘之風采。
而所謂的外書，大都是指涉老莊，如慧遠了經歷：

遠年二十四，便就講説，嘗有客聽講，難實相義，往復移時，彌增疑味。

遠乃引莊子爲連類，於是或者曉然，是後安公特聽慧遠，不廢俗書。〔註15〕

但是這種方法使用極盛時同時亦漸漸知解到它的後遺症，如道安自言其：「先舊格
義，於理多違」〔註16〕。因此就佛教言，因爲是藉橋樑而宣説，故勢必造成一段混
淆時期。時正值漢末魏晉南北朝，佛法初傳入者爲般若系思想，遇及玄學風氣正盛，
便將道家之無爲、自然等概念、語言，作爲格義，因此這段格義佛教的時期，便產
生所謂「六家七宗」〔註17〕對般若不同混淆的理解。這是道、佛二家第一次合作的
契機，可説爲「以莊解佛」。

貳、佛道之劃分

隨著佛法經典傳入愈多，異域高人進入中土亦盛，甚至本土僧人西行求法，故
翻譯能真確表詮佛法思想之文字的要求自然形成。其中最重要的人物即是鳩摩羅什
〔註18〕、僧肇。前者飽讀佛經，尤其對大乘空宗龍樹之中觀思想造詣特別高，且精
通梵漢語言，故來中土時在長安「逍遙園」大開譯場，這是有史以來第一次有國立
之譯場。其翻譯出極多膾炙人口的經典。僧肇曾言其「法鼓重震於閻浮，梵輪再轉

〔註14〕見《高僧傳》〈竺法雅傳〉。
〔註15〕見《高僧傳》〈慧遠傳〉。
〔註16〕見《高僧傳》〈釋僧光傳〉
〔註17〕「六家七宗」之「七宗」是一、本無義宗。二、即色、遊玄宗。三、本無異宗。四、
心無宗。五、幻化宗。六、緣會宗。七、識含論。「六家」是指第一、二、四、五、
六、七。主要是由《名僧傳抄》載曇濟〈六家七宗論〉中得出，這當中之分際還有
所考證，可見《漢魏兩晉南北朝佛教史》之第二分第九章，頁二三八（駱駝，民國
七十六年）。
〔註18〕鳩摩羅什之父爲印度人，母是龜茲國王公主。生於龜茲國，初習小乘説一切有部阿
毗曇，後來轉習大乘佛教之龍樹中觀思想。前秦符堅曾遣呂光西征，意得羅什來中
土。呂光未回，符堅已死，呂光於是據涼州稱帝（後涼），羅什就在涼州住了十八年，
這也之所以羅什精通中土漢文的原因。直至後秦姚興征服後涼，才迎羅什到長安。
其傳有梁僧祐之《出三藏記集》卷十四（《大正藏》五十五冊，頁一〇〇。）《廣弘明
集》卷二三，僧肇之〈鳩摩羅什法師誄文〉（《大正藏》五十二冊，頁二六四）。梁慧
皎高僧傳卷二（《大正藏》冊五十，頁三三二）。唐房玄齡《晉書》卷九十五。

於天北」〔註19〕，梁啟超在《佛學研究十八篇》之〈佛典之翻譯〉云其貢獻：

> 譯界有名之元勳，後有玄奘，前則鳩摩羅什。奘師卷帙唯富於什，而什公範圍則廣於奘。……然其功尤偉者，則在譯論，論前此未或譯也，譯之自什公始，《智》《地》兩論，卷皆盈百，號論中王，《地》藉奘傳，《智》憑什顯，校其宏積，後先同符〔註20〕。

由於其本身之修學是由小乘入大乘，又識梵文，故能全面地翻譯佛經，又「智」是指《大智度論》，正是龍樹很重要的作品，用來解釋《大般若經》。鳩摩羅什翻譯這一大部論更由此確立中觀般若思想，亦是確立佛法本身義理，勿使失倫喪義。梁啟超又曰：

> 什嫺漢言，音譯流便，既覽舊經，義多紕繆，皆由先譯失旨，不與梵本相應，乃更出大品，什持梵本，興持舊經以相讎校，其新文異舊者，義皆圓通，眾心愜伏，什所譯經什九現存，襄譯諸賢，皆成碩學士，大乘確立，什功最高。〔註21〕

這裏所謂的「大乘確立」應指中觀思想。當時襄助其翻譯的有八百多人，不僅激起一股極盛的風氣，更造就一批人才出現，僧肇就是其最主要的弟子，這在佛教流傳上是有極大的正面影響，也使得「由莊解佛」的形勢有了決定性的轉變。

僧肇乃羅什弟子，其稟中觀「緣起性空」之義，在義理上辯明以往格義之誤，具有系統性、高度哲學意涵地著於《肇論》中〔註22〕，而此中亦對格義而成之「六家七宗」中三宗有所批判。但僧肇未出家前對玄虛老莊之學甚為喜好，曾感嘆老莊為：「美則美矣，然期棲神冥累之方，猶未盡善」。後見《維摩經》深以為歸，而出家為僧〔註23〕。所以其亦是位深熟莊子之人物，因此在《肇論》中常被認為仍有老莊之用語與概念，但因其能緊扣佛法義理，故不同於格義佛教。此時是劃分二家界線的時期，而以佛法為主體。但是佛道的關係依然存在著密切的關係，如和尚支遁就曾解〈逍遙遊〉而令人激賞〔註24〕。在《隋志》中列有惠觀、惠琳、惠嚴等佛門

〔註19〕見僧肇之〈鳩摩羅什法師誄文〉（《大正藏》冊五十二，頁二六四）

〔註20〕見梁啟超《佛學研究十八篇》〈佛典之翻譯〉，頁十二。（中華，民國六十年）

〔註21〕同註20書，頁十三。

〔註22〕僧肇事蹟可見《高僧傳》〈僧肇〉大正藏五十冊，三六五頁。《肇論》包括有〈即物不遷論〉、〈不真空論〉、〈般若無知論〉、〈涅槃無名論〉四論。於《大正藏》冊四十五。

〔註23〕《高僧傳》〈僧肇傳〉（《大正藏》冊五〇，頁三六五）。

〔註24〕支遁之事蹟載於《世說新語》卷上之下〈文學第四〉中：「莊子逍遙篇舊是難處，諸名賢所可鑽味而不能拔理於郭向之外，支道林在白馬寺中將馮太常共語，因及逍遙，支卓然標新理於二家之表，立異義於眾賢之外，皆是諸名賢尋味之所不得，後遂用支理。」支遁在當時與好玄學者多有交遊。見《四庫全書》，一〇三五～七三頁。

中人有《老子》之註解。是以，此時雖然佛教急欲站出獨立之位置，許多和尚法師亦多是老莊之解人。但是由於佛教尚在確立自己之理論體系，是以還未形成眞正之「以佛解莊」詮釋方式，佛與老莊的關係在整個六朝中就是如此活樣地演變著。

參、「以佛解莊」之詮釋類型與文化流變、個人用心

從「以莊解佛」至「以佛解莊」，前者爲佛教中人爲宣傳佛法，借爲格義之用，隨著佛教文化大量全面的進入，其自成體系的深刻教理，自然有脫離老莊而獨立發展的要求與條件。所以隋唐時期，佛教在義理上發展至顚峰，而甩落老莊〔註25〕，欲與老莊劃清界線。但就莊子而言，不管是道家本身的發展，或是道教將之引納爲經典，皆得面對佛教之壓力，或化壓力爲助力，或自成理路。但是由於佛道之間有著相似之氣質，又佛法之哲學體系完備，且架構龐大，因此常常是化壓力爲助力者多，運用莊子這個開放的詮釋體，將佛法化入使其詮釋空間做更大的發揮。循著這種密切關係引發後來在莊子學中「以佛解莊」的詮釋系統。佛莊之間，莊子從詮釋者變爲被詮釋者。但是以莊學爲中心言，同爲「以佛解莊」卻會因整個文化流變及個人立場差異，而形成重點與用心之不同。

在唐代以後，道教被定爲國教，莊子也被道教人士引爲道教仙人（被封爲南華眞人），並有三教辯論的情形，這種三教同競之文化背景下，以「以佛解莊」常是伴隨著援佛以重莊的態勢，如成玄英之《莊子疏》。成玄英乃是位道士，名爲南華法師，其爲莊子作疏已使用佛法之概念名詞，但是卻是站在道教的立場，吸收佛法以堅實其道教內部之義理，由此提出和儒家不同之應世方式，而與之相抗衡。這種「以佛解莊」的作品，一方面表示在唐代文化環境中，佛教已鼎立於三教中。將佛法參入詮釋莊子，以堅實道教、莊子的理論體系，是其作爲道教道士之立場。

宋代出現「以佛解莊」之著作是林希逸之《南華眞經口義》。在言及莊書時云：

> 大藏經五百四十函，皆自此中紬繹出。……必精於語孟中庸大學等書見理素定，識文字血脉，知禪宗解數，具此眼目而後知其言意。……又頗嘗涉獵佛書而後悟其縱橫變化之機，自謂於此書稍有所得，實前人所未盡究者。〔註26〕

〔註25〕道教在很早就引用老子爲其宗教經典，但是直到六朝還難得有道士研究《莊子》，到唐代才漸次重視起來。而道教在唐代義理發展特別之突出，這與開始重視消化莊子有很重要的關連，成玄英就是開此先鋒者。其疏莊意在唐代三教發展甚盛時，吸收佛學以抗儒家。見龔師鵬程《道教新論》中之〈成玄英《莊子疏》探論〉。

〔註26〕章太炎並不如此認爲，他認爲華嚴宗之法藏、澄觀、宗密等人所表現的法義，多有剽竊莊子之嫌。其《齊物論釋》序言：「往者僧肇、道生摭內以明外，法藏澄觀陰盜

宋代之文化主流在儒學，由其自序中可知，其匯結儒、禪為解莊之眼目。而且從佛書之體解中再悟莊子之機，更謂佛教大藏經全是莊書中來。因此其以莊子為中心，兼具儒、佛之素養，不將三者隔界。其「以佛解莊」如詮釋「莊周夢蝶」末句：「周與蝴蝶必有分」時曰：

> 此一句似結不結，卻不說破，正要人就此參究，便是禪家作話頭相似。
> 〔註27〕

又說明「虛室生白，吉祥止止」（〈人間世〉）時：

> 唯止則虛，唯虛則明，便是戒生定，定生慧之意。〔註28〕

雖然有如此之運用佛家、禪宗等概念，但是並非以佛法為主線所在，而多是附加比類而已。

明代陸西星（長庚）之《南華眞經副墨》有「以佛解莊」之形式，其自序曰：

> 竺乾先生，譚之西方，未始相襲也，而符契若合，故予嘗謂震旦之有南華，竺西之貝典也。貝典專譚實相，而此則兼之命宗，蓋妙竅同玄，實大乘之祕旨，學二氏者，烏可以不讀南華？緣督守中則衛生之經也。地文天壤則止觀之淵也。藏神守氣則食母之學也。忘言絕慮則總持之要也。〔註29〕

其自言「副墨」之書名是：「名之副墨，相與二家之說，參訂異同」〔註30〕。其將莊書視為道家之經典，是以，基本上陸西星是以佛教與道教兩者相參，認為佛道兩教是「符契若合」。這已然加入道教思想。

當儒道釋三家交互競爭之時，主要還是在佛教與儒家之間，因為道家與道教有所不同，而道家並無龐大之研究主流，大有只是配置為忘世、離世之角色。而佛教在義理的充份發展下，在中國已形成一宗教團體，其義理雖類於道家，可是內容之精密高超大有超越之實，因此文化之力量便大些。這樣的態勢，道家就處於儒、佛二者之間，時而作為調和之角色，時而引佛為類，或又被納為佛。所以基本上仍以佛道之關係較為密切。

又佛教理所當然地常被印上「外來者」的身份，加上出家為僧種種宗教行為與

> 而陽憎（……至于法藏澄觀竊取莊義以說華嚴，其跡自不可掩，自澄觀至于宗密，乃復剗剝教莊，其所引據多是天師道士之言，而以誣汙前哲其見下于生肇遠矣）。在論及「萬物與我為一」時，亦以為華嚴法藏之「無盡緣起」之理事無礙、事事無礙，皆來自莊子的啟發。見《齊物論釋》第一之六節和第五節。

〔註27〕見林希逸之《南華眞經口義》自序，頁三～四。（收於《無求備齋莊子集成初編》）

〔註28〕同註27書，頁一二一。

〔註29〕同註27書，頁一六六。

〔註30〕見《南華眞經副墨》，頁五～六。（收於《無求備齋莊子集成初編》，明萬曆六年刊本）

佛教義理是緊密的結合。這不同於道家與道教的關係，研究欣賞老莊之人，不一定是道士。而好佛者多稱爲居士，甚至出家當和尚。因此宗教行爲與義理緊密結合，常會造成與人間世有所隔閡。所以當此三家競爲主流時，佛教常是落居下風，或不爲歷史評論肯定欣賞。一個有文化的民族，其學術環境皆有其傳統，故要徹底捐棄一脈之傳統，並非易事。因此佛教落在這樣的環境中，尤其信佛者亦是中國人，所以提出學習俗學、善自他宗的理念，對自己而言，是爲中國與佛教之間做個安頓。對佛教傳播而言，是其生存、宣化之重要方式。由於這樣文化之遷變、競爭，遂造成明代末期佛教人士有「三教調和論」的產生。以「三教調和論」爲基調所作之「以佛解莊」，即明末憨山大師之《莊子註》，此由佛法中人提出，大有「以佛納莊」之義，與前面之「以佛解莊」不僅是比重之不同，更有歷史意義上的不同。

直到儒釋道三家文化之外的西方文化侵滲進來時，此三者之間的問題有了大的轉變，由於西方文化與原有文化是絕然不同的，佛教雖也是印度外來文化，但是其在人文和平之氣氛下進入交流，且經許多學者努力經營，故在衝擊上較不具殺傷力的。而西方文化是伴隨著船堅炮利之威而來。所以知識份子的眼光隨著民族自尊非置於西方文化上不可，因此也自然將儒釋道三家視爲一體，同是中國文化之資源，當同爲中國文化找出路，便時有以佛法來應付外來文化，以佛法爲救世之藥，興起研究佛學之風氣。此時又有爲莊子作詮釋者出現，作爲佛教居士楊文會之《南華經發隱》者、國學大師章太炎先生之《齊物論釋》。此兩人雖亦是「以佛解莊」，但是所表現的佛道關係，各有不同，又與明代的三教調和論相差甚多矣。

因此佛莊之間自來有著複雜軌跡交互參涉著，而每每在文化的融合、爭勝種種情形前顯其意義，是故「以佛解莊」之詮釋方式與文化之流變有著極大的關係，而且在這當中，詮釋者之個人立場，亦主導著「以佛解莊」內容之方向。是以，文化流變與個人立場，造就「以佛解莊」之詮釋內涵。

肆、單純「以佛解莊」者

如何來界定「以佛解莊」之類型呢？最重要一點應是：有自覺地引佛爲應，以佛入莊。「佛」是指佛教義理，包括經典、概念、名相，亦包含佛教之任何宗派。「莊」是指《莊子》一書之文字，並不含任何先在之概念。由這樣的意義來說，「以佛解莊」之類型是可分爲廣義和狹義二者而言。其取抉之標準在於是否全面、單純。所謂「全面」是指在廣度上全面以佛法義理、概念、名詞解之。「單純」則是專以佛法義理、概念、名相解之，而不加雜道教、儒家其他思想。

是以，從成玄英、林希逸、陸長庚到憨山大師、楊文會、章太炎，皆是「以佛

解莊」。但有廣狹之分：廣義者，雖然自覺以佛法解莊，但是並非單純只以佛解莊，而多是合三教爲解，或是隨義拈出佛法，又非全面以佛教之語言概念解之。這種情形即成玄英之《莊子疏》、林希逸《南華眞經口義》、陸長庚之《南華眞經副墨》。狹義者，即是全面且單純以佛法之義理思想佛教之語詞來印證莊書。這樣的詮釋類型較著名的是明末憨山大師的〈老莊影響論〉、《莊子註》，清末楊文會之《南華眞經發隱》，到章太炎的《齊物論釋》。

　　章氏《齊物論釋》在莊子詮釋學中是居於「以佛解莊」之系統，且屬於單純之「以佛解莊」。由以上之分析可知，以「以佛解莊」之內涵不同可察知文化之流變、個人用心。因此爲了更深刻了解章氏解莊之特色與用心，本文將以之與憨山、楊文會之「以佛解莊」互較。在比較之前，先具體的說明章氏之詮釋模式。

第三節　《齊物論釋》詮釋模式之分析

　　此節將具體地對《齊物論釋》詮釋方法之內涵，依三部份加以整理說明：一者，詮釋之體式。二者，詮釋之理路。三者，詮釋之存在感受。在說明前，先理解章氏對於符應會通之看法。

壹、章太炎對思想會通之看法

　　章太炎爲什麼要使用「以佛解莊」這種兩家相應之詮釋方式？之所以選擇佛法，無非是對佛法內容有絕高之認肯，且認定其與莊子可以互應。這些莊佛與章氏彼此間的關係當可在其學術歷程中尋得軌跡。此處所關心之重點在於：「以佛解莊」作爲一種兩家相應之詮釋方式，章氏如何肯定之？莊書之註疏史中最多只將「以佛解莊」視爲旁支，甚至是被批判之對象。由此章氏爲何要使用兩家互應的方式來詮釋？有何詮釋上之根據而使其如此？在《齊物論釋》序中章氏對其會通自言：

> 夫然義有相徵非傅會而然也。……然則拘教者以異門致礙，達觀者以同出
> 覽玄，且周髀墨經本乎此域，解者猶引大秦之算何者。一致百慮則胡越同
> 情，得意忘言而符契自合，今之所述，類例同茲。

章氏當時所處之中國文化環境，正值學習西風特盛，所以有將西方之學與傳統學問相證者，章氏引此佐證自己作此會通是以達觀者之心態爲之。且自說在會通時並非隨意傅會，而是取義之可相互徵明者，且認爲雖然在思想理路上有百慮之別、胡越之分，但卻又是一致而同情的；在語言名相上雖有華梵之不同，亦也能在得意忘言下而符契自合。章氏就依於此意義與認識，而「以佛解莊」。

再看其談東西聖人之異同時云：

> 世人或言東西聖人之心不異，不悟真心固同，生滅心中所起事相分理有
> 異，言語亦殊。彼聖不易阿㝹邪聲，此聖不易東西夏語，寧得奄如合符，
> 泯無朕兆？精理故訓，容態自殊，隨順顯相，意趣相會，未有畢同之法也
> （一、六）。

這就是「一致百慮則胡越同情」之更精確之說法。章氏認為東西聖人在真心上是
同一的，但在對應之生滅心上就無法畢同。生長於不同文化、地域等等不同因素
之故，因為生滅心是緣起變化的，不同之緣起當然成就不同之事相分理，所思考
所建構出的向度必有所不同，所以東西聖人在事相上並無畢同之理，最簡單地，
從使用之語言文字絕然不同就可看出。語言文字因文化之差異，本來就是不同，
而名實之關係亦本不必然堅密，是處於「名不即是實，但卻藉名以顯實」關係上。
所以「名異」不一定代表「實」即不同；「名同」亦不一定代表所指涉之對象（實）
相同，這是「名不即是實」實相。但是亦不因此，任意一名亦可配隨意一實，而
混亂了依俗所立之名實基本的關係，亦即「藉名顯實」之作用，是故章氏批評云：

> 執名為實，名家之封圉，淫名異實，狂人之夐愚，殊涂同歸，兩皆不可
> （一、六）

這運用在不同語言文字上時，名之相異是必然的，而其所指涉之對象不一定是不同，
再加上承認彼此「真心」之同一的，有了這一面的鬆開，相互了解與會通就成其可
能。但是又得避免「淫名異實」之互相混亂、不當地傅會，亦即知「生滅心」之本
不畢同，各有緣起，亦無法隨意比附。是以，不能執名為實而要得意忘言，但得意
忘言卻也不能淫名為實，能夠避免到這兩種極端，方是得意忘言之真意。

依此真心、生滅心與名實是一是異的關係，亦即一致百慮與得意忘言之真意，
才能成就真正之會通，而隨順顯相，符契自合、意趣相會。隨順顯相是承認生滅心
之不同、認肯藉名顯實之一定連繫，而隨順東西聖人之名言事理，於其當中尋求意
趣相會者，則是體認真心之同、名不即實之實相義而成。這二面均具，方使會通成
其中道。

章氏基於如此「亦同亦異」之認識，運用於詮釋〈齊物論〉，以其成為一「以佛
解莊」之著作，當然著重在莊佛之符契自合、意趣相會之處，而在此當中章氏亦隱
然發見華梵之不同、莊佛之差異，而在《齊物論釋》中點綴地提出，這部分只在文
字運用上分別之，並未涉及義理部份。但由於其有生滅心不同之認識，才有隨順顯
相之說。這種隨順顯相之體認亦正是齊物之用精神所在。齊物之至，本自不齊，即
是隨順眾生以利導眾生，章氏亦以此精神提昇重視莊子之地位，並對其後來正視儒

家有著重要之意義。

　　至於如何隨順得不混亂，章氏引《墨子》對名實同異之分析，而認為中道之行就在於能夠取擇「同多異寡」者，亦即能在文字名相上比應符對者，充份運用文字之多義性來分析。

　　是以，章氏很注重生滅之差異性，由其為學不喜空言汗漫亦可知，所以即使是莊佛兩相符應，亦能呈現一份嚴謹性，自有其選擇符應之理，亦能拈出其差異性，而予以適當之解釋，例如章氏說莊生不說涅槃，僅以逍遙輪迴為樂，他自己便以菩薩入世不入涅槃來解，並以為是適應中土民性之機，故有別於印度之民族性；認為釋迦玄言，超過晚周諸子甚多；判儒家重於世間法，終乃以儒家作為教化之主軸，且明言佛法不能應世。諸如此類，皆各有判準而不含混。是以，用佛法來融通時，對儒、道、釋之間的分際差異仍然很清楚。

　　此種「會通」之思想，亦即是「和之以天倪」，在《齊物論釋》中，章氏已有具體成形之體會。而且曾自負「能操齊物以解紛，制割大理，莫不順遂」，這就是使用「和之以天倪」之觀念來判攝各種思想。「和之以天倪」簡單言之，天倪即所有種子、種種界，所有種子雖為虛妄法之因，卻能由此轉識成智，由此衍生之百家思想，雖不一定全部為正見之所在，但卻必然與正見、究竟義有所關聯，甚至是反見，亦有與正見相反之關聯，因此對各種思想其內在所依所據所限所長考察清楚，進而將彼此相當者予以融合會通，隔閡者予以各歸其位，而成就森然萬象之理路（並非豎一單獨之極理），由此森然萬象之理中，亦能從其所共同之交會合通者處，所謂「諸局於俗諦者，觀其會通隨亦呈露眞諦」、「假實相盪」（五），而為核心、道樞之所在。因此和之以天倪之會通方式，既能保住各種思想，知所分判，亦能同顯核心所在（本論文第二章第三節，有詳細討論）。

　　對莊佛而言，章氏顯然認為兩者皆能同顯眞諦，而作直接之會通，並非假實相盪式的會通，而是實與實之間的相證式的會通，因為互證之故，更能顯明兩家之精義。

貳、詮釋之體式

一、泯遣性語言之使用

　　〈齊物論〉之語言迷漫著追尋、反問的氣氛，這樣的氣氛發出一種質疑之意味。稍進一步解，即呈顯普遍推翻之企圖；稍退一步解即呈顯普遍保存之無限。恰能展現出同時成立之兩面。以佛法言，前者乃畢竟空，後者為畢竟平等，兩者是相極相成的。但是對於眾生之執有卻不自知之情況下，析透虛妄而遣執之，勢必要先明之，所以佛法說無我，正乃從根源上先打破無始以來之迷妄，此乃佛法之核心思想，而

〈齊物論〉一開頭就說「喪我」，以及對於世間相待之名言、知見的質疑，所以兩者在遣執虛妄上皆不遺餘力，章氏引佛而解莊，亦掌握莊佛思想間之關聯，以及泯遣之先聲，所以在語言使用上亦循名實相符之理，充份破遣而不輕易以真、常住、不生滅而說。

　　由章太炎首標齊物要旨時所使用的語言方式，應可了解到其語言使用之端倪。為了說明，再引其原文來看：

> 齊物者，……蓋離言說相、離名字相、離心緣相、畢竟平等，乃合齊物之義次。即《般若》所云：「字平等性、語平等性」也。其文既破名家之執，而即泯絕人法，兼空見相，如是乃得蕩然無閡。(釋篇題)

章氏在此用了遣執的方式：離言說、離名字、離心緣、破名家執、泯絕人法、空見相等。也用了肯定、正面的文字來說明：畢竟平等、字平等、蕩然無閡等。而遣執性語言則多於正面性方式。又齊物之義次之前三個皆用「離」字，代表著在實踐上全是泯遣之功夫，而此四項義次，是引自《大乘起信論》，但在《大乘起信論》之本文中接下來還有：「無有變異，不可破壞」，章氏沒有引用，或可知解為其避免使用如此著重不變不壞之語言。雖有為了符應莊文中說「真君」者，而舉出如來藏為「正言不生滅體」(一、二)，但仍冠以「正言」標示其並非單純之不生滅，而能「不生滅而隨緣生滅」，所以為了保證泯遣虛妄能即成自性清淨，為了泯遣「斷滅見」，才言有一心、如來藏、有我者。是以章氏對於有我、無我之看法，是掌握住無我、人我法空之核心，在實踐過程中一再化執，而終乃為了再化掉有一「無我」之執，而於語言上再轉說為清淨之有我。因此整個詮釋過程中一再地泯遣虛妄，至極盡時不得不翻為「平等」、「一」之語言。所以章氏是以偏重否定、遮遣之文字來說明齊物的精神，說至盡處，又終結究竟於「無」，在此究竟處之同時才不得不即否定而成就肯定，但此種肯定是呈現「畢竟平等」、「蕩然無閡」、「一」這樣一展平闊的意象，如：

> 所謂一者何邪？《般若經》說諸法一性即是無性，諸法無性即是一性，是故一即無見、無相，何得有言？……一種一事一聲泊爾皆寂，然後為至，所因者何因，其本是一也，此說齊物之至，本自無齊，即前引《大般若經》所謂「不可說為平等性，乃名平等性也」。(一、六)

「一」乃指「萬物與我為一」之「一」。用「一」表達時，章氏認為不夠，故又將之歸為「無」，是以說「諸法一性即是諸法無性、無見、無相、無言」，特別強調「無、寂」之義境，以為在此即齊物之至、究竟處。以「無、寂之究竟」置於作用上時，當下即時舒展為「本自無齊」、「畢竟平等」之義境表達。為了不忘失這樣的關係，

使用更圓融地說法，章氏即引《般若經》之話來圓融表達：「不可說爲平等性，乃名平等性也」，這也是佛教對般若空理最尋常亦最重要的詮釋方式。是以，要說其正面肯定時亦須極力透顯「無」、「不可說」之遣執。章氏這樣處處以遣執語言來說明，關乎二點原因：

一、因爲運用了大量的佛法無我、般若空的概念來說明齊物。

二、章氏能善爲掌握空性，而能名實相符地將過程精確地表達。因遣執的方式，形成遣執之過程，方能眞確清楚地表達出齊物之精神。過程的正確與否，對於結果的是否純正有絕大的關係，而且在表達「齊物」的過程中，是應對於萬事萬物的，所以需要遣執的地方自然變多了，遣執的語言也就需要反覆地使用。而被少數使用的正面的語言，則是用來保證無我顯眞我，或表示發揮大用、利益世間。如要圓滿表達則須兩方具備，但卻得以遣執、泯絕爲前提，爲一切之基礎。

二、與佛法名相之符應

「以佛解莊」本就是以佛法詮釋莊文，在運用佛法來詮釋時有一種很重要又簡要之方式，即是名相之符應。

由於名相具有豐富之內涵，能以簡馭繁，在運用上很能立顯其焦點與效果，所以章太炎以佛法詮釋〈齊物論〉莊生之思想時，處處皆有名相符應之詮釋。由於佛法本身已發展爲一整體縝密之思想系統，所以衍成很多或系統化或階次分明之各種名相，舉一名相則可能帶出一套觀念、或一組名相。然莊書之文字並無太多這種情形，或有坐忘、心齋、喪我等算是，但其內涵並無系統化的情形。也正因如此，各種語詞不會受限於固定系統中，而可以增大其寬闊度以及容納其他系統之能力，對章氏而言，莊生與佛法的關係並非對立地存在，亦非用來比較的，以莊文寬闊容納之條件，實以佛法縝密成套之名相系統，無疑是相得益彰，得一知己。

能「以佛解莊」首先要突破的就是文字名詞上的相應，兩個文化之對觀，在文字語言上，自然要具有「得意忘言」之精神，章氏亦在其序中強調此點。所謂「忘言」並非指不同文字（華梵）間忘言，而是指已翻譯成中文之佛教名相（包括音譯、義譯）與莊生名言之忘言。「得意忘言」之眞意是須避免「執名爲實」與「淫名異實」之兩種極端，所以章氏在強調打破名言之拘束時，仍是時時證明兩方文字意義之相符應處，以避免落入淫名異實之放任。是故，章氏運用此「得意忘言」之眞精神在符應莊佛時，認清名實亦同亦異之關係而忘言，此忘言乃開放文字詮釋之多義性，不使名言僵化固定，而得意義之會通。就符應之形式概分有二類三種：一者是訓詁字義加以說明符應者。二者是不以字義訓詁，直接說明符應者，此中有文字相當者，

文字不相當者二種。前者則是引經典、字書、或章氏自爲訓詁，來說明字義上與名相得以符應，而證成其意義之合契；後者不於字義訓詁上比對說明，而是取其意義、起因、作用、特性等等之符應。這兩類均是藉開放文字之多義性而得其意義之合契，亦即依「得意忘言」之眞精神來符應。

今各略舉其例以明之。再以章氏符應心王、心所、十二緣起等名相之符應，來綜合說明上面三種方式之運用。由此來全面觀察章氏之名相符應。

（1）訓詁字義加以說明符應者

對於不能一望可知，章氏運用經典、字書來對於字義加以訓詁，證明此兩者名言可相符應。今舉第八識與靈府、靈臺之符應來說明。

唯識宗稱阿賴耶識（章氏皆用「阿賴邪」，同音但翻譯之用字不同故）者即是八種心識中的第八個〔識〕，代表最根源、隱潛之心識。阿賴耶識是較常用的名相，或以第八識目之。因其特性處在可淨可染、轉染還淨之集中點，可由多種角度之意義來說明，且又隨著歷史流轉、學者之思想系統不同而有偏重某種意義的情形，因此對之產生不同之名詞，故中土翻譯時并有幾個不同的音譯：阿羅邪識（阿賴耶、阿黎邪）、阿陀那識、菴摩羅識。「阿賴耶」與「阿羅邪」義譯爲「藏」，含藏一切種子之義。「阿陀那」義譯爲「執持」，執受生命微細的精神作用，以使生命之流延續不失。〔註31〕

章氏就依阿賴耶識不同之名相意義，依訓詁的方式，各配以莊子的名相曰：

> 亦喜觀：詳佛典說，第八識爲心體名爲阿羅邪識，譯義爲藏，亦名阿陀那識譯義爲持，莊子書〈德充符〉言靈府即阿羅邪（《說文》：府，文書藏也，府、藏同義〔註32〕〈庚桑楚〉言靈臺即阿陀那（臺本訓持，見《淮南注》及《釋名》〔註33〕。此靈臺者許叔重、郭子玄皆說爲心，《釋文》靈臺謂心有靈智，能任持也。）（一、一）

〔註31〕《成唯識論》卷三：「然第八識雖諸有情，皆悉成就，而隨義別立種種名，謂或名心，由種種法熏習種子所積集故。或名阿陀那，執持種子及諸色根令不壞故。或名所知依，能與染淨所知諸法爲依止故。或名種子識，能遍任持世出世間諸種子故。此等諸名通一切位，或名阿賴耶，攝藏一切雜染品法令不失故。……或名異熟識，能引生死善不善業異熟果故，……或名無垢識，最極清淨，諸無漏法所依止故。此名唯在如來地有……」這裏共立了七種異名，以種子識爲中心，從各種偏重的角度而有所不同，且依各別不同的修行層次、階位而說。這些異名異譯亦可提供我們了解：阿賴耶識性質轉變的情形。《大正藏》冊三十一，頁十三下。

〔註32〕章氏在一、六節中亦說：「又言靈府（〈德充符〉），府有藏義（《說文》府：文書藏也，《曲禮》注府謂『寶藏貨賄之處也』，天官宰夫府掌官契以治藏。）相當梵語之「阿羅邪」（亦作阿賴邪、阿黎邪），此則意相會合者。

〔註33〕《淮南》注指《淮南傲眞訓》注「臺簡以游大清」時，注臺猶持也。《釋名》是指《釋名・宮室》中云：「臺，持也，築土堅高，能自勝持也」。

府、藏同義，臺、持同義，所以「阿羅邪」是含藏義，即合「靈府」，「阿陀那」是執持義，因此即是「靈臺」，又即是心，在心王心所法中第八識是心王之一，當然亦可說是心。另外章氏又引《墨子》中之必謂「臺執」，而臺持即是持執之義，用此來證成臺即是執持，故靈臺即是「阿陀那」。

　　第八識所用之名相皆是音譯字，文字無意義可言，本無相符之可能，章氏則引《說文》、《釋名》等等古籍來訓解其字義，而將靈臺、靈府之字義訓詁來與佛法名相之意義相符，達到「以佛解莊」。

（2）不訓詁字義，直接說明符應者：

　　一是：文字相當者：對於用一個佛法名相來符應莊書之語詞，章氏有時並不特別說明其理由，就直接了當用之來符應。這是因兩方之文字一看即很是相似，所以就直接將莊佛加以符應。以意與言明之，即是既得其兩意之合契又得其兩言之相應。例如說「喪我」即是人我法空時，云：「名相所依則人我法我爲其大地，是故先說喪我，爾後名相可空」（一、一），這是直接納進去談的方式，顯然章氏認爲人我法空亦即無人我法，在字義上又顯然與「喪我」是一致的。他在符應之時，並不是先研究莊子有一喪我之義，佛法又有「人我法空」之定義，然後將此二者加以比對，看看雙方是否相符，然後再加以符應。而是以佛法之理觀之的同時，又見其字義相當。

　　章氏又引〈庚桑楚〉篇之「靈臺者有持……，業入而不舍，每更爲失」，云：「且其言持、言業、言不舍，非獨與大乘義趣相符，名相亦適相應」（六），阿陀那識有執持義，如果不是音譯，而是義譯的話即當譯爲「持」，所以〈庚桑楚〉之「持」即合此名相；而「業」即合佛法所謂惑業苦之業，這些不僅在意義相應，連名相亦是相符。

　　二是：在語詞上不相似者：在文字上兩者並沒有很相似之名相，又在符應之詮釋時，並未引用經典來訓詁其字義，多取其整句文意或字義上在義理、起因、作用、特性等等內容意義之相類，此乃是大大發揮文字多義性而成就的，因爲內容意義並非全然無關語詞之意義（否則何來內容意義之相符？因爲內容意義終究是須藉語詞意義而顯），就因其文字多義之空間極大，所以可以塡入的義理亦多，再加上沒有特別以經典、字書來訓詁字義（表示有古證），更增加其空間。這種形式，章氏隨文符應使用極多，或可爲整句文意之符應，或可爲文字多義性之符應。如果不限於佛法名相之符應，而泛至佛法義理之符應，則更是隨處可見，因爲這正是「以佛解莊」之當然，以其爲當然，所以不特別拈出說明。在此是專就名相言，其例有：說「吹萬者」即藏識（一、一）。說〈知北游〉篇之「物物者與物無際」之「物」即是相分；「物物者」即是見分（一、一）。說「成心」即是識中種子（六）。色根、器界、相名分別悉號爲種，即天倪義（五）。「忘義」是斷所知障（五）。說「法爾道理」亦猶

老莊之「自然」（六）。又謂中國沒有「法性」之名，所以以「天」代「法性」之名，天即是法性（七）等等均是。

　　在辯明莊生並不認為有個「無」為萬物之母、源頭時，章氏運用「得意忘言」之方法詮釋得極具代表性。一般皆認為道家說明萬物之生成時，是以「萬物生於有，有生於無」之進程來表達，在佛法中此卻屬於常、斷見之斷滅見，「以佛解莊」之章氏必不能讓莊生有斷滅見。但〈庚桑楚〉篇卻有「萬物出乎無有，有不能以有為有，必出乎無有，而無有一無有」之文，因此章氏便重新詮釋此文，使其合佛法義。其認為所謂「無有」是指法執、偏計所執自性，因為法執、偏計所執自性是本空的，而非有一「無有」之存在作為萬物之根源。所以：

> 故知萬物出乎無質，質既是無，即萬物現相有色、有聲、有香、有味、有觸者唯是依他起性，屬於幻有，故曰「無有一無有」。（六）

因為「無有」是指偏計所執自性，是本空，所以由此而生之有是幻有，本空而生幻有，所以說「無有（偏計所執自性）一無有（即幻有，「一」代表有，「無有」代表幻）」。以其生幻有似是萬物之源，但實則本空，故不成其根源所在。其取「無有」是將之視為形容表達虛妄不實之狀況，而來符應偏計所執自性、法執之本空。又引〈天地篇〉之：「泰初有無，無有無名，一之所起，有一而未形，物得以生謂之德，未形者有分，且然無間謂之命。……」，而曰「無謂質」，此則指質之實相為無，是以「無」表「質」。另，以「一」為心、一眞法界；「有分」即是藏識，由此證成莊生所說的是萬物本無，但仍有唯心義，故非斷滅見（六）。此皆章氏緊扣佛法義理，不單舉文字之字義訓解之說明，直以佛法名相符應。

　　又舉第八識例子說明，第八識轉識成智時就轉稱為菴摩羅識。「菴摩羅」識義譯為無垢，最清淨，無漏法所依止之故。章氏對於菴摩羅識之符應曰：

> 〈德充符〉說：「以其知得其心，以其心得其常。」「心」即阿陀那識，「常心」即是菴摩羅識，彼言常心，此乃謂之眞君，「心」與「常心」業相有別自體無異，此中「眞宰」、「眞君」，亦依別說。冢宰更代無常喻阿陀那恆轉者，大君不可廢置喻菴摩羅不變者。（一、二）

這裏又繞回〈德充符〉說心即阿陀那識亦即是眞宰。因為眞宰之「宰」依「冢宰更代無常」有變化不居之義，而且次於「君」，並非至高、不變常存的，所以符之於阿陀那識執持一切如瀑流恆轉之種子〔註34〕，而有無間斷執持之義。菴摩羅識是清淨無染、不生滅體、不變者，而「眞君」、「常心」，眞、常，亦是不變之意，故常心就

〔註34〕《攝大乘論》：「阿陀那識甚深細，一切種子如瀑流，我於凡愚不開演，恐彼分別執為我」。《大正藏》冊十六，頁六九二下。

即是菴摩羅識亦即是眞君。阿陀那識與菴摩羅識是同樣指涉第八識，而有不同角度的名義，章氏也將之符應於心與常心，眞宰與眞君。所以莊子所說的「眞君」、「常心」亦即是證得菴摩羅識，亦即是如來藏。

在眞宰、眞君意義之對舉下，以阿陀那爲眞宰、心；菴摩羅爲眞君、常心。眞君、眞宰直接以字義爲證。心與常心之用法很是廣泛，章氏常隨著佛法義理而依其相對概念才定出符應之對象（心與常心相較，則前者爲變動、後者爲不變）。

總之，這種符應沒有經典訓解之證，相對地亦無有經典訓詁之限，所以更可以發揮文字之多義性，也因此納入佛法名相的空間亦大。

今再舉二組名相之符應綜合來看其符應之方式。一組爲心王、心所法之名相；一組爲十二緣起之名相。

在〈齊物論〉中說明天籟時，有「大知閑閑、小知閒閒」等等句子，郭象《注》認爲此乃表示萬象之各各差異〔註35〕，是說明「天籟之無方」，只是平面地展現其差異性，並無判斷爲黑暗面之義。成玄英《疏》則認爲是：心逐萬境而產生之種種象狀，是虛妄不覺的〔註36〕。最終須是「起心慮度，不如止息」，「欲明世間萬法虛妄不眞，推求生死，即體皆寂」〔註37〕，這便是由心之與境產生之萬狀來說，且是不覺之心所生虛妄之相。又明憨山之注莊言：「此一節形容舉世古今之人，未明大道，未得無心，故矜其小知以爲是，故其所言若仁義、若是非，凡所出言皆機心所發，人人執之至死而不悟」，亦是由機心之執所發來說。而章氏不僅認爲是心之妄現，且將之更進一步地符應唯識之心王、心所之名稱，認定其各爲某一心、心所。而後總歸爲唯識所現，無有心、心所之分。其曰：

> 「大知閑閑」，〈簡文〉云：「廣博之貌」，謂藏識同時兼知也。「小知閒閒」，〈簡文〉云：「有所間別」，謂五識不能相代，意識同時不能有二想也。……
> 「其寐也魂交」，謂夢中獨頭意識也。「其覺也形開」，謂明了意識及期位獨頭意識也。（一、一）

諸如此類，又云「縵」爲散意、率爾墮心。「窖」爲尋求心。「密」爲慧。「其發若機

〔註35〕郭象將之注解爲：知之不同、言語之異、寤寐之異、交接之異、恐悸之異、動止之異、性情之異、事變之異等等各種有差異之象。
〔註36〕「其寐也魂交，其覺也形開」成玄英疏爲：「凡鄙之人，心靈馳躁，耽滯前境，無得暫停，故其夢寐也，魂神妄緣而交接，其覺悟也，則形質開朗而取染也」。「與接爲構日以心鬥，縵者、窖者、密者」，《疏》爲：「交接世事，構合根塵，妄心既重，惛日不足，故惜彼寸陰，心與心鬥也，其運心逐境，情性萬殊，略而言之，有此三別也。」，接下來的疏解均大略是此意。
〔註37〕見成玄英疏，「旦暮得此，其所由以生乎」下。

栝，其司是非之謂」是作意；「其留如詛盟，其守勝之謂」是等流心、定。「其殺如秋冬，以言其日消」者是等流心專緣一境；「其溺之所爲之，不可使復之」，是等流心專趣一相。「其厭也如緘，以言其老洫」是定心靜慮，無想滅盡二定。「近死之心莫使復陽」是生死位心、悶絕位心。「喜怒哀樂」等等是輕安心、煩惱心。章氏使用的是唯識「五位百法」之名相，唯識宗將萬法束簡成五種大類，此五類又分爲一百個小類，故稱「五位百法」。亦即：心法八種、心所有法五十一種、色法十一種、心不相應行法二十四種、無爲法六種〔註38〕。心法之八種即是八識。心所有法又分爲遍行、別境、善、煩惱、隨煩惱、不定六類。此中有五種心所爲「徧行五心所」，是指觸、作意、受、想、思五種，心起動時此五種心所是應時俱起的〔註39〕。另外，意識要與前五識發生作用則有率爾墮心、尋求心、決定心、染淨心、等流心五位。章氏集中提出心法、心所有法來詮釋，以說明其心量之各別。

　　章氏之符應唯識之心、心所時，並無縝密之秩序感，所符應之名相亦無法全舉，且零散參差，是其必然得受制於莊文之故。但其大概之流化：是要舉出從藏識、前六識（心法）之起轉而衍出不同之心量（心所有法）。八識皆在則流轉不駐，意識了知辨別，其符應的有意識之「明了意識」、「獨頭意識」（包括散位與夢中），此皆屬心法。心所有法上，其符應者有：五遍行心所之作意、觸、受、想、思。前六識作用下之率爾墮心、等流心。以及別境心所之定心所、慧心所、善心所之輕安心所，煩惱心所，再而心不相應行法之無想定、滅盡定二種。

　　此組心王、心所之符應之方式，是參差無序的符應，支散分離地被章氏循著莊文之意而符應，無法按其本在佛法上之系統來解釋。但其中亦包含上述二類三種之符應方式：有以文字之多義性而加以合契的，亦即第二類之第二種。例如「與接爲搆日以心鬥」就符應了作意、觸、受、想、思五遍行心所。云：

> 「與接爲搆日以心鬥」，接猶觸受，謂能取所取交加而起，二者交加則頑
> 違無窮，是名「日以心鬥」。〈庚桑楚〉篇云：「知者接也，知者謨也」，彼
> 「接」亦謂觸受，並即近人所謂感覺。被「謨」從規摹義即是想（相謂取
> 像）。彼「謨」從謀慮義即是思，《墨經》說接爲親，是即現量。說謨爲說，
> 是即比量。（一、一）

其先解「接」符應於「觸、受」，因爲「接」有相接、兩方之意，故引爲能取、所取兩者相遇。遍行五心所之觸，是指根與境之相觸產生識，而起心動念，是心念妄動之一因。又有日「接受」者，意即說「接」時，「受」常與之相連而來，故又與受心

────────────

〔註38〕世親造有《百法明門論》，即明此「五位百法」。《大正藏》冊三一。
〔註39〕其有四種遍行：遍一切性、遍一切地、遍一切時、遍一切俱。

所符應。受遍行心所是納受之意，有樂受、苦受、不苦不樂受，亦即心之感受。因為「接」即是「觸、受」，所以由此觸、受產生無窮之對立與心念之流轉，故說為「日以心鬥」。「日」表無窮；「鬥」即有相對意。章氏只引五遍行心所中之觸、受二個名相就衍發成心念不斷之流轉，難免不符唯識本有之體系，故再引〈庚桑楚〉篇之「知者接也，知者謨也」，使「接」與「謨」有連同性而引申之，將「謨」之多義性參入：章氏說「謨」有規摹義、謀慮義，前者有「相」義，「相」又引為取像，亦即見分所取之「相分」，如此即符應於「想」。後者謀慮義，則符應於「思」。因此，「接」就可以包納遍行五心所中之觸、受、想、思四個之意義。

又如對「其厭也如緘，以言其老洫」曰：「厭讀為擪，按也。洫讀為侐，靜也。此謂定心靜慮如老者，形志衰而嗜欲息，無想滅盡二定亦在是矣」（一、一），取其按止、靜息之意而說無想定、滅盡二定亦在此中〔註40〕。這是以讀音來訓詁其字義者。又例如說「其發若機栝，其司是非之謂」即表「作意」。這是不以字義訓詁而說明，且文字上並不相稱，是直接以文意而符應者。再如說「縵」而曰：「〈簡文〉云：「深心」，此即是尋求心」（一、一），又以字義之訓詁為符應。說「生死之心莫使復陽」，即是生死位心、悶絕位心。亦即由文意之義境來符應的。

十二緣起這一組名相之符應：十二緣起為佛法重要概念名相之一，是為：無明、行、識、名色、六入、觸、受、愛、取、有、生、老死。乃說明緣起現象之程序、生死輪轉之過程。章氏認為在〈庚桑楚〉篇中亦有此十二緣起之意義：

> 〈庚桑楚〉篇云：「……請嘗言移是，是以生為本（前有之生也），以知為師（無明、行、識三支通得云知），因以乘是非（因識以起彼此之見，則心物之宛殊矣），果有名實（名實即是名色亦兼六處，知為因，名實為果，即識緣名色、名色緣六處也），因以己為質（己謂身根，因是名色六，由

〔註40〕所謂無想定，是指第四禪之後偏重無想、滅想之修禪法之徑，是正規四禪八定之歧出。天台智者大師曰：「……二者外道行人，雖得四禪，而見有心識之患，欲求涅槃無想寂滅，不如（案，此似應作「知」）破色，直用邪智滅心，入無想定」。入此定者，是對於心識生滅有了厭患感，遂要滅其心識，使心無憶想，急證涅槃，殊不知此有厭、急滅之心是因為無法如正見實相，正乃「邪智」，而非般若中道正智，何況滅其心後，進入無憶想狀態，而無法再進修更高之禪法，捨命時將生色界之無想天中，仍在三界中生死，不得解脫。（見《釋禪波羅蜜》卷六，頁一五七、一六九、一七八。中華佛教文獻編撰社，民國七十年）。所謂滅盡定，此乃修至四禪八定之最高：「非想非非想定」時，進而更破遣最後剩餘之受想，而成就真正之空性，不再受後有，故又稱為滅受想定。此乃大阿羅漢所有，是佛法小乘禪法之最高點。此處「無想定」與「滅受想定」皆有無想之義，但因前者不能究竟如實，而歧出。章氏以乃「無想」義符應莊文之息、老義，前者定義是嚴謹，而後者取其意象太過寬鬆。只是章氏言「亦在此中」，表示除此二種定外仍可包納其他者，此乃自知情況如此。

是起觸，觸以身根爲質），使人以爲己節」節者，字本作已，《說文》已，
瑞信也，非彼無我，以觸彼故方知有我，是使所觸者爲能觸者之符驗也，
故次得受、愛、取、有四支），因以死償節（償已猶持已者，事己則致已也，
觸、受、愛、取、有既了，所作成辦，乃以死償節，則更趣後有之生死二
支）。（六）

章氏將之理解爲「師」即無明、行、識。「名實之果」即名色、六處。「己爲質」即
產生「觸」。「己節」即「符驗」，亦即指由相觸而產生之受、愛、取、有。「以死償
節」即指從生、老死，而成爲一循環。章氏在此中除了以《說文》訓釋「節」本作
已，爲以字義訓釋來符應外，其餘皆是以文句之意義及文字多義性來作符應。

與佛法名相之符應，章氏在形式上運用此二類（三種）方式，首先一類即是在
字義上訓詁說明而符應者，是章氏爲了在相符應時證明文字定義是有所根據的，以
表明並非淫名異實。他引有《說文》、《釋名》及其他先秦古文等典籍，或依自己之
文字學之素養而直陳的情形來訓詁字義。第二類則是並無特別作字義之訓詁，一種
是因在文字上與佛法名相很是相當，故直接呈現，但這種情形畢竟少數，畢竟在歷
史上佛法曾企圖脫離老莊之格義，鄙棄用老莊之名言來說佛法，並自成一套體系名
相。第二種則是在文字上並不能立刻知道，但章氏又無特別在字義上加以訓詁，於
此章氏則不執著固定某一定義，而充分運用文字本身之多義性或整個之文句意義，
循著其詮釋之理路而符應佛法名相。這一種是章氏使用最多之方式。以上這些方式，
其實都是以「得意忘言」之眞精神，藉著文字多義性來充份發揮詮釋之開放度，實
以佛法之義理。

雖然在上面之舉例中，可看出章氏在符應名相時，在很多方面似乎無法一一、
順序、全面地符應佛法名相之系統，這是章氏本知之情形，否則亦不用「得意忘言」
了。因其「得意忘言」之尺寸自成體系，由其自己循著佛法義理而操之在我。以這
樣旳自成結構、用心若揭的詮釋，是不需要予以共同、客觀之檢驗的，況且「得意
忘言」之義已標示出名實間亦同亦異之廣大空間，欲尋一定點與重心說爲客觀是不
存在的，因此檢驗其詮釋之正確與否，便成爲不實在之舉。相對性呈顯客觀而成主
觀之客觀，使客觀與主觀參贊互成，以此了解章氏之詮釋方是正途。所以章氏這樣
的名相符應，重要的是其在符應當中所展現之莊子認識。因此對於帶著充份主觀之
客觀符應，章氏有著深刻的自我肯定，對於佛法名相之符應，甚至曰：「雖以玄奘窺
基之辯，何能強立異同哉？」（六）舉出唯識宗大師來與自己同較，證明符應之當然
無異。他於十二緣起之符應後云：

此所引者乃老聃說，與十二緣生大體相符，且譯者所用因果二名，尚由莊

　　子，……輒以孔隙之明，妄非先達，駬孰甚焉？」（六）

自許爲莊子之代言人，起而護衛辯護莊生，大有「當仁不讓」之勢，這是做爲一個詮釋者之正當立場。而且在此符應當中，本是靠佛法來理解莊生，故莊佛說是相等，實則確是以佛之理實莊生之名言，但是章氏似乎也從此符應中，撿尋一二莊生足以與佛法並立之處。

三、以佛典證應詮釋

　　章氏詮釋〈齊物論〉時多有直引佛典來說明莊意之方式。引用佛典符應與名相符應有所不同，前者是取佛經內較長之文句以顯較全面之意義來作說明，後者則是以單句名相、字義來說明。當然，所引佛經之文亦常有名相，章氏亦取其來作符應。不過，這裏主要強調的是形式方式上的不同，以及比較全面的符應。而佛典之符應顯然是以引經據典來全面說明佛法與莊生之相通。由於引用佛典時，其文句長多，所以帶出來之義理內涵則較全面，符應會通之程度益相形地增大。另一面亦可因此從章氏所引之佛教經論中，看出其運用佛典之偏重所在，了解章氏在詮釋莊書時，於佛法義理上的取擇。

　　章氏引用佛典時，有直接明此文正合莊文某文某義者，如說齊物乃不齊之齊時云：

　　　　是故，〈寓言〉篇云：「不言則齊……」《大般若經四百一十八》云：「若於是處都無有性，……」又云：「非一切法……」此義正會〈寓言〉之旨。（解題）

另外在說時間是心執而有時，先舉〈知北游〉、〈則陽〉兩篇之文句後，就接引《大乘入楞伽經》，後即直言「皆此成證」（一、一）。這是作爲證驗與莊文相應之用。又，說莊子所到之境界時，引《起信論》、《大乘入楞伽經》後即曰：「此蓋莊生所詣之地」（七）。說明無因論，在申論中間引《大乘入楞伽經》四次（六）。認爲「自取」即自心取自心時，引《攝大乘論》來詮釋。這些均是入章氏詮釋體系中用來作爲詮釋論理者。

　　章氏引用佛典時常是與莊文其他篇章俱引，而爲同證；亦常是在詮釋論理時置身其中，作爲理論鋪排的著力點，使得佛法份量更形加重。

　　在章氏所引用之佛典，計有《大毗婆沙論》十一次，《大乘入楞伽經》七次，《攝大乘論》十次，《起信論》六次。《瑜伽師地論》、《華嚴經》皆引用三次。《般若經》、《大般若經》、《成唯識論》、《俱舍論》俱爲二次。《解深密經》、《勝論》、《十輪經》、《勝鬘經》、《十二門論》、法界緣起、《華嚴指歸》、《華嚴一乘教義》各是一次。對

於章氏偏重使用之佛法，並非僵化地由上面所列之次數就可以判斷輕重的，因爲同樣引用一次，卻有輕重之不同，但是引用佛典亦是作爲詮釋論理之作用，所以知道引用何種佛典，就可得出整個佛法義理之趨向走勢。章氏所引的這些佛典中，較重要的可大分爲四類：唯識宗之經典、般若經系、眞常系之《起信論》、《華嚴經》系。這些正代表章氏詮釋莊生之義理內涵。

四、以簡馭繁全顯莊子

章太炎之《齊物論釋》表面是著力於詮釋莊書第二篇〈齊物論〉，其實以其內容來看，章氏並不是單純地只詮釋齊物思想，而是以齊物思想爲主，囊括包翼莊生全部之思想。其運用舉引莊書其他篇章以及設問自答的二種方式，來達到莊生思想之全面呈顯。所以另一角度言，其是以〈齊物論〉爲依，以其他篇章爲參輔，再以問答掘發莊生思想之大綱，而詮釋莊生之思想。這就是其以簡馭繁全顯莊生之方式。

以其他篇章爲參輔，並非點綴的方式，有時甚至佔有相等、主導之地位。例如莊周夢蝶一節中，章氏認爲莊周說夢其實說的是輪迴，爲了說明莊生亦多說輪迴之義，其引〈大宗師〉、〈養生主〉、〈知北游〉、〈田子方〉、〈寓言〉、〈庚桑楚〉、〈達生〉等篇來主導明證。明唯心之理時，又引〈德充符〉、〈庚桑楚〉爲證。明莊生非斷見則引〈大宗師〉、〈庚桑楚〉、〈達生〉篇輔證（六）。又堯問舜一節，章氏認爲〈馬蹄〉、〈胠篋〉、〈盜跖〉諸篇，都是依此而出（三）。論喪我時，其引〈逍遙遊〉、〈在宥〉、〈天地〉篇文句，表明皆是無我之意（一、二）。

章氏所引其他篇章，計有〈寓言〉十一次，〈庚桑楚〉十次，〈大宗師〉八次，〈知北游〉七次，〈德充符〉六次，〈田子方〉五次，〈天下〉、〈天地〉四次，〈則陽〉、〈達生〉三次，〈逍遙遊〉、〈外物〉二次，〈徐無鬼〉、〈在宥〉、〈秋水〉、〈人間世〉、〈養生主〉皆一次。這些篇章雖然廣涉外、雜篇，但是內容並未大量地引用，最多只引一小段。

其設問自答的方式，掘發出很多重要的詮釋，以及更詳細之解釋。例如在罔兩問景一節，章氏認爲講的是破緣生。既能破緣生，便能知緣生，所以章氏自設問：「唐世沙門多謂莊生不達緣生之理」，而後便引〈田子方〉、〈庚桑楚〉（六）證明莊生亦解十二緣生。再引〈寓言〉、〈大宗師〉輔助證明〈齊物論〉之破緣生，爲無因論之見解。又設問莊生思想是否爲斷見、唯心（六）；明齊物之用時，設問天倪之用、自悟悟他之本（五）；問莊生以輪迴遣憂之種種情形（七）；對於是非無常、應機順世，自設問難，使正反互明，讓問題更加詳細的解決（一、三）等等。均採取自問自答的方式，呈顯莊生全面思想。

　　章氏詮釋義理自成連貫，徵文引句依爲己用、設難自答廣論莊意，以表達莊生思想之全面性。以其引文之自得、肯定和設難之盡意可知，即使未引到之文仍多，章氏仍會以其義理體系貫串之。

參、詮釋之理路

　　章氏在說明齊物思想時都是帶著佛法思想來與之應合，幾乎分不清說的是莊子或是佛法，其內涵精神全幅析論在〈《齊物論釋》之思想〉一章中。於此則先具體說明〈齊物論〉之文字與章氏詮釋理路的關係，以明莊佛具體如何符應，再依此提舉章氏詮釋之理路脈絡，得其詮釋之思想進途。

一、〈齊物論〉文字所呈顯之理路

　　由於章氏是純粹之「以佛解莊」，所以莊生與佛法之符應非常緊密，直是被章氏視爲一致體同。至於明顯之差異，章氏雖然承認之，但卻是歸於：莊生爲隨順中土之民，所以才採取與佛教不同之軌轍故，其中例如：說中土宗教用細，故少神通變化之說；中國生民重生，故不以輪迴戒之等等。此應機之說亦來自佛法之菩薩精神，故差異之處更證成相會之所，反而在理路上得到統一。所以不管從相同點或從相異點而言，章氏均將之統化在佛理中。以是，當理清其詮釋理路時，自然在內涵意義上充具佛法之義理與名相，而作爲被詮釋者：〈齊物論〉，其文中隱容之義理模型亦提供佛法進入之空間與形式，此模型自然是與佛法義理能相融通，而且再加上章氏以佛解莊之心靈影響，使其得成其「以佛解莊」，而將兩者認爲符契自合。

　　莊佛會通之理路模型，本論文在第二章之結論部份已妥爲說明，其結論是：般若中道理路，乃其共通之模型架構。今再就〈齊物論〉本文，具體地說明呈現此理路之文字語言，分爲三類：

　　第一類：否定性語言：世間萬物皆是相對性的存在，而變化無常，世人不知其相對性而執固定一相一事一物一理爲實然絕對的，並由此衍生彼我、是非、愛惡、長短、生死之紛擾，所以莊生在〈齊物論〉中，對於各種世俗之見予以否定遣遮，例如：「有以爲未始有物者，至矣、盡矣」、「道未始有封，言未始有常」、「大道不稱、大辯不言、大仁不仁，大廉不嗛、大勇不忮」、「聖人不從事於務，不就利，不違害，不喜求，不緣道」等等，甚至乾脆破遣而倒面曰：「天下莫大於秋毫之末，而大山爲小，莫壽乎殤子，而彭祖爲夭」，這種否定性語言，呈現出「無」的趨向，以章氏之佛法詮釋而言，即是遣執虛妄之有（名言、知見、萬相），極顯人我法空。

　　第二類：質疑發問之語言。質疑發問之方式在〈齊物論〉中很多，但可分爲二

種，一種是承第一類之意，代表破遣虛妄執著，以質疑相對性之兩方，如「夫言非吹也，言者有言，其所言者特未定也，果有言邪？其未嘗有言邪？……亦有辯乎？其無辯乎？」、「彼亦一是非，此亦一是非，果且有彼是乎哉？果且無彼是乎哉？」、王倪之「吾惡乎知之」、長梧子之「予惡乎知說生之非惑邪？予惡乎知惡死、之非弱喪而不知歸者邪？」、「庸詎知吾所謂知之非不知邪？」、「不然？」等等。第二種是更進一步以質問來質疑「無」和「有」兩面，是以連「遮遣無之」亦質問之：如「道之所以虧，愛之所以成，果且有成與虧乎哉？果且無成與虧乎哉？」、「俄而有無矣，而未知有無之果孰有孰無也，今我則已有謂矣，而未知吾所謂之其果有謂乎？其果無謂乎？」等等。不管是第一種或第二種，因為運用質疑之語言表達，使得莊生在發問背後所要說明的道理，變得寬闊無限，具呈多項意義，既是否定之但又似乎並非推向一斷然否定之處，表達出很大之空間。所以看是否定相對性，亦正是否定相對性，如前類與此類之第一種，但因以問號來表達，使得此類之第一種亦具有第二種之效果，即並非斷然地否定一方，使莊生之「無」、「否定」有了活性空間，並非只是「有」之對反，反而是包納了有、無，形成一種解放、逍遙、活潑、超越、自由、平等之精神。換句話說：其質疑之表達有著兩方遣破之意，同時又有全面鬆動之空間：是以既遣相對之「有」而成「無」，同時亦再遣除絕對之「無」，在一再質疑中形成雙遣，畢竟空性；又質疑此時似立彼，質疑彼時若立此，而形成雙立，畢竟平等，是以具呈雙遣雙立。由此即產生「和之以天倪，因之以曼衍」、「是不是、然不然」、「聖人和之以是非，而休乎天鈞，是之謂兩行」、「凡物無成與毀，復通為一」、「達者知通為一，為是不用而寓諸庸」、「樞始得環中，以應無窮」等，真俗不二交融互攝，以兩行之道上契喪我、下應世機，實則渾為一境。此乃莊佛會通之理路模型所在：般若中道義。而亦是莊生所特具之精神，尤顯於〈齊物論〉中，且是與老子之差異所在〔註41〕。而且此真俗交融中，章氏就特別突顯莊生入世之心。

〔註41〕唐君毅先生曰：「莊子之道非如老子之自退一步以居虛靜、以知觀物勢，自居柔弱，以曲道自全為始。而要在既化人生命之心知為神明，以往向于此天地萬物之轉易變化於前者，即更遊心於其中，亦更超越於其外，昭臨於其上，以成神明之無所不往，見『天地與我並生，萬物與我為一』，為其根本。故其神明之運，自始為開展的、放達的，六通四闢，而無所不通、無所不往。」就是說明莊子著有開展、通往之精神，而不是趨於枯寂、消極的生命情調。《中國哲學原論——原道篇》，頁二八七（學生，民國七十五年）。

方東美先生對莊子的理解亦是朝這個方向，而且在詮釋時更似章太炎之理路：將之比擬佛法之中道義。其曰：「在中國道家哲學中，老子主張『歸眼復命』，返到『無』之後，『有』就化除掉了，但是莊子〈天下篇〉已經提出一種要求了，要把『有化成相對的意義，『無』也化成相對的意義，然後兩個相對的概念折衷起來變成橋樑，在

第三類是〈齊物論〉中有各種具體之比喻，這些也讓詮釋空間增大。如言三籟時，有各種風吹萬竅之聲狀，章氏就以此符應於唯識之各種心法，如「其寐也魂交」是「夢中獨頭意識」，「其覺也形開」謂「明了意識」及「散位獨頭意識」。再以「吹萬」者爲「藏識」，以「萬」喻「藏識」中一切種子。以「自取」爲自心還取自心，詮釋爲見相二分，「成心」即識中種子，進而說明八識之意涵等等，如此證成萬法唯識所生，皆虛妄不實。形成《齊物論釋》在語言上充滿法相唯識之名相內涵。

第一類是遮破虛妄，趨近「無」，第二類是再極盡遮遣有、無，並即同立有、無，形成雙遣雙立、眞俗交融之中道義。於此中，章氏以唯識法相之名相析解說明之，即是第三類。雖分三類，實則均是籠罩在般若中道模型中。前二類成就莊佛符應之共通理路模型，爲「以佛解莊」之當然。而章氏將第二類文字更詮釋成莊子菩薩精神，而與第三類皆是章氏自己特於《齊物論釋》中表現之詮釋特色。

所以分開而言，莊文提供一種理路，而佛法提供內涵意義以實之。究實而言，在章氏對佛莊體認、佛莊相當之心靈下，模式與義理之間早被融容，二者不能劃然分開。但是，因爲佛法之義理深細，層層清楚，所以在本自一致的體認下，引佛法之義理詮解莊生之模式，並作爲兩者相同之證明。所以以下釐清章氏之詮釋理路時，將先理出莊文名相所成之理路模式，再以佛法之義理對應實之。並從中了解章氏運用了何種佛法。當然此皆章氏所詮解取擇的，以具呈其「以佛解莊」之理路。

二、理路之進途

由上面〈齊物論〉文字特性之分類，再由章氏之理路，理出〈齊物論〉之重要概念以及彼此間的關聯性，來觀其架構模式。首先是「喪我」，再而有名言、知不知、是非、證驗、大小、舒促、文野、彼我（物化）、生死等等繁複之相對（有待）概念、物相，莊生加以發問質疑，企圖化解。最後解決在和之以天倪、兩行之道，呈現道家式的內聖外王，顯示至人之境界。前二者皆在空性之遮遣上，最後終乃空有交融而爲中道，此即是〈齊物論〉本文之模式。

如果將喪我視爲一種境界，則喪我是從相對性之破解中成就的；如果喪我是不斷遣執之過程，則因喪我之故才能泯絕相對性。喪我至絕對之境界時，亦即達到兩行之道。說「兩行之道」與說「喪我」在語言上偏重之差異，在於前者重應世無窮之用，即「樞始得環中，以應無窮」，章氏認爲亦即是「內聖外王」，由此處而帶入佛法之菩薩道精神。後者即專在破遣虛妄上。

上面產生中道哲學。」而此中道思想即《大般若經》之「無相爲相爲實相」。此乃方先生的說明般若中道思想時，以莊子作爲比擬。《中國大乘佛學》頁八十二。

就佛法義理而言，章氏常用之義理概念有：人我法空、八識、三性、如來藏之真如心與生滅心、無我、真（究竟）俗（世俗）二諦、無盡緣起、菩薩一闡提。

莊文首先是喪我，章氏則以人我法空應之。莊生舉各種萬象紛雜之相對性，章氏則以唯識宗八識之內容來析論解釋之。證明各種相對性是由末那識執阿賴耶識為我，而產生我執，由我執而有見分、相分之對立，心王、心所之對立，更至心與物、物與物等等之千差萬別之對立。莊生兩面質疑、反覆發問所欲明者，章氏在此為莊生提出解答，亦即莊生是在否定森羅萬象之實在性，它們具為虛妄不實，是唯識所現，均是藏識中之種子變現而成，皆是我執幻有。章氏不僅以唯識所現來詮釋萬物相對性，更進一步說明萬象（法）之所以成，當然萬法之存在，是從我執而出現對立開始。離絕名言分別，泯絕我執、法執即成人我法空、究竟本無、平等平等，方是究竟實相、真諦。而凡依世間之現象而分析，說幻有之種種者，則仍屬於俗諦，如說緣起法、說「天地與我並生，萬物與我為一」等，而其體性仍是虛妄幻有的。章氏認為莊生之「萬物與我為一」是說明萬法之緣起現象，「其我獨芒，而人亦有不芒者乎」亦是指這種互成並起之現象，故拈出華嚴宗「一即一切，一切即一」無盡緣起來全面詮釋，亦將此歸為俗諦。

由於萬法唯識所現，所以連心緣相皆虛妄，所以凡所有相皆是虛妄，而實相本無，是以章氏每每都扣在「畢竟無有」為究竟之義，也就將喪我、遣執至盡為最究竟、真諦之境界。

此最究竟之義，如何至兩行之道、內聖外王之行呢？以「三性」說，章氏云：

> 無物之見即無我執、法執也，有物、有封、有是非見，我法二執轉益堅定，見定故愛自成，此皆遍計所執自性迷，依他起自性生，此種種愚妄雖爾，圓成實性實無增減。（一、五）

「三性」定在：種種之執著是因為遍計所執自性迷，各種相對現象之產生是依他起性生，而圓成實性卻無有增損，就如「凡物無成與毀，復通為一」。說為圓成實性就帶有常遍圓融之義，所以不管偏計所執性、依他起性如何生滅變異，證得各種生滅變異之智，於中無有見假執真之顛倒，使虛妄者歸為虛妄，即能轉識成智，且虛妄本為虛妄，故本無，所以另一角度言：並無有智可成，因圓成實之智本無有增損，即如「求得其情與不得，無益損乎其真」。以如來藏來說，其開為二：真如心與生滅心，二者皆依如來藏，故是一非二。生滅心有虛妄分別為生滅相，真如心即如來藏體是不生滅，二者又是二非一，故如來藏是以不生滅為體而隨緣生滅之真妄和合。以圓成實性、如來藏來說，在章氏體系內是究竟無我轉成之境界，也是真常遍存體性之保障，實相之所依。

值得一提的是，唯心與唯識有類似之用法，所謂「三界唯心，萬法唯識」。章氏之用法是認爲藏識爲虛妄無有，但心卻並非無有，顯然他所說之心大有如來藏、圓成實之義，是屬於眞常心之用法，所以其說虛妄心、生滅心亦在如來藏之系統下言。而章氏顯言眞常心，在《齊物論釋》中是少見的，皆用在語法上的一個翻轉，其內涵意義實與究竟空義無分，但是章氏並非用力於此，其多在究竟無執之空性義上說明。

佛法正說「無我」，說如來藏時似有一體性自存，一向有爭議，章氏知其乃無我至盡方顯之境，即無我而顯我，非另有一大我自存。而莊生之眞君亦即如來藏，是無我而說眞我，但說眞君亦即顯無我。所以無我義是最重要之義理所在，眞我只是語氣一轉而已，未知無我而直說眞我，不僅大失莊義且違佛法，章氏於此特別警醒。所以章氏仍然強調無我空性是實相、究竟義，以其較無語病。「眞我」是進一步說，而終至要歸至離虛妄名相、遣執、無我、空性爲究竟。

既然生滅虛妄對圓成實、如來藏並無增損，所以如證得此境，自然生滅虛妄亦無礙其眞證，而且生滅亦依如來藏而有，未證得如來藏者，隨生滅虛妄流轉，若證得者，則雖是生滅流轉卻不爲其所惑。以其知其虛妄，雖虛妄變異，卻不爲其執著顛倒。由此圓融包納之境界，就可說明莊生「兩行之道」與「菩薩一闡提」精神之詮釋。

道家式之內聖外王即是兩行之道，章氏解爲「離言說而隨順言說」、「證無生滅示有生滅」。這來自兩大來源：一者空性中道。一者菩薩道精神。前者亦即究竟空義。空性即離常斷兩邊，而爲中道究竟義。菩薩道精神即是度盡眾生，方成佛道之大願大悲精神，寧願將己置於生死輪迴中與眾生同處火宅，而作解脫護攝之行，這代表著淨化世間、解脫眾生之最極盡用心，由於眾生無盡，成佛亦將無期，故佛法目之爲「菩薩一闡提」，章氏便認爲此爲莊生境界。此兩大來源即是兩行之，即「聖人和之以是非，而休乎天鈞」。能善體中道義者方能發此大心，由此大心方顯中道義之大用，因此兩大來源實是同一、互贊，而說爲兩行，另一方面，既是應世就得了知俗諦之無盡緣起，而能事事無礙行方便度眾之願。

莊生之齊物大用：兩行之道，並非離世絕世之意象，進一步言卻有應世而自在之逍遙，如〈天下〉篇云：「獨與天地精神往來，而不敖倪於萬物，不譴是非，以與世俗處」，這種可上可下的概念模式，很能符合大乘佛教之菩薩道精神，上能契證義理下能度化眾生之架構，章氏以此架構大綱引爲解莊而會通之，而不論語詞與內容體系上是否能一一應合，直以佛意即莊意。

而章氏掘發莊文來建立模式空間，融涵佛法義理以充實其中；由於佛法義理所

佔成份極爲重要，所以章氏幾乎尋佛法義理之路徑，來建構莊子。佛法提供積極主動之成份，莊子則是容納之消極被動成份，所謂「以佛解莊」此「解」不僅是一二語詞、概念之介入，而實是內涵義理全幅之投入。時時見章氏在說明佛理後，而云「此正合莊意」，或莊生何義與某佛理符契自合，大有運用佛法證明莊生之意，這樣的詮解之所以成爲有義意有價值，定有二種價值可言：必先認爲佛法有價值，再了解到：原來莊生正符佛義，因此莊生亦同具價值，或更進一步說別具價值。所以章氏自覺取擇之佛法義理，主宰充實了整個詮釋與莊生。

但是，在處處追尋佛法建立莊子中，卻又可發現莊子自立之跡，這是章氏於詮釋時暗顯之用心，亦即更進一步地找出莊生別具之價值。例如說莊生主張無因論，此點雖然亦是由取擇佛法而來，亦被章氏目爲佛法最究竟義。但是在佛法中無因論並不常被運用，因爲大部份皆以緣起爲世俗諦，論及眞諦義則用空性、中道義來說，並不在世俗諦中再增以「無因論」來說明究竟義。以空性而言，凡有所立皆須遣執，所以章氏引佛典而冠以「無因論」，在詮釋佛法上本無錯誤，但是在佛法之體系內卻大可不必如此。所以章氏如此詮釋，大有循莊文而轉之勢。這便是以莊生爲主之處。又例如「惡乎然？然於然；惡乎不然？不然於不然」，章氏曾言此義乃「觀想精微，獨非千載，而與世未知其解，今始證明」，所謂證明亦是用佛法來證之，其中論及訓釋文字，認爲實際上其實是更互相訓，終將歸至原處而再追尋不得，是以說「然於然，不然於不然」，章氏就認爲：「齊物大旨多契佛經，獨此一解，字未二百，大小乘中皆所未有」（一、四），這是章氏爲莊生詮釋後，再與佛理相比較後所言，這是將莊生別於佛法，而自立的特殊例子。再而，提起中國文化則極顯莊生於儒墨法之上，能衣養萬物內聖外王，此時更是章氏爲莊生自立價值之用心將莊子樹立爲一典範人物：一闡提菩薩，這種用心對章氏後來學術之內涵產生頗大影響。

章氏掌握住的佛法是：在幻有上，以唯識解之，在究竟義上，以無我、性空、平等爲尚。在齊物應世致用上，以菩薩一闡提之精神爲用心，而爲隨順方便。又用華嚴宗無盡緣起明萬法之現象，並在離名言相、離心緣相之究竟義下，用語上可翻爲眞常心。因此，章氏將莊生喪我、相對性之質疑、兩行之道之模式，符應佛法之無我、虛妄唯識、菩薩道精神之義理。此二套理路之符應，以實踐之階段性言之：均是由下而上而下，由俗而眞而俗；究實言之：具是即下即上即下，即俗即眞即俗，亦即中道義，亦即上來所說莊佛共通之理路模型。另外亦具有自立莊生，別於佛法價值之用心。

一般多只注重章氏以唯識法相來詮釋〈齊物論〉，這是就其特色而言的，也因太

炎在獄中研讀法相唯識經典之事，是影響其學術之最重要處；自己亦曾言「最後終日讀〈齊物論〉，知多與法相相涉。」〔註42〕，而事實上亦在詮解上多用有八識、三性、五位百法等等理哲概念，但是更更全面而言，是在般若中道義之共通模型下，極顯莊生菩薩精神，並以唯識法相之名相為主要析解之方式，亦運用華嚴之義理，再終通《起信論》之真常如來藏心，而其基礎全在畢竟空義上。

肆、詮釋之存在感受

一、經國濟世與文化前途之關懷

　　章氏之學問生命常被研究者劃開分期，原因在於章氏對自己之著作多有所更改，例如《訄書》、《齊物論釋》、《國故論衡》等，以及對古人評價，亦隨著時間空間之不同而自覺地改變，尤其在革命運動這樣的變局中。因此這不但代表章氏個人在學術領域中漸深漸入，更可對應出其時代之感受性是相當敏銳的，這是一種客觀環境與主觀思想之互動牽引的複雜關係。而且在章氏詮釋之齊物思想中，隨順應機是經世致用的大化開展，所謂應機，是依於人、事、物、時、空等條件而出，必不孤起，而章氏寫作此釋亦不孤起。《齊物論釋》雖在說明此核心之理與應機之用，但章氏本人認同此思想，而早已融其應機用世之心於其中。

　　章太炎雖然一生著力於革命經世，但是卻與一般革命家有很大之不同，基本上他是一位承受傳統文化甚深之書生、知識分子，一生多宣講文化學問，曾於蘇報案之獄中日記云：

> 上天以國粹付余……繫素王素臣之跡是踐，豈直抱殘守闕而已，又將信其則物，恢明而光大之，懷未得遂，累於仇國，惟金火相革歟，則猶有斷述者，至於支那閎碩壯美之學而遂斬其統緒，國故民紀絕於余手，是則余之罪也」〔註43〕。

此言寫來沈痛剴切、自志甚高，攬文化前途於己身，亦罪國粹衰斷入己手，實有以天下為己任之氣慨。革命時期在日本為日本留學生講國學，被袁世凱幽禁時亦言「講學之事，尤以解憂」〔註44〕，在對政治失望之餘曰「但以懷抱學術，教思無窮，其志不盡……所欲著之竹帛者，蓋尚有三四種，是不可得，則遺恨於千年矣」〔註45〕。晚年更開設「章氏國學講習會」，所以其重視中國文化之發揚與延續更甚於政治之革

〔註42〕見《太炎先生自述學術次第》。
〔註43〕見《太炎文錄初編》卷一所收〈癸卯獄中自記〉。
〔註44〕見《章太炎先生家書》，一九一三年十二月長至日。
〔註45〕見《章太炎書扎》〈與龔未生書〉一九一四年五月二十三日。

命，也因此被視爲清末的一位國學大師〔註46〕。但是在太炎心中說經國濟世是與文化前途緊密相連的，因此如果說因爲革命事業之場不能容受於他，而使之回歸講學一途，還不如說是：章氏依情勢而有所進退，所進所退之用心亦實則爲一矣，所以其爲學爲文講學論政之背後，均是對民族社會、文化之關心，此關心所散發出的觸角又返回造就其學問內涵，因此才曰：「余學雖有師友講學，然得于憂患者多」〔註47〕。所以如能明瞭其於文化上、社會政治上交織成的時代感受，可以更清楚地理解到《齊物論釋》之創作動機與其內容所具有應世之心。章太炎在《齊物論釋》中隨文多有對時事社會之論評，且相當深沈痛切，這些對時代之感受與箴砭，都藉著詮釋莊生時表露出來。其實選擇〈齊物論〉爲詮釋對象，取納佛法爲詮釋義涵時，一方面可以成就自己學術研究之成果，另一方面更是借此表達自己對時代之感受、解決時代問題之努力與用心。以下就由章氏生平和《齊物論釋》內容中關乎經國濟民、文化前途，來展現其歷史存在感受。

二、與佛法之接觸

太炎年輕時入詁經精舍從俞樾先生學習，基本上是乾嘉漢學的路子，後因友人夏穗卿之召請而至上海，爲梁啓超之「時務報」撰述，從此開始其與政治運動之關聯。此時亦受夏穗卿、宋恕兩人之介紹而讀佛經：《法華》、《華嚴》、《涅槃》、《三論》，不過皆不能深好，但是卻能對《大乘起信論》一見心悟，常諷誦之。此經是章氏深入佛學之開啓點。一般而言，大都強調太炎著重唯識學，但由其佛學思想並不只此，《大乘起信論》的思想，亦是其佛學觀念之重要部分。在與革命發生關聯後，章氏就陸續與當時之救國救民人士往來，並由改革之康梁集團中轉出，而爲反滿革命之路。章氏不僅發表激烈言論，更斷髮以示決絕。因此曾赴台灣、日本走避清人追緝，後在國學社講論，認識鄒容而爲其著作《革命軍》作序，並爲文〈駁康有爲之論革命書〉駁斥康有爲之擁護君主立憲，此事使得太炎與鄒容被補，繫於牢獄三年，章氏自曰：「余駁康書雖無效，而清政府至遣律師代表，與吾輩對質，震動全國，革命黨聲氣大盛矣」〔註48〕。這場牢獄之災因此帶給章氏極重大之影響，一者是在其革命路上爆發出火力，不僅爲其革命黨之聲氣增盛，使革命事業更擴大其說服鼓舞力量，就如魯迅所言：「我的知道中國有太炎先生，並非因爲他的經學和小學，是爲了他駁斥康有爲和鄒容

〔註46〕章太炎有「國學大師」之徽號。梁啓超先生更言章太炎爲清代學術蛻分與衰落期時，屬於正統派而能大張其軍者。皆將之歸屬於傳統學問中人。見《清代學術概論》，頁一五七。

〔註47〕見《太炎先生自定年譜》，宣統二年，四十三歲下。

〔註48〕同上之年譜，光緒二十九年，三十六歲下。

的《革命軍》序，竟被監禁於上海的西牢」〔註49〕；而且更是提振其個人之名聲，加速進入革命事業之內部。因為章氏出獄後，隨即被同盟會派人接往日本，擔任《民報》主編，展開章氏發揮政治理念的時期。另一件重大的影響是：章氏在牢獄生活中開創出自己學問之一大片天空，使其學術文化生命超越一般傳統之讀書人。因為其一反過去之態度，竟對佛典產生深好，尤其是對唯識經典，謂「專修慈氏、世親之書」〔註50〕，因此乃悟大乘法義。並將佛法義理視為思想之最高點而言：「私謂釋迦玄言出，過晚周諸子不可計數，程朱以下尤不足論」〔註51〕。所以到了日本主編民報時，深入革命陣營與佛學上的認識兩相結合，而常以民報作佛聲來宣揚革命思想。時日本各種學說之交流傳播與書籍之取得，遠比國內環境好，使得章氏在此中更有機會接觸歐美、日本、印度等等文化之多樣化思想，反省中國與其他文化的關係，在這其中章氏仍然以佛法為最究竟，而來蘊釀深化自己的思想，連帶地對印度文化的重視。並出現《新方言》、《文始》、《國故論衡》、《齊物論釋》等著名作品，講學教授弟子，儼然成其獨特之一家之位矣。

三、時事之應對

在日本講學中除了開《說文》等文字音韻之課程外，曾講授《莊子》，而至「終日讀〈齊物論〉，知多與法相相涉，而郭象、成玄英諸家悉含胡盧－之言也，既為《齊物論釋》，使莊生五千言，字字可解。」〔註52〕因此在日本的這段期間是《齊物論釋》完成之重要時間〔註53〕，亦是其與革命事業有密切關係時期，這密切關係包括章氏與同盟會人之不合種種複雜關係。既為革命事業，當然必須面對國家處境有所反省與呼籲；並對革命方向與政治理念提出看法。當時國家之處境是列強爭相割裂的局勢，此局勢之成乃因國家武力無力衛國，而反射出對己身文化上的懷疑，這種懷疑使得民性有外人文明、本國低野之自卑，外在尚且無力還擊，內在卻已失鬥志，所以如何破除這種文野自卑之見，進而讓為國為民之革命勇氣勇猛不退，是章太炎所體悟到的。所以他發出「用宗教發起信心，增進國民道德；用國粹激動種性，增

〔註49〕見魯迅〈關于太炎先生二三事〉，引自《章太焱生平與學術》，頁八。

〔註50〕見《菿漢微言》之末，自記思想邅變之跡之文。

〔註51〕同註50文。

〔註52〕見《太炎先生自述學術次第》。載於《制言》半月刊第二十五期。

〔註53〕《太炎先生自定年譜》宣統二年（一九一〇）四十三歲下云：「又為《國故論衡》、《齊物論釋》、《訄書》亦多所修治矣」。由黃宗仰所作跋，末有「辛亥」。回國後陸續重定《齊物論釋》而為重定本，此重定本之中心要旨仍不離初定本，只是更加衍義佛法部分而充分符應〈齊物論〉，所以民國八年浙江圖書館刊行之《章氏叢書》並錄有初定本與重定本二種。因此其思想理路大致成於在日本期間。

進愛國熱腸」的呼籲〔註54〕，宗教即指佛教，以佛教講眾生平等、解脫眾生之故，能自信自己之存在是平等、有意義，而反省滿清統治與列強割據之種種不平等待遇，依著佛法法相之哲思與平等之大願而觀莊生，正見兩相合符而意趣相會，莊生〈齊物論〉之要旨遂由此悟解，所謂：

> 卻後爲諸生說莊子，間以郭象義數釋多不愜心，旦夕比度，遂有所得，端居深觀而釋齊物，乃與瑜伽華嚴相會，所謂摩尼見光，隨見異色，因陀帝網攝入無礙，獨有莊生明之，而今始探其妙，千載之祕，睹於一曙〔註55〕。

章氏發見莊生與佛法之相應，是因先入佛法之眼目而觀中國學術之結果，而且不僅因莊生之思想與佛法相應，更因〈齊物論〉之思想高妙善巧於經國治民、處世應事。其在《國故論衡》中曾云：「經國莫如齊物」〔註56〕。在《齊物論釋》之解題中，且言「未能上悟唯識，廣利有情，域中故籍，莫善於〈齊物論〉」，上悟唯識乃在文化上以莊生爲合應佛法唯識，而爲究實至妙，且莊生爲中土人士所熟悉，更有提振國粹之效；廣利有情則是深化對國家民族處境之思考，解決時代紛雜分歧之價值觀，亦即體認眞正之平等觀。尤其〈齊物論〉中有堯欲伐三子之事，章氏最於愜心，因其對當時中國爲列強割據之局，正足以開解民心而正視聽，其云：

> 斯所以設堯代三子之問，下觀晚世如應斯言，使夫饕餮得以逞志者，非聖智尚文之辯，孰爲之哉！……能仁之書譯於東夏，園吏之籍不至殊方……，云行雨施，則大秦之豪喪其夸，拂菻之士忘其枭〔註57〕，衣養萬物何遠之有？（解題）

征戰本身即是一種強佔爭勝之舉，雖冠以義戰，仍不離此質。而今以文明伐野蠻而曰造福，是蒙蔽於聖智之迷障、文野對待之見中。〈齊物論〉說喪我、遣執而能應事隨順，此方爲大道，因此說：「今之伐國取邑者，所在皆是，以彼大儒尙復蒙其眩惑，返觀莊生，則雖文明滅國之名，猶能破其隱慝也」。大儒是指孟子、墨子。這正是指出列強爭食中土之勢，而以莊生有破障之大用。披仁義之名卻已失仁義者多矣，亦即「志存兼并者，外辭蠶食之名，而方寄言高義」者，如能如莊生看透個中道理「世情不齊，文野異尙，亦各安其貫利，無所慕往」，對國人而言，則能知其謬誤，傳至西方亦將使其自省其失，雲行雨施而至衣養萬物！但是錯誤之事實仍是持續地發

〔註54〕見〈東京留學生歡迎會演說辭〉中，刊於《民報》第六號。

〔註55〕見《菿漢微言》之末，《章氏叢書》，頁九六一。

〔註56〕見《章氏叢書》，頁四七七。

〔註57〕拂菻與大秦均泛指西方歐洲。此二名原是我國對「東羅馬帝國」之古稱。見《舊唐書》〈西戎傳·拂菻〉：「拂菻國一名大秦，在西海之上，東南與波斯接地，方萬餘里。」枭：通傲，傲慢。

生，因此對於持文野之見者，章氏發出決烈之言：「世無秦政不能燔滅其書，斯仁者所以潛然流涕也」（解題）。甚至，對於當時倡言最為平等之無政府主義，亦看出其仍「橫箸文野之見」（此段所引皆第三節），與規劃民職必當如何如何者，皆是妄見。

對於當時社會紛雜、相對之爭議，章氏亦在《齊物論釋》中思考到最究竟無礙之理，無時空、無人我、無是非，一一皆可在究竟空義下破解看清，再運用「和之以天倪」隨順應對之。例如：看清守舊章者與順進化者各有偏執，無法隨順應世，而深體「是云非云不由天降，非自地作，此皆生於人心」（一、三）。從〈齊物論〉中得「和之以天倪」而使章氏對「社會都野之情狀，華梵聖哲之義諦，東西學人之所說」〔註58〕或是漢宋之爭等皆能「操齊物以解紛，明天倪以為量，割制大理，莫不孫順」〔註59〕。各人之主張則抱著「苟外能利物，內以遣憂，亦各從其志」〔註60〕之隨順心態。

四、獨行赴淵之風格

觀章氏之種種行事與對應：十三歲見蔣良騏之「東華錄」，對其事甚不平；斷髮示決絕，且寫〈請嚴拒滿蒙人入國會狀〉、〈解辮髮說〉寄與孫中山；孫中山在此兩文刊登於「中國旬報」時寫一則後記譽之：

> 章君炳麟，餘杭人也，蘊結孤憤，發為罪言，霹靂半天，壯者失色，長槍大戟，一往無前，有清以來，士氣之壯，文字之痛，當推此次為第一。
> 〔註61〕

雖然後來孫中山與章氏在政治見解上多所抵觸、相互詰責，但是太炎就表現出孫氏所謂「霹靂半天，壯者失色，長槍大戟，一往無前」之生命氣質。在民報被查封，獨自與日本內務省抗爭，三次遞告白書，二次赴警廳，成了被告而上法庭。日方指出關乎民報簡章等皆須停止宣傳，所謂民報簡章指的是《民報》之六條綱領：一、顛覆現今之惡劣政府。二、建設共和政體。三、維持世界真正之和平。四、土地國有。五、主張中國、日本兩國之國民的連合。六、要求世界列強贊成中國之革新事業。章氏為此交涉無望時，曾在致日方書信中憤言：

> 本編輯人兼發行人寧為玉碎不為瓦全，貴內務省既勒令本報改變簡章，請以新假定六大主義疏寫呈覽：一、滅盡世界立憲國。二、破盡世界偽和平。三、以中華帝國統一東亞。四、以專制政府攘逐蠻夷。五、不與獸性民聯

〔註58〕《菿漢微言》之末，見《章氏叢書》，頁九六一。
〔註59〕同 58 註。
〔註60〕同 58 註。
〔註61〕見《中國旬報》第十九期。

合。六、不求賣淫國贊成。（以上系假定語）若作是說，語語與現在簡章
異撰，或且反對，未知貴大臣允許否？〔註62〕

以新立之六條與前六條比之，即知太炎激厲反諷之情，將日方罵成獸性民，真是震
憾直揭，這種罵人的功夫堪稱獨到入骨，充滿著絕烈之感情。卻也因此在對待日人
之不同立場，而使黃興、宋教仁對章氏有所不滿〔註63〕。這些都展現出章太炎「生
性奇俠，寧願單身上陣」之個性。被袁世凱幽禁，大鬧總統府、二次絕食。有〈致
黎元洪書〉云：「時不我與，歲且更新，烈士暮年，壯心不已，以此為公祝，炳麟羈
滯幽都，飽食終日，進不能為民請命，負此國家；退不能闡揚文化，慚於後進。桓
魋相迫，惟有冒死而行，三五日當大去，人壽幾何，亦或盡此，書與公訣」〔註64〕，
所繫者在國家與文化二者，而當二者落空，心志不得蹈險行事，反被幽禁閉閉，最
終一步乃以死為激揚快意，是以此期間多抱有必死之心，書有「速死」、「章太炎之
墓」等。諸如此類，這些堅貞奮激之志行常可見到，而其被稱為「章瘋子」亦是其
來有自的。在東京演講歡迎會上，講述其平生與辦事方法時說：

> ……獨有兄弟卻承認我是瘋顛，我是神經病，並且聽見人家說我是瘋子、
> 說我有神經病，我倒反而格外高興，為什麼呢？大凡非常可怪的議論，不
> 是神經病人，斷不能想，就能想也不敢說，說了以後，遇著艱難困苦的時
> 候，不是神經病人，斷不能百折不回，孤行己意，所以古來有大學問大事
> 業的，必得有神經病，纔能做到。……為這緣故，兄弟承認自己有神經病，
> 也希望諸位同志，人人都有一兩分的神經病。〔註65〕

這種神經病之作為，就是一種憤激蹈厲，勇往無前之氣概，章氏自承自己是神經病
一個，且希望個個都要是神經病，如此驚世之語與其代表之激盛氣概，正是章氏生
命氣質之風格，這種風格依著對民族、文化的大感情，發為厲壯之氣而為激厲之行，
這也因此其要提舉宗教精神發為信心，強調莊生為菩薩一闡提有勇猛無畏精神之最
大原因。章氏能深體喜歡佛法，除了是發現佛法玄理深妙外，更重要之因素是：大
乘之菩薩精神觸動了章氏此種生命之情調。而且菩薩為普渡眾生，頭目腦髓皆可施

〔註62〕見《報告《民報》第二十四號停止情形》，此報告是在交涉無效後，以「中國革命黨
　　　告白」之名義發佈的。當時巴黎出版之《新世紀》第七十九號登載，一九○八年十
　　　二月二十六日。
〔註63〕在《《民報》關系雜纂》乙秘一三四三號，《清國革命黨人及其他人之談話》，有宋教
　　　仁云：「革命黨以章炳麟等所採取之行動，而失去日本朝野之同情，我等深信，以勸
　　　章離開日本為得策」。
〔註64〕見《章太炎年譜長編》卷四，頁四六七。
〔註65〕見〈東京留學生觀迎會演說辭〉中，刊於《民報》第六篇。

與眾生，甚至願擔殺人之因果，而爲能救眾生之苦。此種精神是章氏最欣賞之風格，他在《訄書》識語曾言「幼慕獨行」，在〈謝本師〉中又云「余喜獨行赴淵之士」〔註66〕，此種「奇獨」之精神，多是勇猛無畏者所有。對此其不僅欣賞而已，本身亦是身踐其行，有猛勇無畏、獨行赴淵之氣質。章氏與黨群之關係分合頻繁，與此想必頗有關聯。此氣質所表現出來的，並非謹行謹言之類，而是帶有俠氣激厲，獨行赴淵之奇行奇言，因此也容易突破拘固，顯發壯大、一往向前之情。這種精神使得章氏能捨局就通地「以佛解莊」來詮釋《齊物論釋》，而不拘守礙障。

在章氏當時所處之佛教環境，在西學之紛沓而入，唯識之學正爲世所重，發爲與西學比擬，所以章氏以法相解〈齊物論〉是可以理解的。當時士人研究佛學亦漸形成一股風氣，如康有爲、梁啓超、譚嗣同等人，而章氏之接近佛學亦是友人連連推薦介紹，可見當時佛法被知識份子目爲另一超越之大道，而章氏將之正大光明的全面符應於莊生，這是清代佛學發展之一大突破發展，且影響章氏整個學術生命之內涵，開闢深刻莊子學中「以佛解莊」之詮釋途徑，進而貢獻於當時文化前途。

總之，經國利民之志與文化傳承之心是章氏一生皆無法忘懷之事，亦趨動其無限發動奔波。這樣的心志參入章氏本身憤激蹈厲、獨行赴淵、勇猛無畏之生命氣質，再加上時代變化、國家危難與深體大乘菩薩之勇猛力，此存在感受綜合發爲《齊物論釋》，以《齊物論釋》解決其存在所感受到的問題，能取佛法義理，以捨局就通之壯大心量擴通文化涵容；引大乘菩薩精神爲力，提振民族道德與志氣；注目平等眞義爲經國利民之正行。同一時代進程裏，章氏因其個人心志、際遇與生命氣質之差異，而使其所思、所想、所言、所行不同於其他人，而《齊物論釋》最爲章氏平生所重，因其正代表著章氏在文化使命以及經國濟民理念之共同結晶〔註67〕。

第四節　《齊物論釋》詮釋之特質

「以佛解莊」之詮釋類型，常是帶著作者與時代文化之交互感受而成，有著濃厚的時代文化意義，它的出現，總代表佛家進入儒道學術傳統（狹義的中國傳統學問）的努力，而老莊特別提供了進入之路徑；就整個莊子學而言，則因此得到豐富內涵、創造之詮釋，使莊子詮釋學開出一特別之門路。章太炎《齊物論釋》作爲一「以佛解莊」之詮釋作品，特因其濃厚之時代文化意義而有別於其他，所以如能以

〔註66〕見《章太炎選集》，頁一二一。
〔註67〕《新方言》、《文始》、《齊物論釋》是章氏目爲一字千金之著作，乃平生最得意之作品，但是其中只有《齊物論釋》是結合文化使命與經國利民之心志願力。

同是「以佛解莊」之其他作品作爲背景，來比較參看，則更能立顯其具有之特質與意義。因此，由前面分析擇取之純粹「以佛解莊」者：憨山、楊文會之作品。在理出章太炎《齊物論釋》之詮釋典式後，置於憨山、楊文會之中，參看而顯發之。不過，因重點在於《齊物論釋》，所以在比較中掘發足以突顯其特質部份爲主，至於憨山、楊文會解莊之特點，無法全面加以說明。

壹、與憨山解莊之比較

憨山，名德清，字澄印，憨山是別號，金陵全椒縣人。生於明世宗嘉靖二十五年，卒於天啓三年（西元一五四六～一六二三年），享年七十八歲〔註68〕。與雲棲株宏、達觀眞可、蕅益智旭合稱爲明末四大師，佛教於隋唐宗派興起、大師輩出之後，明末才又另創一佛學高潮。憨山十二歲至金陵報恩寺當沙彌，十九歲再披剃成爲受具足戒之僧人。其一生講經說法，致力於佛教叢林之改革，建設曹溪祖庭，故有「曹溪中興祖師」之名〔註69〕，對於佛教經論發明甚多，最主要之特色爲採三教調合之觀點，故於佛學之著作等身外，另有儒、道二家之論作〔註70〕。四十五歲撰〈觀老莊影響論〉。六十二歲著〈老子道德經解〉。七十五歲（萬曆四十八年）方作《莊子內篇註》。其圓寂後肉身不壞，而與禪宗六祖惠能大師同置於曹溪南華寺塔院中〔註71〕。

今日以其《莊子內篇註》（以下簡稱《憨註》），又〈觀老莊影響論〉（以下簡稱〈觀論〉）來與章氏之《齊物論釋》（以下簡稱《章釋》）作比較。此中以「齊物」義爲主，以及兩者對莊生看法來比較之。比較之項目有依詮釋之理路、詮釋之名相、詮釋之存在感受來說明。

憨山之〈觀老莊影響論〉是在自己亦喜讀老莊下，而以三教調和論之立場而言的。以佛法之階次來包納莊子，確定老莊之地位。由他在「敘意」部份所言，可看出一此梗概：

【觀論】西域諸祖造論以破外道之執，須善自他宗，此方從古經論諸師，

〔註68〕憨山大師之生平資料見《憨山老人自序年譜實錄》上下二卷，收於《憨山老人夢遊集》頁二八七三。

〔註69〕見門人顓愚觀衡撰〈曹溪中興祖師憨大師傳〉。其爲叢林改革之事蹟種種，可見江燦騰先生之《晚明佛教叢林改革與佛學諍辯之研究——以憨山德清的改革生涯爲中心》，頁一三五（新文豐，民國七十九年）。

〔註70〕有關三教調合論之研究，可參考陳運星先生之《儒道佛三教調合論之研究——以憨山德清的會通思想爲例》，中央大學哲學研究所碩士論文，民國80年。

〔註71〕崇禎十七年開龕，方得知憨山肉身不壞。劉起相〈本師憨山大和尚靈龕還曹溪始末〉收於《憨山老人夢遊集》四，卷五十五，三○四八。

未有不善自他宗者，……是故余以唯心識觀而印決之，如摩尼圓照五色相

鮮，空谷傳聲眾響斯應，苟唯心識而觀諸法，則彼自不出影響間也，故以

名論。（「敘意」）

此處清楚地說明其以「唯心識觀」作爲核心思想，亦即「三界唯心，萬法唯識」，而世間諸師諸論莫不是此心之映影隨響，老莊亦在此中。在唯心言，則是同一；在識而觀，則是影響、差別。老莊是影響，是處於何種影響呢？憨山以佛法之五乘來放置之，云：孔子人乘之聖也；老子天乘之聖也；聲聞緣覺，超人天之聖也；菩薩超二乘之聖也；佛則超聖凡之聖也〔註72〕。憨山是老莊合稱，認莊子爲老子之詮釋者，所以說老子天乘之聖，亦包含莊子在其中。由這五乘分法，顯然莊生與佛等階位有別，是天乘之道。而就差別法之究竟與何以能同一心呢？亦即唯心與識觀、同一與差別之間如何連結呢？憨山以「應機」說法來結合之：

由是觀之，則五乘之法皆是佛法，五乘之行皆是佛行，良由眾生根器大小

不同，故聖設教淺深不一，無非應機施設。（「論教乘」）

以應機施設來說明影響、差別之原因，亦因此而能連於「唯是一心」中。以「應機」的詮釋方式，就能將他宗亦攝入佛法中，因此只要是無執之心，而且有善自他宗之態度，即使說的是儒道之理也是說佛法行佛道，亦即是能「體同一」而知應機差別，解了「唯心識觀」。因爲在唯心中，並無他我；在識觀上，則他宗自在，應機施設而已。

但是如果無法體知佛法之「唯心識觀」，而入儒道之文字，執著其教法，反而會僵化在人乘與天乘中〔註73〕，造成「執孔者涉因緣，執老者墮自然」，而「皆未離識性，不能究竟一心」，無法進昇至更高境界，是以「老莊之大言，非佛法不足以證

〔註72〕見「論教乘」部份曰：「孔子人乘之聖也，故奉天以治人，教子天乘之聖也，故清淨無欲，離人而入天。聲聞緣覺，超人天之聖也，故高超三界，遠越四生棄人天而不入。菩薩超二乘之聖也，出人天而入人天，故往來三界，救度四生，出眞而入俗。佛則超聖凡之聖也，故能聖能凡，在天而天，在人而人，乃至異類分形無往而不入大。」見憨山〈觀老莊影響論〉，收入《老子道德經憨山解、莊子內篇憨山註》（琉璃經房、民國七十一年）。

〔註73〕憨山謂老莊是「破前六識分別之執，伏前七識生滅之機，而認八識精明之體，即《楞嚴》所謂罔象虛無微細精想者，以爲妙道之源耳。故曰：『惚兮恍，其中有象恍兮惚其中有物』，以其此識乃全體無明，觀之不秀，故曰：『杳杳冥冥，其中有精』，以其識體不思議熏不思議變，故曰「玄之又玄」，而稱之曰「妙道」。以天地萬物皆從此中變現，故曰天地之根，眾妙之門，不佑其所以然而然，故莊稱自然。」將老莊之境界，定於識得八識體，但未再進一步突破，而孔子是「斷前六識分別邪妄之思」「乃以七識指歸之地」。同註72文之「論宗趣」。

嚮之」〔註74〕，以佛法解證老莊，將能突破其執而通其同一之處，此乃憨山「以佛解莊」之立場。由此可知，憨山之基本立場是以佛法來通暢莊生，使莊生所呈現的應機（差別）之法能歸攝於佛法「唯心」、「玄同」，因為莊生文字在差別相上仍只表達天乘之法。這與章氏顯然有很大之不同，章氏是直接肯認莊佛一致，無庸只在唯心處同一，莊生已是不入涅槃之一闡提菩薩，並非只是天乘之人。章氏認為莊生文字需要佛法來充實之、來符應之，以利說明之便，不用再融通以佛來歸攝之。章氏亦說莊生為應機隨順中土之大菩薩，這是在承認莊生已達菩薩位而下達之用，而憨山應機之說則是要將老莊上攝於「唯心」、「體同」。

憨山處於明末以三教調合之立場，來開發佛教生存空間，以佛教徒身份來包納莊生，是立於佛家人之立場，來解決儒、道二家之拒隔、甚至是消除佛家之人的劃地自限。章氏之時代背景是應對西方文化與強烈地欲解決思想界之紛雜、有濃厚地經國治民之心，後二者是憨山所無的。在文化上章氏以其學養認同佛法，而急欲納佛法進入，結合佛道，以為利益民心，更是立在整個文化一體的立場，樹立莊生以建立中國文化足以自立之道，進而可以面對西方文化之衝擊，甚至足以貢獻於整個世界文化。此種存在感受，造成其詮釋時開放方向之不同。

在詮釋理路上，因為同是「以佛解莊」，所以在基本理路上並無太大的差距，亦是以喪我為去我執、無我，無名言、無是非、無彼我、遣執破情，而即成最究竟處。憨山更言其以「唯心識觀」為核心，與章氏運用唯識與真常心來說明看似相同，但是在說明究竟義之角度卻有偏重之不同，此種不同角度，常造成在詮釋文字時有不同的滑移，由「咸其自取，怒者其誰」之詮釋來共觀之即知：當子游問「敢問其方」時，子綦答以「夫大塊噫氣其名為風……」時，莊文有許多風吹萬竅怒吼之聲狀，喻地籟：

> 【憨註】此長風眾竅，只是個譬喻，謂從大道順造物而散於眾人……然天風一氣本乎自然，元無機心存於其間，則為無心之言，聖人之所說者是也……「夫吹萬不同而使其自己也」言天籟者乃人人發言之天機也。吹萬不同者，意謂大道本無形聲，托造物一氣，散而為萬靈，人各得之而為真宰者……「咸其自取，怒者其誰耶」……取者猶言看取，乃返觀內照之意，怒者鼓其發言之氣，乘氣而後方有言也。誰者要看此言畢竟從誰而發也，但知言從己發，而不知有真宰主之，若不悟真宰則其言皆是我見，非載道之言，由此是非之生終竟而不悟也，要人識取真宰也。〔註75〕

〔註74〕同註72之書與節、目。
〔註75〕見《莊子內篇憨山註》卷二，頁一一（琉璃經房，民國七十一年）。該書與憨山之《道

【章釋】地籟中風喻不覺念動，萬竅怒呺各不相似，喻相名分別各異，乃
至游塵野馬各有殊形，騰躍而起。天籟中吹萬者喻藏識，萬喻藏識中一切
種子……「使其自己者」謂依止藏識乃有意根自執藏識而我之也。……「自
取」者，《攝大乘論》無性釋曰「……」……是則自心還取自心，非有餘
法……故知所感定非外界即是自心現影，既無外界，則萬竅怒號別無本
體，故曰「怒者其誰」（一、一）

憨山以大道無機心而順物散於眾人，來說明萬法與大道的關係，章氏卻以藏識我
執來說明萬法之差別相。「咸其自取，怒者其誰」，憨山視為功夫義，「自取」是要
人內照返觀，「怒者其誰」則是在反問中直接認肯真宰，而要人能識取真宰來。此
乃直接提出真宰、究竟圓融之處。章氏卻仍停置虛妄法上，以「自取」乃虛妄自
心現影之故；「怒者其誰」亦置於虛妄法上，所以在發問中是意圖要遣執虛妄，表
達「別無本體」。由這樣的比較，顯然憨山立刻以真、妄對舉之，把真宰、究竟處
突顯出來，但是章氏卻全力在表明萬法虛妄處，並一遣而遣、一破再破，泯絕一
切，究顯空義。不僅在此如此，在說明「天地與我並生、萬物與我為一」時，亦
在最終強調，天地並不生，本無萬物，何來「生」與「一」呢？另又在緣起法上
再強調「無因論」，這都是將虛妄義加強，而把般若空義充份顯露的狀況。也因此
章氏就順理地運用了很多唯識名相來說明虛妄。憨山自然是要遣破，明本來無物、
無是非之空義，但是在詮解莊生時，憨山常是直接滑移進真宰、玄同之處，例如
其云：「古之人，知到本來無物，玄同之境，故本無是非。」〔註76〕、「今莊子既
說到忘言玄同之處，意謂我今雖已有言，乃從真宰而發，是無言之言，若會我無
言之言，則忘言而歸一致矣。」〔註77〕這都是很明顯的進歸玄同、真一之言理。
又云：「知萬物一體，故無是無非，無適而不可，順乎自然，此謂之道。」〔註78〕
亦是以一體為最究竟。因此究實而言：憨山較為強調真妄對立，遣妄而立真；章
氏卻是析論其虛妄，而一遣再遣，要在遣泯之中自顯真意，並不預立一真、不先
真妄對立（並非無立一真），在析論中運用唯識名相來詮釋，在一破再破之過程上
展現般若空義之精神。

　　另外值得一提的是：在體式名相上，憨山說明字句時，隨順運用頗多莊文本身
之名相，如說玄同、虛無、自然、大道、真宰等等，章氏卻少有如此，而是多直接

德》經解合刊。
〔註76〕同註75書卷，頁四十一。
〔註77〕同註75書卷，頁五三～五四。
〔註78〕同註75書卷，頁三十九。

以佛典、名相來符應，例如三性、種子、八識、比量、現量等等，且極多直接引用佛典來證。因此章氏在佛典之運用與名相之符應上，比起憨山之註莊更趨近佛法之相貌，且顧到字字細微地符應佛法。顯然章氏在文字學上的功力與其精細篤實之樸學學問風格有關〔註79〕，其曾言詮釋〈齊物論〉時，意在使莊文字字可解，由此可看出其用心所在。

貳、與楊文會解莊之比較

楊文會是近代佛教發展中很重要的人物。在所謂清末民初的佛教復興中，具有首開先例、啓發起動的地位，因此有「現代中國佛教之父」之稱〔註80〕。楊氏名文會，字仁山，皖之石棣人，生於道光十七年，卒於宣統三年八月（與民國一年同年。一八三七～一九一二），長章太炎近三十幾歲。曾隨曾紀澤出使英倫、劉芝田出使英法。後來專心致力於經典之蒐集、刻印，有金陵刻經處，由日本友人南條文雄處得到許多當時中國久已失傳的佛教經典〔註81〕，更發願印行單行本之藏經，使經典書籍得以暢行流通〔註82〕，在佛學研究的提倡上發揮相當大的功能。創開「學佛研究

〔註79〕篤實之學問風俗，自章太炎之早年喜觀荀卿之言論可知。故言：「少時治經謹守樸學，所疏通證明者在文字器數之間」。即使似佛法義理之哲思高妙者，章氏仍是由《瑜伽師地論》《成唯識論》、《因明入正理路》等精細論辯之論書中進入佛法，此乃因此特性導入之故，故言：「及囚繫上海……專修慈氏世親之書，此一術也，以分析名相始，以排遣名相終，從入之途與平生樸學相似，易於契機。」皆見《菿漢微言》末，《章氏叢書》，頁九六○。

〔註80〕「近代中國佛教之父」是哈佛大學東亞研究中心的 Holmes Welch 所說。見 Holmes Welch, "The Buddhist Revival in Modern China", Chapter 1。又尉慈氏稱其爲「近中國第一個至歐洲的佛教徒」。

〔註81〕楊氏與南條文雄之相識是在英國，當時南條文雄前往英國留學，其爲日本明治時期之佛教大學者，且爲淨土眞宗之僧人。他後來與楊氏互贈本國所無之經書，爲兩國經典之互通作出貢獻。南條文雄在日本卍字續藏經南條文雄序中提及：「明治二十四年以後，余與道友相議，所贈居土（楊氏）和漢內典凡二百八十三部，而居士翻刻卻贈來者，殆及十餘部，如曇鸞、道綽、善道、窺基、智旭之書，亦在其中」。又可在楊氏與書信來往中見詳之。其中窺基之《成唯識論述記》在中土久已未見，亦是從南條文雄處得之。其在《《成唯識論述記》敍》云：「有窺基法師者，奘公之高弟也，親承師命，翻譯《成唯識論》，會萃十家而成一部，並以聞於師者，著爲《述記》，學相宗者，奉爲準繩。殆元季而失傳，五百來無人得見，好學之士，每以爲憾。近年四海交通，得與日本博士南條上人遊，上人以上書贈予，金陵講經沙門松嚴見而心喜，亟募次鋟板……嗟乎！此書失之如此其久，得之如此其難……以是見唯識一宗流傳於世，非偶然也。後之覽者，其勿等閒視之」。本國之佛經典籍仍須由外國見贈，可見佛典之全面整理蒐集急待有人。

〔註82〕楊仁山發刊刻單本藏經，預計刊完全藏。並有〈大藏輯要目錄〉。進行了十幾年，最後並未能全部完成。在進了十三年後，其給南條之信中言：「……預計刊完全藏之期，

會」、「祇洹精舍」。開課講經，一生中教授出許多出色之弟子，一時研究佛學為知識份子所尚，蔚為一股思想風氣，所啓發出的弟子都在近代佛教復興中盡一份力量，尤其是太虛法師、歐陽竟無二人更是民國佛教中最具光輝之龍象，各發展出兩種不同之方向來〔註83〕，鉤勒出佛教復興之整個圖像。歐陽竟無曾言其師曰：

> 唯居士（楊仁山）之規模弘廣，故門下多才，譚嗣同善華嚴，桂柏華善密宗，黎端甫善三論，而唯識法相之學有章太炎、孫少候、梅擷芸、李證剛、蒯若木、歐陽漸等，亦云夥矣」。〔註84〕

由此顯現楊文會居士創開思想門徑之功。其佛學思想所宗者為：華嚴、唯識、淨土。其中特別提倡唯識學已救禪門之病〔註85〕，這對從唐代窺基以來久被埋沒之唯識學，能夠成為佛教復興之思想主流有促發性的作用。楊文會在義理上尊《起信論》，修持上以淨土宗為教，勸人「專唸彌陀，求生淨土」〔註86〕。並曾對日本淨土真宗僧人為文爭論法義，被目為中日兩國第一次法義之爭〔註87〕。且有〈支那佛教振興策〉文，為現代佛教教育提供改革之道，影響佛教教育甚鉅。他的出現是開居士自辦佛學研究之創舉，提振居士研究佛學的重要性〔註88〕。

這樣一位佛教居士，在光緒三十年亦有《南華經發隱》之作，早於章氏之《齊

或在十年二十年，尚難懸定。蓋中華官憲中，信崇佛教者甚鮮，既不能得官給巨款，祇有集腋成裘之法，隨募隨刊」。見《卍字續藏》中南條文雄序。

〔註83〕一般認為太虛法師代表出家僧人的發展，歐陽竟無則是在家居士的興起。又，前者領導佛教全面改革，後者是接繼玄奘、窺基之唯識復興者。

〔註84〕見歐陽竟無之〈楊仁山居士傳〉。其中譚嗣同在南京候補知府時，曾問學於楊仁山。但章太炎本人並未有從學之跡。想是因章氏亦在此唯識思想潮流中，而歸於楊氏提倡之功。

〔註85〕其在〈十宗略說〉中言：「……誠末法救弊之良藥也。參禪習教之士，苟研究此道而有得焉，自不至顢頇佛性，儱侗真如，為法門之大幸矣」。對禪宗之流病有言：「蓋他宗依經建立，規矩準繩不容假借，惟禪宗絕跡空行，縱橫排盪，莫可捉摸，故黠慧者竊其言句而轉換之，麤魯者仿其規模而強效之，安得大權菩薩乘願再來，一振頹風也哉」。收于《楊仁山文集》內（文殊出版、民國七十八年），頁七。

〔註86〕近人藍吉富先生之〈楊仁山與現代中國佛教〉一文中，以將楊仁山之佛學思想歸納為：一、尊崇《大乘起信論》。二、力倡淨土法門，闢斥日本真言宗。三、彈訶禪宗末流，提倡唯識法相之學。同註85書，頁十九。

〔註87〕時，日本真言宗人在南京建立本願寺，藉軍國侵略之便來中國弘法。楊氏對其宗教義極是不滿，認為有違淨土教義，而與日僧多人往反論辯。見其〈等不等觀雜錄〉、〈闢教篇〉中。藍吉富先生說此為「中日兩國佛徒的第一次法義之爭」，見註86之文，頁二十三。

〔註88〕藍吉富先生對於楊氏對現代中國佛教的影響，認為有三大項：一、佛教教育的革新。二、佛教經論的流通。三、培育佛教人材，造成學佛研佛之風氣。見註86之文，頁二十七。

物論釋》。除此之外，楊氏亦有《陰符經》、《道德經》、《列子》、《論語》、《孟子》之詮釋，皆目爲「發隱」。可見其溝通佛法與儒、道之用心。觀章氏《齊物論釋》之自序或其自述年譜中，在寫作《齊物論釋》之前，皆未提及楊文會此人，當然亦無有關於看過此書之記述。後來在《菿漢微言》中方有提及。或可知其二者並無互通效習之的相關性，而在以佛理解釋莊子的方式上卻能不謀而合。今且以楊仁山之《南華經發隱》（以下簡稱《發隱》）來與章氏之《齊物論釋》（以下簡稱《章釋》）作比較，以發見此年代甚近，又同爲以佛解莊之詮釋著作，所凸顯章氏之詮釋特質爲何。

《發隱》與《章釋》皆無著力訓詁，而純是義理之作。但是《發隱》擇莊子內、外、雜篇十二章中重要者，發揮己意詮釋之，且每一篇並非全文錄之，因此在〈齊物論〉篇中只引「子綦喪我」爲解，與章氏爲〈齊物論〉作全篇詮解，在體例上差異甚大。故在此以〈齊物論〉之「喪我」爲主，再引兩者皆有詮釋之其他篇章，稍加參看，又輔以二人對莊子整總的觀感來觀之。

在詮釋理路上，楊氏說齊物爲：

【發隱】……倘我執未亡，定有對待法時時現前，不能深入寶明空海平等普觀也。下文種種不齊之物論，皆從喪我一法而齊之，了無餘蘊，所謂得其一萬事畢者，此之謂也。〔註89〕

【章釋】齊物本以觀察名相會之一心。名相所依則人我法我爲其大地，是故先說喪我，爾後名相可空。子綦坐忘自言喪我，……最極爲滅盡定，意根中斷我執不行，若依眞證，則雙斷人我法我也。（一、一）

喪我之說在章氏之理論架構中，是符應於佛法人我、法我二執之泯絕，亦是齊物論極重要之基石所在，處處可看到這個觀念，且可說是莊生境界之根本。喪我相當於去我執，有我執則有對待，我執去離則萬物齊，此境界爲「寶明空海平等普觀」。這樣的理論架構基本上與章氏是相同的。但是在內容上章氏顯然多運用些心意識之分析：在我執上特標出人我執、法我執，以意根來說我執。又，在說明「心齋」時楊氏以浮塵根、分別識、五根對境等等根、境、識之唯識名相解之。兩人亦有同以八識解者：

【發隱】「以其知得其心」以六識觀照而得八識現量。「以其心得其常心」超八識現量而顯常住眞心。……「彼且擇日而登假」言其不久即入涅槃。

〔註90〕

【齊釋】〈德充符〉篇說王駘事云：「以其知得其心，以其心得其常心」「彼

〔註89〕見《南華經發隱》，頁十。
〔註90〕同註89書，頁十八。

> 且擇日而登假」，謂依六識現量證得八識自體，次依八識現量證得菴摩羅
> 識自體，以一念相應慧無明頂盡，於色究竟處示一切世間最高大身也，此
> 但說佛果而亦不說涅槃（七）

以知、心、常心為階次之詮釋完全一樣，是很難得的例子，只是在「擇日而登假」
上，兩人有所偏差。一者入涅槃，一者為不入涅槃。這是因為章氏正要說明菩薩之
不入涅槃義，將「登假」實相化而成最高大身；楊氏順遂而上，將「登假」抽象化
視為最高、最究竟處，即涅槃。這種文字語言之詮釋本就會隨著文意、用心、文字
多義性等等因素，而有各種可能性產生，所以兩人之詮釋，絕無在文字上均能符對
的可能〔註91〕，因此亦不能以此而抹殺其理路之相似，是以只要核心理路相似便可
認為相同。這是同以唯識為解之例子，但是就全文而論，楊氏只是略以唯識為用，
而章氏卻較為精細且全文為用。

　　兩者理路之相近又可在〈大宗師〉篇，女偊說明教授卜梁倚之階次時見之：

> 【發隱】「無古今而後能入於不死不生」，古今遷流方有生死去來之相，今
> 證一刹那際三昧，時量全消。迷者妄見生死，實無生死，悟者本無生死，
> 示現生死，所謂生死涅槃二俱平等，方是不死不生義也。「殺生者不死，
> 生生者不生」，即用明體，以釋不死不生之義，道之真體具殺生、生生二
> 用，所以證其不死不生也，禪宗謂之殺活自在。〔註92〕

> 【齊釋】〈大宗師〉篇說卜梁倚參日外天下，七日外物，九日外生，次乃
> 朝徹，次乃見獨，次乃無古今，次乃入於不死不生。則佛法所謂遠行地後
> 之大士，不死不生義與涅槃無異，然能不見生死者，雖復出入生死而親證
> 其本不生。（七）

楊氏以「本無生死，示現生死」來說，正是章氏「出入生死，而親證其本不生」、「生
死涅槃二俱平等」，亦即章氏「譯言斷所知障，此既斷已，何有生滅與非生滅之殊？」
（七），在此楊氏並運用了禪宗語，這在章氏是沒有的情形。章氏以般若空義為究竟
義，楊亦能運用之，在這一點上，兩人甚為相同者。

　　總而言之，章氏與楊氏同為以佛理解莊，本在義理基礎上就是相同的，但是可

〔註91〕章氏在《菿漢微言》應答於學生問楊文會之逍遙遊義，言：「答曰：消遙一篇，純是
　　　　發揮常樂我淨一語，覺鳩大鵬細大有異，靈椿朝菌修短不齊，計以常情，則之宛有
　　　　勝劣，會之定分而互為悲笑。……楊氏不憭狼，以十大繳繞亦其蔽也」。楊氏以十大
　　　　來說明〈逍遙遊〉，章太炎說其「繳繞」，是指楊氏總括為十大來說，太過迂迴。這
　　　　表示是說明之不同，並非義理內涵有異。見《章氏叢書》，頁九三六。
〔註92〕同註91書，頁二十三。

能因取用之概念不同而有所差距，今將兩者並看可知，他們兩者同重般若空義之強調。但是因爲章氏除此之外，對唯識之倚靠比重是很大的，楊氏並無這種傾向（雖然亦有一二之處運用到，甚至與章氏符契若合）。至於楊氏運用《起信論》之二門思想〔註93〕、禪宗法語之使用，在章氏而言，《起信論》亦有涉入，但禪宗法語則無談。雖然兩者處於同一時代，平生亦皆對唯識很是看重，但章氏學力得力於唯識甚多，而楊氏雖是極力宣揚唯識，但其佛學思想並不以此見長，所以在詮釋莊子時，就呈顯不同的風格。

楊文會在《發隱》之敘言：

> ……及讀其書（莊書），或論處世或論出世，川世之言或淺或深，淺者不出天乘，深者直達佛界，以是知教列莊三子皆從薩婆苦海逆流而出，和光混俗，說五乘法，能令眾生隨根獲益。

此處他並未要定莊生於某一層次，而是直認莊生義理淺深皆具，五乘法均足，意在隨根度眾，是菩薩慈航再來。這使得其詮解有了比章氏更可上可下的空間，對楊氏應機之說法，章氏在學生問答中，亦表讚同：

> ……楊氏謂莊子所言，包括人天小大五乘，其言似亦有見。答曰：楊氏此言最爲通達，雖然猶未盡也，大士說法唯在應機，然應機之云非局於當人問答之間，亦當觀彼一期政俗風會遷變之跡。〔註94〕

章氏特別再以莊生入世之情懷，能觀政俗風會之跡，來進一步加強應機之說。由此更印證其眼目置於經國濟民之處，是以章氏將莊生歸爲大菩薩而能應機說法，能應整個中土民情之機，於此來說明莊子存在之意義。又，章氏他仍然確定莊生所說皆依最究竟之義，而處處企圖將之詮解入最高之地，所以每一文字他都設法以佛法通暢之。

楊氏是位佛教徒，其所最關心的是佛法之前途，所以其註釋之用心，亦承著三教調和論之餘蘊，但是已不同憨山那種強烈的善自他宗要求。因爲其時中國之儒、道整個文化均式微，已無必要孰勝孰弱之爭，所以楊氏勢必將目光注於國際，反省到中國佛教之衰微，不似外國之佛學研究蓬勃，尤其是日本佛教，因此極力振興佛教本身。所以「以佛解莊」之詮釋，並非其一生思想之重點，甚至被認爲荒誕〔註95〕，只是以身爲傳統學問出身之立場，將其研佛有得之果，稍資於道家者。這與《齊物

〔註93〕楊氏運用《大乘起信論》之二門思想來說明眞俗不二不一之理，在〈德充符〉篇中「自其異者視之肝膽楚越也」楊氏釋爲：「依生滅門作差別觀」；「自其同者視之則萬物皆一也」楊氏釋爲「依眞如門作平等觀」。

〔註94〕《菿漢微言》，見《章氏叢書》，頁九三七。

〔註95〕藍吉富先生認爲楊文會以佛解莊子、論語、孟子等裏面的許多詮釋是：「這種解釋之荒誕，大概不會是現代人所能接受的」。見註86之書、文，頁十八。

論釋》乃章太炎很重要思想內涵有很不同，章氏以其紮實學力爲礎，以一非佛教徒之身份，全力將莊佛並舉，正面地吸收佛學，且視爲最高，在說服力上極高，效果比楊氏高出極多。然而楊氏亦在詮釋中呈顯其對佛教的看法，尤其在討論名言文字時：莊生在〈齊物論〉與〈外物〉篇中皆有闡述名言文字之相對性，所以須「得意忘言」，但是楊氏在詮釋此部分時，總不忘在「執指固不能見月」之破除名言後，再加上「去指又何能見月？」〔註96〕的強調名言存在的必要性與重要性。這是因爲禪宗久行「不立文字」之教，造成佛教義理無人爲繼而衰微不振之弊病在當時特別嚴重，是以不能再說「忘言」，而須說「文字皆解脫相，非即非離」〔註97〕。而章氏並無此種現象，由此亦凸顯同在一時代中，兩人之存在感受之差異及其特定之方向，雖然同以佛理詮釋，章氏關心之重點不在佛教內部，而全在文化與經國上。

在體式上，章氏在全篇之詮釋上句句符應之著力，顯然較楊氏舉片段之文爲符來得精細、困難，且形成詮釋之風格有宗教家與學問家之不同。不過在理路架構上基本上是相似的，特別在般若空義之解釋上極爲一致，而名相之運用兩者亦多舉佛法名相符應，只是章氏特重以唯識詮解，故也大量帶來唯識佛典與名相，而且不舉禪宗法語，更加強其詮解之精密度，學問家之態更濃，也代表其對佛法入門之徑與判攝之處。而兩人用心之存在感受，雖在同一時代卻截然不同。

參、以唯識精析名相，極莊生爲菩薩闡提之詮釋特質

與其他純粹「以佛解莊」著作之比較參看後可知：在莊佛名相符應上，楊氏與章氏的符應程度比憨山者高，而以章氏爲最高，亦即章氏在詮釋時，大多直接以佛法之名相來說明，而盡全力在文字名義上解決符應之問題，使得詮釋之內涵充滿著佛法名言。這些名相中以唯識法數之名相爲最多。

在詮釋理路架構上，三人皆以佛法解之，所以基本上皆是：無我、無是非、無大小、無壽殤等等而遣除執著，能無執則即成最高之境地，即畢竟空性義。以此境地化爲大用而能應世無執，即畢竟平等義，而即成般若中道思想。這是莊佛符應理路上之共同模型，自然三人之詮釋不離於此。但是因說明角度之不同必然是會有風格差異產生。

在時代環境上，憨山與楊章二氏比較不同。憨山以調和三教爲其用心，將內典外典之界線融化，以提振佛教利俗之用〔註98〕。楊、章二氏則同處於清末，雖有類

〔註96〕見註89書，頁二十九。
〔註97〕見註89書，頁三十九。
〔註98〕所謂：「吾宗（指佛教）末學安於孤陋，昧於同體，視爲異物（他宗或是老莊），不能融通教觀，難以利俗，其有初信之士，不能深窮教典，苦於名相支離，難以理會，

似之時代文化處境，但因彼此之立場素養有異，因而呈現不同之用心。身爲近代中國佛教之父的楊氏，雖有三教調和之態，但因沒有假老莊以利俗之時代要求，所以不如憨山來得熱切，反而是專於佛教本身推動發展爲主，所以其「註莊以爲應世」之角色是三人中最弱者。章氏則是以佛建立莊生思想，作爲傳統文化之再創發，自立立人，並以爲經國利民之用。

在莊佛之關係上，「應機」之說皆是他們解開莊佛矛盾之論點、暢通莊佛差異之關鍵。但是三人所放置之位置有所不同。應機之說本是要證成莊生亦是佛境界之人、亦是最高究竟之人，只是爲了現實之人、事、物，其不得不加以權變之，這是其應世之苦心、大願力，所以只要善解其意，其文字本身本來就指向最究竟處，莊佛二者之地位基本上是一致的，章氏與楊氏就將應機之說放在此處，只是章氏將莊生歸爲：爲經國利民而應機入世之人；楊氏並未用心於此，他將莊生歸爲：爲五乘眾生而應機顯五乘諸法，亦即重在宗教解脫道上言。而當說莊生乃應現實之人、事、物之機而說法時，亦即承認莊生文字所表現的是境界較低者，非得等更高義理來詮釋之、提舉之，否則不能掘發出其隱微之處，所以如果沒有佛法之出現，莊生無法顯發其最高境界。顯然莊佛之地位，是以佛法爲重，憨山就將應機之說放在此立場上。所以章氏同爲「以佛解莊」，章氏是將莊生提舉至與佛同高，甚至提出莊佛不謀而合之處，而不必佛先有、獨有，所以可以說是正顯莊生之著作。

而此應機之說，皆能立莊生爲一應機之菩薩，憨山勉力立之〔註99〕，楊文會則正說莊生爲和光混俗，令眾生隨根獲益處於可上可下的位階。而章氏則極盡說莊生爲菩薩一闡提，此乃將菩薩道度眾熱切之精神發揮至極盡無限，而至斷佛善根，永不成佛。

理路模型相當，因詮釋名相使用之不同，使得章氏於此中呈現法相唯識學之特質。而且唯識名相之符應亦能帶出唯識之詮釋理路，兩者可爲互成，因此亦可說章氏之詮釋名相與理路，均集中在唯識學上。由於當時佛法唯識學正初露頭角爲世所重，增加章氏接觸之機，唯識理論本身之精密度，與章氏樸學之功力相得益彰，使

至於酷嗜老莊爲文章淵藪，及其言論指歸，莫不望洋而歎也。」。佛法深窮難明，莊生又文字恣洋，故憨山註莊要使佛法能明，莊文能解。是以對佛法而言，可助其利俗之用。見憨山〈觀老莊影響論〉「敘意」。

〔註99〕憨山判老莊爲天乘聖者，但又曰：「此其（莊）說人天法而具無礙之辯者也，非夫現婆羅門身而說法者耶？何其遊戲廣大之若此也？」。並說菩薩有「應以何身得度者，即現何身而爲說法」之應化方便，而老莊即是示現婆羅門身來說法者。此說已有菩薩度眾之味矣，但並無正說。同上註文「論去取」，頁五；「論教乘」，頁十六。

得其詮釋時要求字字可解，所謂「以分析名相始，以排遣名相終」之方法，又正是章氏之詮釋風格，也因此，與憨山、楊文會之解莊常有修行功夫、踐身履行之語比較下，更具學問家之氣象。但是章氏絕不是只專鑽於故紙字堆之人，他之實踐層面全在於對歷史之存在感受上，亦即全在其文化傳承、經國利民之使命感上，此使命感之動力，全從佛法與莊子之應合中探取得的，因為佛教大乘菩薩度眾之感情，正為莊生不畏輪迴之行，有此大願大情乃為其學問析解之術作了生命滋潤，更使章氏之釋莊形成另一種特質即：極立莊生為菩薩一闡提。

綜合言之，《齊物論釋》在莊子詮釋學之「以佛解莊」詮釋類型，於般若中道之共同模型下，凸顯出以下之特色：以唯識學義理、名相上之運用。佛莊名相之符應程度最高，連帶地使〈齊物論〉縝密地充滿著佛法之義理內涵，並給予莊子最高之評價，立於入世精神最極盡處。以「精析名相」之方式為其詮釋風格，亦即具有篤實學問家之氣象，以菩薩道精神而將感情置於文化與經國之上。是以，法相唯識之精析名相、極莊生為菩薩一闡提，是章氏以佛解莊之二大特質。

第五節　運用「唯識」之必要性

在與同為「以佛解莊」著作之比較後，《齊物論釋》之詮釋特質已如上述，在此不免要再說明此特質之意義。「極莊生為菩薩闡提」之特質，是在原有之「即真即俗」之般若中道模型中，更強烈、無限地加強莊生之入世精神，這是章氏主觀性的體會，由其個人熱切之存在感受可知之。至於「以唯識精析名相」之特質，是否有客觀上詮釋之必須？因為既同為「以佛解莊」，有其共同之思想模型－般若中道（於第二章第四節結論部份討論之），章氏又特別重在唯識法相之運用，是否有其詮釋上的必要性？亦即使用唯識法相來作為詮釋方法，是否比只用般若中道模型更能詮釋莊生？

在思想理路上，因為同是佛法，唯識之運用並不會違反般若空義，而是在名相運用上顯其特質，而且唯識之立宗自有其方法進路上的特色，所以將由此來觀察之。

章氏在《齊物論釋》之解題中曾言：「〈齊物〉大旨，多契佛經……上悟唯識，廣利有情，域中故籍莫善〈齊物論〉」，由此可知，能契唯識者在〈齊物論〉，除了佛法之共法外，唯識與〈齊物論〉之間有某種密切關聯性，使其必然以唯識解之方能真切。

莊子思想可以說具呈於〈逍遙遊〉與〈齊物論〉這二篇上，而〈齊物論〉卻

特別被認爲是莊子書中最豐富、理論性最強的一篇，〈逍遙遊〉呈顯一境界之自由自在，其內涵反而比較單純。面對這一篇理論性濃厚、連貫性強的作品，其呈現之內涵亦須以精細分析加以說明。而唯識法相之學在佛法宗派中，亦以分析性、理論性強著稱，又其學說產生之背景，在解決說「空」後，萬法如何存在之問題，亦即解決「有」、如何「有」的問題，所以唯識法相又稱爲「有宗」〔註100〕，以其方法學上是著重在對世間之種種存在，加以精細分析，尋找其虛妄存有之根源，而說唯識所現，萬法虛妄。因此對於認識論、存有論上多所著力。而對於萬法之存在亦提出各種名相法數（如八識、百法），來作精密之分類解析。而〈齊物論〉文正爲「齊」名言、感受、萬物等等世間法上的相對性，所以基本上其對象就在於萬法之存在，從心識概念之生死觀、壽夭（時間）觀、空間（長短）觀、是非觀，到名言、論辯、物我等關係上，發出質疑，企圖消解其固定僵化。專於心、名言、物相之探討，因此〈齊物論〉探討之內涵與唯識法相同途。所以以唯識法相所專長之精密名相來說明〈齊物論〉中對世間萬相之探討，更能清楚其內涵。所以章氏亦曾自言：

> 即〈齊物〉一篇，內以疏觀萬物，持閱眾甫，破名相之封執⋯⋯外以治國
> 保民〔註101〕

所謂「疏觀萬物、破名相之封執」，正是指出〈齊物論〉如同唯識法相一樣對萬法存在加以分析透觀，而其中討論最多的就是名言之破執。〈齊物論〉討論之對象與唯識法相宗之對象與特質，正能相應，唯識之精細名相可助其清楚分析，再由其分析分解來證明萬法之虛妄性，亦可呼應莊生對名言、物我等概念之反省與質疑。因此當然以唯識來詮釋〈齊物論〉較爲適當。這是章氏運用唯識學來作爲詮釋方法的最基本、核心的原因。

　　除此之外，章氏爲學之路徑亦影響其吸取何種佛法宗派類型，其學術喜精密分析而不要扞漫籠統，由其友人介紹看《法華》、《華嚴》、《涅槃》等經典，卻不能入，而在獄中觀《瑜伽師地論》才體悟大乘深趣可知。所謂「⋯⋯此一術也（彌勒、世親之學即唯識），以分析名相始，以排遣名相終，從入之涂，與平生樸學相似，易於契機」〔註102〕。是唯識法相之學與其平生學術路徑相當之故，亦即其選擇唯識學之

〔註100〕另外，之所以說「有宗」，亦有方法上與空宗差異之所在：亦即有宗「說空而歸結到有」；而空宗是主張「自性空」，是「即有即空，空而即有，雖說明有而歸結到空」。（引自印順法師《性空學探源》，頁六。正聞，民國七十九年）章氏運用唯識卻沒有強烈地將空歸結到「有」的特質。

〔註101〕見《菿漢微言》，《章氏叢書》，頁九三七。

〔註102〕同上註書，頁九六○。

原因，而其能於〈齊物論〉之外的莊文亦使用此種方法詮釋，亦即靠其學術路徑使然之故。至於當時整個學術環境，要面對西方思想科學實證、理論精析之要求，唯識學之特性正能符合之，所以整個近代佛教思潮之思想內涵亦均朝此方向，這是文化大環境使然。

莊書作爲一開放詮釋體下，又能在理路模型上與佛法之般若中道相當，故出現「以佛解莊」之詮釋方式。「以佛解莊」之詮釋當然同以般若中道義來爲莊佛會通，章氏之詮釋自然亦具有此共同模型。但是除此之外，在詮釋方法上，其有別於其他「以佛解莊」者，即是以唯識法相之學來詮釋〈齊物論〉，而且這個詮釋方法的運用，對莊生之〈齊物論〉而言，是有其必要性的，亦較能精確表達之，也因唯識的帶入使章氏之詮釋在：莊佛之名相符應上，比起以往之「以佛解莊」者更爲精密，理路之分析更加精細，其詮釋之價值亦在此顯現。

第四章 《齊物論釋》於章太炎思想中之定位與價值

對章氏個人生命而言，《齊物論釋》是其思想中極重要之部份，今就以此一角度切入，觀《齊物論釋》與章氏思想生命之活潑互動。首先，先解決《齊物論釋》之兩種版本的問題。再由章氏一生中對孔、莊、佛評價之轉變，來安其地位。終乃點出其於章氏思想中之價值：一、創建莊子之思想。二、啓發判攝思想之方式。

第一節 初定本與重定本之差異

章氏對其文章因時更改增刪，並非殊事，尤其對於《訄書》，不僅文字更動，篇章亦有增刪，連書名後來也改爲《檢論》，其思想內涵更是有一百八十度的改變，可算是大幅變動〔註1〕。章氏生前出版之《章氏叢書》，由其親自審定，因此收入之作品大以具學術者爲重，多撇開時事之作〔註2〕。《齊物論釋》，亦更改了一次，成爲「重

〔註1〕《訄書》有原刻本（一九〇〇出書）、手校本（一九〇〇改）、重印本（一九〇二年改，一九〇四年在日本出書），後來再「多所更張」而改名爲《檢論》，收入《章氏叢書》右文版中。見湯志鈞之《改良與革命的中國情懷——康有爲與章太炎》〈《大同書》與《訄書》〉，有列表比較之，頁一三二。

〔註2〕魯迅曾云：「浙江所刻的《章氏叢書》，是出於手定的，大約以爲駁難攻訐，至於恣罵，有違古之儒風，足以貽譏多士的罷，先前的見於期刊的鬥爭的文章，竟多被刊落，……《章氏叢書續編》於北平，所收不多，而更純謹，且不取舊作，當然也無鬥爭之作……」，魯迅認爲的戰鬥文章即指〈獄中贈鄒容〉〈獄中聞沈禹希見殺〉等等時事激奮之作，並認爲這些戰鬥亦是章太炎一生中最大最久的業績，實在應該輯錄之。由此可見出，太炎編其叢書自知可傳可久者爲何，以及一位知識份子之本色；而魯迅者流平生志趣所重所趨者並不在此。見魯迅之〈關於太炎先生二三事〉，《章太炎生平與學術》，頁八。

定本」。在民國四年時，章氏親自審定之《章氏叢書》右文版〔註3〕，只錄有初定本。到了民國八年浙江圖書館出版之《章氏叢書》，才同錄初定本與重定本二種。修改多次之《檢論》，是將多次更改後之最後之作，錄進《章氏叢書》。而《齊物論釋》之情形，基本上兩種版本之內涵是沒有抵觸的，依於初定本與重定本之比對下，亦可證成之：在「以佛解莊」之立場沒有改變，義理之理路亦無差異，所不同者，乃在於重定本更加強其莊佛符應之程度，使其「以佛解莊」之詮釋更趨精細、全面、深入。在形式上大都是增加文字而少有刪除者。重定本幾乎每一節都有更改（第一、五，三，四節除外），今以增加最多之第五節，作為代表來觀之。

在引〈田子方〉篇之「貴在於我而不失於變」時，重定本作「斯所謂我即如來藏，不變隨緣者也」，初定本本作「此乃近神我說，亦得通如來藏說，未審本義何屬」。莊生此句之關鍵在於「我」、「變」兩字，章氏自然深知佛法說「無我」，所以莊生用「我」字，使其不敢立刻確定符應於佛法，所以稍保留「我」之本義，而說「近神我說」，這在符應上是很大的缺漏，因為在究竟義上，莊生竟有神我之說，與佛法之無我是南轅北轍的。但其又知《起信論》有如來藏之說，具有真常之意義，與「我」義亦可稍微搭上牽連，故說「亦得通如來藏說」，章氏在此二者間，無法確然判定莊生到底為何義，故終以懷疑之態度為結。但是在重定本，章氏就將遲疑不定之態度轉為確定，使其莊佛符應度更加緊密，很清楚肯定地認為莊生之「我」是指如來藏，符應於如來藏之真樂我淨、具有無量功德之不空部份，「變」即是不變而呈隨緣變化。由此觀來，初定本與重定本皆說及如來藏，只是初定本是「亦得通如來藏」之籠統、遲懷心態，重定本則直截劃棄神我之說，確定以「即如來藏」來符應莊生，所差者即在此處而已。在第一、二節中，章氏在重定本中多加入一段初定本所無者：「子綦本言喪我，莊生佗篇皆無己，獨此說有真君，猶佛典悉言無我，《涅槃經》獨言有我，蓋雙泯二我，則自性清淨始現，斯所以異於斷無也」，由此可知，章氏在初定本中，還無法貫通符應莊佛中「我」之問題，但在重定本中，卻已能在文字義理上找到佛經依據，而順利掌握住雙泯人法二我，又不入斷、無之見中，這是處理斷常二者偏執之中道行。章氏在重定本中已能游刃有餘，解決莊子的問題，而增加莊佛之符應度。

另一差異是，在說明「同異」、「是非」無法互辯互明，終以「和以天倪」明之。初定本作「終說和之以天倪，以大聖亦不能證成生空，故惟有自證也」。重定本乃作「終說和之以天倪者，以待大聖證成生空，則不如自證也」。只差在重定本不說「大聖不能證生空」。因此兩者並無重大差別，只是重定本比較周延罷了。

〔註3〕章氏對此版本印出時，極為不滿，認為「錯亂百出，校亦難清」，且出版者與章氏有財務上之紛爭。

　　第三個差異是：在說明天倪（自然之分）乃自證知，初定本作：「云何可知謂離絕擬議，自內證知，斯爲知自然之分」。重定本作：「諸有情數始以尋思，終以引生如實智，悉依此量可以自內證知」。以下即舉例：飲水知鹹淡是自證知而不須說明、不得詭辯之例子。觀此差異，意義無別，但重定本卻肯定地以心理層面之名相，比較清楚的說明之，顯然重定本佛法名相運用得多，使其理路較爲嚴密。第四個差異是初定本在說「此爲離絕相見對待之境，乃是眞自證爾」後並不再說明，重定本卻又補增「而此眞自證者，初依天倪爲量，終後乃至離念境界，所證得者即亦最勝天倪也」。重定本特別再說明眞自證者，雖與俗中自證皆依天倪而成，但兩者畢竟有所差異，所以又再成立「最勝天倪」，以明眞自證者不同於起念識別之天倪。這亦是重定本分析得更清楚之故。

　　再一差異，就是對莊文「忘年忘義」解釋有異，即：

　　【初】忘年謂齊死生，忘義謂遣是非，是非死生蕩而爲一，至理暢乎無極，故寄之者不得有窮（本郭義）

　　【重】忘年謂前後際斷，仲尼所謂「無古無今無始無終」，乃超乎窮年矣。忘義謂所知障斷，老聃所謂滌除玄覽，乃超乎「和以天倪」矣，忘年爲體窮年爲用，比其應化則死生修短，惟所卷舒，故能止於常轉不受漂蕩，寄於三世不住寂光」

初定本以郭象義爲主，是以「忘年忘義」爲「一」生死是非，再直接詮釋爲趨往無窮無極之義。重定本顯然有更精密的說明：依字義，將「忘」詮釋爲「斷」前後際、所知障，是遣執、空性之意義；「窮」則詮釋爲「應化」三世、無窮無盡，所以判別忘年爲體，窮年爲用。凸顯體性上是忘年爲高，以勝義空爲究竟。此一差異，可知重定本已能更清楚之運用體用之關係來詮釋，因此也更鞏固般若空義運用之一貫性，這是《齊物論釋》重定本本身之特性。就體上，證成莊生已達空性義，也就能證成莊生逍遙無盡之歸處；就用上，卻也巧妙地詮釋莊生能不離世間，具應化三世之大用。不像初定本直陳郭象義，只顯「一」是非死生，而沒有極成寂滅義。只立無窮無極，而沒有證成寄於三世，不住常寂光。沒有前者，無法顯莊生證究竟義；沒有後者，無法證莊生菩薩道精神。在初定本之第七節中，亦已提到莊生不欣羨寂滅之情，亦舉《大乘入楞伽經》之菩薩一闡提明之，所以這個觀念是章氏觀〈齊物論〉文時體會到莊生有遊於世之思想貫穿著，勢必要在佛法中找到恰當之義理來詮釋之，此義理即菩薩道精神。但是初定本在詮釋上仍無法釐整清晰，重定本卻已能清楚分判，而加重強調莊生菩薩之精神。其曾在重定本第七節之最後部份加上一段

文字，云：

> 余曩日作〈明見〉篇，猶以任運流轉，不求無上正覺為莊生短，由今觀之是誠鴳之笑大鵬矣。復次，莊生是菩薩一闡提已證法身，無所住著，不欣涅槃隨順生死，其以自道綽然有餘裕矣……

認為自己在〈明見〉篇之意見，乃是對莊生之誤解。這在初定本是沒有的，因此也顯示，章氏不僅在〈明見〉篇中未掘發莊生此一特色，而且還以為是一大缺陷，今在初定本中，雖已取莊生為菩薩之義，將此一缺陷反而轉化成價值所在，但是在理論上卻仍不夠精嚴而確立，此乃留待重定本為之。至於莊生為何不欣涅槃，除了菩薩度眾此一共因之外，仍要說明其別因，亦即菩薩為何要以逍遙來教中土眾生呢？這個問題，在接著上面所補之文字後，章氏又增補一大段來清楚說明，這是初定本沒有說明的，此可總歸於重定本在莊生為一闡提菩薩角色上，已經清楚釐理之故。

在「忘年忘義」詮釋之差異中，亦可看出章氏更多運用佛法名相，使其莊佛之符應不但具體且緊密，免除汙漫佛義、名相不清之弊。徵引了孔子、老子之言更知其廣度擴大、證明文字愈多。

第五節最後一個差異特別重要，其增加之文字亦是最多，是為了全面說明「和之以天倪」義涵而增補的，採用兩大問題之問答來表現，一是「天倪之用，祇以自證生空邪？」，二是「和以天倪因以曼衍，則莊生自悟、悟他之本，將以導示群倫術盡於斯邪？」前者顯現天倪之用的精義所在，後者以孔顏心齋義來說明。這全是初定本所沒有的。章氏「和以天倪」義是運用來判攝其他思想之方式，因此是《齊物論釋》帶給章氏極具價值之處，亦是《齊物論釋》所具重要意義之一，此在重定本中才完整成形。

是以，初定本與重定本在義理上並無背反之處，彼此是傳承增衍之關係。就「以佛解莊」而言，重定本之名相精密，解莊之符應度更緊密，文意阡陌更通暢；思路上能釐整清晰、高遠確定，更使莊佛義理合契。顯然在莊佛符應中，找出莊生之獨特生命價值，亦確立佛法高義之究竟。因此重定本使得名相義理符應佛法更趨圓滿外，重要的是無形中確立莊生獨特之思想生命風格。

第二節　居學術歷程之眞俗交融處

壹、對孔、莊、佛評價之轉變

章太炎之思想是極具變化的，尤其他又出生在中國文化最流變分歧，也就衰微之時。對一般人而言，要在這樣的時代中尋找立身處世之道，已是莫衷一是、難以

適從了，更何況知文化、解文化，爲整個文化承續、以文化爲己任之太炎先生。因此就出現他的思想終其一生有因時推移、進退學說之不同轉變。對於這些轉變，如能將之釐清，將更眞實地呈現章氏之具體思想生命。

　　對於章氏思想之分期，學者多所立言，有以革命主張、政治言論來分別之，亦有以著作內涵來區分之，或兩者合論爲談，其中亦有粗略、精細之分。而對文化內涵之看法常是直接影響章氏之所言所行，文化問題亦是一向爲章氏所重，若論文化之家派向來以儒、釋、道三家爲括，所以知識份子之學問內涵大不出此三家之範圍，或各主一家，或調合三家，或一主兼二，或陽一陰二等等各種組合。章氏一生中對此三家皆有機會正面涉入，且各奉以爲標的，這是中國知識份子很少有的現象，此乃因其時代裏三家交互糾葛已減至稀微故，也因此以章氏任俠之生命力，能取用隨意而無拘礙，所以儒釋道三家之學，在章氏學問裏，產生了因時推移不同之價值變化，據此，將焦點置於儒、釋、道三家，來看章氏思想變化之跡，是一重要方向，而《齊物論釋》是「以佛解莊」之著作，牽涉到莊子與佛法，儒學則因牽扯之內容可以極多，所以爲了更切近集中地說明，在儒學中取孔子爲目，道家中以莊子爲眼，佛法則以大乘佛法爲主，觀察章氏對孔、莊、佛三者評價之遷變，由此將更能理出《齊物論釋》在章氏學術生命中之地位與價值。

　　章氏早年受學於清代漢學大師俞樾，從學「稽古之學」〔註4〕，「獨求通訓故知典禮」〔註5〕，在傳統學問中出來，對於儒家還是相當尊重的，雖然取於儒者之門徑是「以荀卿最宗」〔註6〕，但是對於至聖孔子，仍是尊崇有加的。所以在光緒二十五年（西元一八九九年）著有〈儒術眞論〉，是要釐清儒家精神與談宗教鬼神者之別，還儒者一眞面目，此中將孔子視爲：

> 惟仲尼明于庶物，察于人論，知天爲不明，知鬼神爲无，遂以此爲拔本塞原之義，而萬物之情狀大著，由是感生帝之說詘，而禽獸行絕矣，此所以冠生民橫大陸也。〔註7〕

將孔子視爲帶生民離絕禽獸之行者，而不役於鬼神福善禍淫之中，乃能專以人論，

〔註4〕見〈謝本師〉。

〔註5〕見《太炎先生自定年譜》，光緒二十二年，二十九歲下：「余始治經，獨求通訓故知典禮而已，及從俞先生游，轉益精審，然終未窺大體。」，載於《章氏叢書》內。

〔註6〕同註5書，光緒二十三年，三十歲下：「時余操儒術，以孫卿爲定，不喜持空論言捷徑者」。章太炎曾於《訄書》原刊本著有〈尊荀〉，重印本時刪去。見《章太炎政論選集》，頁一一七。又於一八九七年，著有〈后聖〉，即明荀子爲自仲尼而后之「后聖」。同前書，頁三十七。

〔註7〕見《章太炎政論選集》，〈儒術眞論〉，頁一二一。

使人自主於天地之間。此時章氏已涉儒、道、釋三家,所以論說時,亦時時以佛法來明,所以在此論之附論〈菌說〉中,章氏明言:

> 要之,儒、佛、莊子三家,皆屬理想,亦皆參以實驗,較之祆教各家,誠
> 若玉之視燕石矣,而佛必以空華相喻,莊亦間以死沌爲詞,斯其實之不如
> 儒者也。〔註8〕

這樣的論點,是以能「切其實」、「不依鬼神」者爲一價值標準。這樣的價值標準,化實於當時之時代問題時,即顯現在「遭世衰微不忘經國,尋求政術,歷覽前史,獨於荀卿、韓非所說爲不可易」〔註9〕之說法,此乃對於荀子「隆禮合群治天下」的認同。且一向對康有爲之立孔教爲國教之說法持反對立場,而有「駁建立孔教論」,與康有爲始終於學術上不能相合。這樣的價值標準在章氏一生思想行事中其實從未改變,只是當對對象認識程度不同,便作出不同之高下判斷而已。因此章氏早先雖然也接觸佛法之經典,但未能得其深好,但是一遇唯識經典就大轉對佛法之看法,此正因唯識義理之方向即在解決萬法存在之問題,而萬法即是牽涉實有現實之問題。

將儒家孔子判爲最高,後來漸次有了改變,在一九○二年,章氏在《訄書》重訂本中有〈訂孔〉一篇,是正面批評孔子之作:

> 異時老墨諸公,不降志于刪定六藝,而孔氏擅其成,遭焚散復出,則關軸
> 自持于孔氏,諸子郤走,職矣。……孔氏,故良史也……孔子死,名實足
> 以伉者,漢之劉歆。〔註10〕

此乃謂孔子因刪定老、墨等人不願刪定之六藝,再適有秦火焚書才使其名位獨著,而將孔子重新定位於良史,只可與漢代劉歆相提並論而已。由於老子爲征藏史,是史官,保存有古代之史書,孔子從老子處受學,又刪定六藝,但後來六藝反爲孔子所專有,所以在光緒三十二年(一九○六)年發表之〈諸子學略說〉中云:「老子以其權術授之孔子,而征藏故書,亦悉爲孔子詐取」〔註11〕,認爲孔子實乃名不稱實也。其中,更直陳孔子儒家之病:

> 儒家之病,在以富貴利祿爲心,蓋孔子當春秋之季,世卿秉政,賢路雍塞,
> 故其作《春秋》也,以非世卿見志,其教弟子也,惟欲成就吏材,可使從

〔註 8〕見註7書,頁一三三。
〔註 9〕見《章氏叢書》,〈菿漢微言〉,頁九六○。
〔註 10〕見《章太炎政論選集》,頁一七九。是《訄書》重定本之作品,後來《章氏叢書》出版,將《訄書》改名爲《檢論》時,將此篇大所更改,而分爲上、下。
〔註 11〕見《章太炎政論選集》,頁二九七。原載於《國粹學報》丙午,第八、九號。

> 政，……則大儒之用，无過三公，其志亦云卑矣。〔註12〕

因為儒家之學問動力在於為君所用，而與政治關係太過密切，故「苦心力學，約處窮身，必求得讎」〔註13〕，專心志意在於富貴利祿，因此與上位者形成相即之角色，與時世多所相關，所以章氏對於孔子「聖之時者」之名，詆之為：

> 所謂中庸，實無異於鄉愿……若夫逢衣淺帶，矯言偽行，以迷惑天下之主，
> 則一國皆稱愿人，所謂中庸者，是國愿也，有甚于鄉愿者也，孔子議鄉愿，
> 而不議國愿，其湛心利祿又可知。〔註14〕

聖之時者被解釋為只是矯言偽行，以利祿心迷惑國君。又曰「俗諺有云：『書中自有千鐘粟』此儒家必至之弊」〔註15〕，章氏詰責孔子所傳之教全在於其「利祿心」。對於莊子，章氏此時已有特別之眼見，認為莊子取老子自然之說，但是不學老子之權術者，所以「其氣獨高」「憤奔走遊說之風，惡智力攻取之事」〔註16〕，因此，當孔子被重新定位，甚至被責為有「利祿富貴之心」時，莊子已被提昇上來。而莊子被提昇上來與佛法被章氏所喜，或有連帶關係，就如同前面儒家被視為最上者時，莊佛皆是不切實用者。

此時章氏已因蘇報案入獄，佛法之唯識已為其所喜，自言：「及囚繫上海三歲不覿，專修慈氏世親之書，……解此以還，乃達大乘深趣，私謂釋迦玄言出，過晚周諸子不可計數，程朱以下尤不足論」〔註17〕，所以接受佛法，啟發章氏學問之高度，前秦諸子都不能比之，當然孔子亦在此中。所以他進一步地詆責孔子，是與他接受佛法有一定的關係。在章氏出獄後於東京作演說時，已經為了佛法而特別容納宗教，特別標出「以宗教發起信心，增進革命道德」，而且此宗教特別專指佛教而言，將孔子視為最膽小之人，因其熱衷「富貴利祿」，所以只能委曲為君主作嫁，而不敢革命。宗教，是章氏自來所詬病者，在此卻一改往態著稱起佛教來，其原因乃在於他並不認為佛教是宗教，更確切地說，他鄙棄佛教中假借他力、怯弱、卑鄙惡劣之行者，因此在他心中「宗教」乃指依賴鬼神、計求福報、迷執感應之種種觀念與行為，而這些皆不是佛法真正之內涵精神，反而是心、佛、眾生三無差別，自可成佛，以及大乘菩薩渡眾之勇猛無畏，能予眾生增大自信，起振心志，並有為世間眾生竭盡所有而不悔之精神，在此認識下，佛法不僅沒有章氏所詰責之宗教病，反而更加強章

〔註12〕同註7書，頁二八九。
〔註13〕同註7書。
〔註14〕同註7書，頁二九〇。
〔註15〕同註7書，頁二九一。
〔註16〕同註7書，頁二九三。
〔註17〕《菿漢微言》，見《章氏叢書》下，頁九六〇。

氏所認肯之切於實、經世濟民之志，但是佛法作爲一宗教，在傳播中多少含有崇拜之成份，但其主要精神並非在此，所以仍可改變之，因此章氏在佛法中有所取擇：

> 佛教的理論，使上智人不能不信，佛教的戒律，使下愚人不能不信，通砌上下，這是最可用的，但今日通行的佛教，也有許多雜質，與他本教不同，必設法改良……我們今日要用華嚴法相兩宗改良舊法，這華嚴宗所說，要在普度眾生，頭目腦髓，都可施舍與人，在道德上最爲有益；這法相宗所說，就是萬法唯心，一切有形的色相，無形的法塵，總是幻見幻想，並非實在眞有……在哲學上今日也最相宜，要有這種信仰，才得勇猛無畏，眾志成城，方可幹得事來。〔註18〕

他抉擇以法相、華嚴爲主，前者代表哲學之究竟義，後者代表實踐之大願力，可上可下，上下皆可徹通。當章氏對佛法之觀點有了重大的改變，連續在民報發表了許多重要的論作，大多以佛法之內涵爲依據來論證說明，當時有人還責章氏以民報作佛聲，可見章氏之全力用心所在，這是章氏將佛法提至最高之時。而也在此時，莊子之位置也提昇了，因爲出現了「以佛解莊」之《齊物論釋》，章氏全面以佛法充實〈齊物論〉，務求其字字可解，以證明莊子同具佛一樣之境界，莊佛又再一次被並舉，此次同置於最高處。所以說莊生爲：「次及荀卿墨翟莫不抽其微言，以爲仲尼之功賢於堯舜，其玄遠終不敢望老莊矣」〔註19〕。但是在《齊物論釋》中，亦已顯出往後章氏思想轉變之走向矣。

在《齊物論釋》之內容裏對孔子並無詆毀，反而在旁及莊書其他篇章中，有孔子之正面言行時，直接接受之，如孔子與顏回心齋之問答，就云孔子亦具三昧神變教化之能，只是仍然不忘因文野之見而批評孟墨等人。顯然莊佛思想所表現出超越與寬闊之胸懷，吸引了太炎，而且多涉人事憂患後更能感受高廣胸懷之偉大，這種胸懷刺激其原有「確實」精神之追求，而使其揭掘儒家孔子之「利祿富貴之心」爲其大弊，此乃其生命欲超現實而達通究竟之志，這是在佛法精神之鼓盪下而成的，但是不可不說明的是：「確實切事」之理念並不被他忘懷，由其特提「菩薩渡眾」精神來奮起民心之信勇與道德可知，只是此時與佛法相感之餘，將究竟與「確實切事」之念同時高置一位。

到建立民國，被袁世凱幽禁寫作《菿漢微言》時，對孔、莊、佛又顯現不同之評價，他自己亦言：

〔註18〕〈東京留學生歡迎會演說辭〉，原載《民報》第六號，一九〇六年。見《章太炎政論選集》，頁二七三、二七四。

〔註19〕《菿漢微言》，見《章氏叢書》，頁九六〇。

> 癸甲之際，启於龍泉，始玩爻象，重籀《論語》，……故惟文王爲知憂患，
> 唯孔子爲知文王，《論語》所說理關盛衰，……又以莊證孔而耳順絕四之
> 指，居然可明，知其階位卓絕，誠非功濟生民而已，至於程朱陸王諸儒終
> 未足以厭望。〔註20〕

在幽居時的這種發見又轉變了孔、莊、佛之階位，認爲以莊證孔，「絕四」之指便是究竟之義〔註21〕。所以孔子所說並非只有功濟生民亦有勝義究竟者，而曰：

> 《論語》所說勝義大抵不過十許條耳，其餘修己治人之術乃在隨根普益，
> 不主故常，因情利導，補救無盡，謂本無微言妙義者非也，謂悉是微言妙
> 義者亦非。〔註22〕

《論語》中勝義究竟者雖然只有十數條，但是其餘篇章皆將用心置於應機利導，隨根普益上，將孔子之《論語》亦視爲上下能通暢者矣。又曰：「文孔教莊是爲域中四聖，冥會華梵大乘菩薩也，……聖者有夢，唯佛無夢，而孔子夢見周公、莊生夢爲胡蝶，知其未證佛果，然以言說事狀相徵，自非地上菩薩必不得爾。」〔註23〕。這是在義理上辨明中土四聖皆是大菩薩，只是未臻佛境，但是也因此才能行其應機隨順之菩薩大行。而在此時其將《訄書》改名爲《檢論》，並將當年〈訂孔〉之內容作了價值判斷的改變，其中將他對孔子重拾信心之心理歷程，說得頗爲切痛：

> ……仲尼名獨尊，其道術固未逮也，懷是者十餘年，中間頗論九流舊聞，
> 上觀莊生爲《齊物論釋》，……方事改革，負絥東海，獨抱持春秋，窺識
> 前聖作史一意，卒未知其道術崇庳也。以炎黃譽堯之靈，幸而時濟，光復
> 舊物，間氣相揭，逼于輿臺，去食七日不起于床，欷然歎曰：余其未知羑
> 里匡人之事，夫不學春秋則不能解髮削左衽，不學《易》則終身不能無大
> 過，而悔吝隨之，始翫爻象，重籀《論語》諸書，犛然有寤，聖人之道，
> 罩籠群有，不亟以辯智爲賢。上觀周易物類相召，執數相生，足以彰往察
> 來，審度聖人之所憂患，……諸所陳說列于《論語》者，時地異制、人物
> 異訓，不以一型銅鑄，所謂大道固似不肖也。〔註24〕

幽禁之憤惱困頓，以往之一切學問無法救拔解決其困，絕望絕心而絕食嚮速死，

〔註20〕同上書，頁九六一。

〔註21〕《菿漢微言》：「子絕四，無意即末那不見；無必即恆審思量不見；無固即法執、我執
不見；無我即人我法我不見。……絕四則因果依持皆已排遣……」將此認爲不是金
剛喻定就是小乘趣寂之果，亦即已至涅槃寂靜者。

〔註22〕《菿漢微言》，見《章氏叢書》，頁九四三。

〔註23〕同上註。

〔註24〕《檢論》之〈訂孔下〉，見《章氏叢書》，頁五三九。

但文化經世之志悠起章氏震撼性的反省，懷感起周文王之囚禁於羑里；孔子拘禁於匡人之地，文王困頓中演《易》，孔子在匡時亦想及文王，而曰：「文王既沒，文不在茲乎？天之將喪斯文，後死者不得與於斯文也；天之未喪斯文也，匡人其如予何？」〔註25〕這種自我與文化合一之使命感，亦是章氏之心志矣〔註26〕。在憂患中感聖人憂患之情尤為真切，孔子又稱紹文王，所以瓚《易》重繙《論語》而為一貫，同知憂患同體道術，而對人事興衰、運處之道尤為深切，能為處在其中者解憂無過。章氏對孔子之評斷又在「確其實」之精神下再被顯發，這亦是章氏歷盡革命政治之憂患人事後，對於用世行事有了更具體的認識，而對以往鼓吹激厲獨行之志行有了反省。

在義理上章氏既以佛解莊，孔子重新被認識時，當然更以莊證之（亦可說以佛解之），所以在《菿漢微言》之學生問答中，處處多以佛法證解儒家各流派、老子、學術流衍，以為不次於佛法，說「韓非已說無常，不待佛法」〔註27〕、說逝者如斯，不舍晝夜即是「阿賴耶識恆轉如瀑流」、「乾為藏識、坤為末那」、「《易》說緣生」、「〈中庸〉曰不誠無物，誠即佛所謂根本無明」，這些從「以佛解莊」更進一步地證孔，在義理上孔子已能入佛莊之流矣。

但是章氏評價此三者仍以其「確實」與否來明，其曰：

　　……釋迦應之故出世之法多而詳于內聖，支那廣土眾民……孔老應之，則

　世間之法多而詳；于外王兼是二者厥為莊生，即〈齊物〉一篇……〔註28〕

釋迦世出世間法兼詳，顯然孔子則多為世間法，而莊子則亦是世出世間法均有，「確實」是指世間法之義。章氏此時仍以為孔、莊為大菩薩，雖在境界上略次於佛境，但是在著重世間法之意義下，大菩薩本要長處世間啓度眾生，甚至為眾生而成「菩薩一闡提」，是以，基本以不以成佛為念。在義理上三者同為究竟，差別之所在，即在世間法與出世法之比重不同。這種不同與他對「確實」、「世間法」之看重，引發後來章氏更進一步提舉儒家：

　　孔、老、莊生，應世之言頗廣，然平淡者難以激發，高遠者仍須以佛法疏

　證，恐今時未足應機，故今先舉陽明以為權說，下者本與萬善不違，而激

〔註25〕見《論語》〈子罕〉篇。

〔註26〕章氏因蘇報案入獄時，在獄中有〈癸卯獄中漫筆〉曾言：「上天以國粹付余，……至於支那閎碩壯美之學而遂斬其統緒，國故民紀絕於余手，是則余之罪也」。見《章氏叢書》下，太炎文錄卷一，頁七一七。

〔註27〕以下皆在《菿漢微言》，依次見《章氏叢書》，頁九四五、九四一、九三三、九三三、九四六

〔註28〕《菿漢微言》，見《章氏叢書》，頁九三七。

發稍易，上者能進其說，乃入華梵聖道之門，權衡在我，自與康梁輩盲從
者異術。……要之標與陽明，只是應時方便，非謂實相固然。〔註29〕

這種說法完全著眼在如何應機利世、使上者下者皆有所受益，而選擇陽明〔註30〕，
因爲高遠之理要以佛法疏證才得解，不足以普遍應機，並亦同時表達：「若直授佛
法，未足救弊，蓋亦得于經歷證驗甚多，所謂衛生之谷陵，非攻疾之藥石也」〔註
31〕。還是在能救弊應世之理念下，依於人事利生來評定佛法爲未足救弊、無法應
機。在民國十五年，又有云：「然欲維持世法，即朱陸已足，……友人多言救世當
用佛法，僕謂不本儒術，則王摩詰，裴相國之論，何益人事？」〔註32〕。在《菿
漢昌言》更曰：

文王、孔子之教，使人與禽獸殊絕，是泛行之術也；聖人之於民，類也，
無我克己，望道而未之見，則出於其類拔乎其萃矣，是逴行之術也；二者
中間，等第差別不可勝數紀……逮今世衰道微，邪說暴行所在蜂起，然則
所以拯起者，亦何高論哉？第使人與禽獸殊絕耳。〔註33〕

此乃認爲先使民心和禽獸殊絕，振起人人可行之教最爲切要。顯然提倡儒家、陽明，
提倡讀經讀史〔註34〕，皆是入世極深後，觀國家民族之災難與弊病後，意圖普及文
化，救民族起民志之權說啊！而權衡之理全在章氏之心中。此「權衡在我」是認識
章氏思想相當重要的觀念，代表著其所重所輕皆是應機利時，並非單純外表的輕、

〔註29〕此乃章氏與其學生吳承仕之書信，是年爲民國六年（一九一七年）。見吳承仕藏《章
　　　　炳麟論學集》，頁三七四。
〔註30〕章氏在民國六年四月三日，時寫給吳承仕的信中提到：「僕近欲起學會，大致仍主王
　　　　學，而爲王學更進一步，此非无所見而云然，蓋規矩在我矣」。見〔註29〕書，頁三
　　　　七二。又《訄書》中的〈王學〉，到改名《檢論》時之〈議王〉，對王陽明有隨著對
　　　　儒家之重視，亦重新評價之跡。此說可見朱維錚之〈章太炎與王陽明〉、孫萬國之〈也
　　　　談章太炎與王陽明——兼論太炎思想的兩個世界〉，皆見章念馳編《章太炎生平與思
　　　　想研究文選》。
〔註31〕同註29書，民國六年六月二十六日，頁三七七。
〔註32〕同註29書，頁四六二。
〔註33〕《菿漢昌言》見《章氏叢書》，頁一一一七。
〔註34〕章氏晚年曾致力提倡讀經，開有「章氏國學講習會」，以挽國性，其有〈論讀經有利
　　　　而無弊〉：「居今而言讀經，鮮不遭淺人之侮，然余敢正告國人曰：「于今讀經，有千
　　　　利而無一弊……方今天心蔫瘥，載胥及溺，滿洲亡而復起，日人又出其雷霆萬鈞之
　　　　力以濟之，諸夏阽危，不知胡底，設或經學不廢，國性不亡，萬一不幸，蹈宋明之
　　　　覆轍，而民心未死，終有祀夏配天之一日」。其所謂經是指六經而言，載於一九三五
　　　　年六月十五、十六日之天津「大公報」，引自《章太炎年譜長編》卷五，頁九五〇～
　　　　九五六。又有〈中學讀經分年日程〉文。同上書，頁九七一。其亦常鼓勵讀史，以
　　　　能增進民族情感，認清自己之角色與位置之故。有〈論讀史之利益〉之演講，見《制
　　　　言》第五十二期。」

重；提倡、抵制，權衡取捨全是章氏學術之功力。除非明白其所重所輕之理，亦即其權衡之理、權實所在，否則將困縛於其應機之繁行中。

對於早年對孔子之批評，當時柳翼謀曾對章氏：「孔子竊取老子藏書，恐被發覆」者有所駁質，章氏在致書予他時表示深有同感，而曰：

> ……乃十數年前狂妄逆詐之論，以有弟兄啼之語，作逢蒙殺羿之談，妄疑聖哲，乃至于斯。是說向載《民報》，今《叢書》中已經刊削，不意淺者猶陳其當狗，足下痛與箴砭，是吾心也。感謝感謝。〔註35〕

需要說明的是，章氏確實切事之精神，既是終其一生之價值觀，爲何初以儒爲切實，再而鄙棄孔儒，後來又以儒爲切實呢？又爲何以菩薩精神能激志節爲切實，後來又認佛法陳義過高？這實是牽涉佛法之進入章氏生命之契機之故。起初以孔子爲切實，是因其不言鬼神虛無之故。法相之義理被章氏發現而視爲最究竟無礙，又發覺大乘菩薩道精神之無畏無我，儒家與其相比，當然立顯其執著現世、拘於富貴利祿，反不如勇猛無畏之能振起民心，更能在革命救國上產生效果，故章氏在切實之理念上認爲佛法更易促成事情之成功，在革命之當時，這種切實理念是以激厲志行爲其目的。但是當時以佛法作爲應世宣傳的不多，大多數人都不以爲然，在其〈人無我論〉中，曾云：「余前作〈建立宗教論〉，內地同志或謂佛書梵語暗昧難解，不甚適於眾生〔註36〕。又有人批評其在《民報》作佛聲，這些都顯現當時佛法之深理，少有人了解，以此爲教化，名相既多，又多不懂，遑論身行履踐呢？此時章氏仍不以爲然，曰「震旦雖衰，碩學膚敏之士猶不絕，一二名詞豈遂爲其障礙？……苟且便宜失其所本義，所不爲也。」〔註37〕一意宣揚此究竟深理。這時在切實之精神中是有求眞，求究竟義之志向出現，卻也引發後來不同的滑動。當遭憂患拘禁時，給予他心靈不少打擊，他觀《易》、《論語》時漸體人事之複雜與多變，如何在此中安時處順很是重要，故開始重視起孔子之於人事政治之看法，此時他之生命已具佛法之浸染，所以必然以佛法來解之，果然孔子亦有究竟之語，而且孔、莊入世應對進退之常言常理多，較能應中土之機，反而有利於中土之用。轉此心念，是在經歷各種人事變化後，感受到能使人安於世法中最是重要，故切實應機者，當在於能普遍於民、人人能習者，而且「故言故行」較易被接受、較能適應中土之機，由此考慮，出自印度陳義太高之佛教，就不符合此普遍之切實要求。又新文化運動發起，儒學

〔註35〕見《章太炎政論選集》下〈致柳翼謀書〉，民國十一年（一九二二），六月十五日，頁七六三。原刊於《史地學報》第一卷第一期。

〔註36〕見《章氏叢書》〈人無我論〉末，頁八八四。

〔註37〕同註36書，頁八八五。

尙且要失，何況難解之佛學呢？儒學如喪，則文化之基石便滅，所以重儒學直是可以鞏固基本之處，才能及時保文化之實。不過，因其已體解究竟佛法，所以所重舉者乃由「權衡在我」而來，唯在應機，而與早期「以儒爲實」者之內涵大爲不同，更非單純作儒家之守護神，倒退爲保守儒家。

　　當後人省觀這些轉變時，總企圖爲其轉變提出理由，將其轉變給予進步、退步之價值判斷〔註 38〕。但是就如章氏所說「權衡在我」，是以非得進入章氏之權衡用心與權實之關係中，是無法得其樞紐的。如果再加上本身意識型態之判斷，將更失太炎之理趣。不管思想流變爲何，總可以在其生命中發見一脈承貫之生命志向，指引其前進，此一貫之生命志向並非指其效忠某一主義、服膺某一家派，更非執爲某人師門。而是一種生命增上、提昇究竟之導向，這種導向施之於人則是自我生命之完成，施之於眾人則我與彼全體皆成。對章氏而言，身爲一個中國人之事實，使其將此生命志向，自然而然地全力施之於中國與文化。但這並不意味此生命志向縮狹了，而是因其廣大而能踏實地履踐著，確實切事之精神對章氏來說特別重要的，他引菩薩道精神來鼓起革命道德，晚年將孔子拉回，講傳統學問、陽明學說，甚至評佛法無法應機，一心一意均在於經國濟民之切事精神上而轉化其事。趨向增上之生命導向，被章氏獨特之取向引至「確實切事」之精神時，就在時代之變遷中尋找能夠增上之資源與方式，解決如何提昇文化與安立中國之問題，章氏思想就在尋找、解決中轉變著，終是在履踐其增上之心志。就如《菿漢微言》中言：

> ……以眞心正趨眞如，以深心樂集善行，以大非心拔一切眾生苦，此千聖之所同也，若其別願則有異矣。夫拔一切眾生苦者謂令入無餘涅槃，此乃終局自的耳，中塗苦痛固亦多端，於西心者聖有發願令地平如掌者矣，……
> 此其別願固不必同，而此土聖哲悉以經國寧民爲其別願。〔註 39〕

此增上心志或爲有志者所共有，但屬於章氏之別志別願亦如孔莊，是在能「確實切事」於中土之經國利民。以下再加以綜合歸納，明此轉變之思想與《齊物論釋》在其中之地位。

貳、「眞俗交融」由應機而轉旋

　　章太炎在《菿漢微言》裏曾自言其思想遷變之跡，其中總結概括出一句重要之語，即是「自揣平生學術，始則轉俗成眞，終乃回眞向俗」。對於此眞俗之轉回歷程，

〔註 38〕如李澤厚先生便認爲章氏在一九〇八到一九一三年最後一期，日益離開政治、思想舞台，成爲與時代脫節的國學大師，在社會上已無多少作用了，代表政治、思想的落後倒退。見其所著之《中國近代思想史論》，〈章太炎剖析〉頁三六八、三七四。
〔註 39〕《菿漢微言》，見《章氏叢書》，頁九四五。

前面所分析之孔、莊、釋評價流變，正能顯出其內涵來。章氏所言之眞、俗，亦可用世間法、出世間法；究竟、切實；求是、致用；內聖、外王來比擬之。

早先，太炎不喜持空論、言鬼神〔註40〕，所以以能否「切事」者爲評價之標準，因此言：「內聖外王，无不托始于六根三欲，制爲禮義，所以養欲給求，而爲度量分界，余所謂舍妄无眞者是也」〔註41〕，而認爲「儒最爲切實」，莊、佛則是理想過高，不能實驗。再而，佛法唯識進入章氏之學術生命，唯識學既有分析萬法之切事部份，又有達到究竟處之理想部份，不僅滿足章氏在切事上的要求，而且又導引出章氏出世間究竟義之興趣，在此之下，儒就比不上莊佛之思想，莊佛並舉也就創造出《齊物論釋》。後來，隨著經歷人事之萬端、幽禁歲月之困頓，讓其切實之精神再起作用，觀《易》《論語》而知體會人事進處之行、古今事變之機的重要性，此時就將儒提入與莊佛同等，由於此信念增強，世間法切實者對於民心最爲應機，因此最後終至將佛法暫置一旁，「權衡在我」地以儒家精神爲世間教化之首，而提倡讀經讀史。

此中莊生之位置很是特別，處於儒佛兩者之間。當以究竟談時，並舉莊佛；談切實應機時，則儒莊並言。當說能合此二者時，亦說莊佛皆能。但是在眞正切實教化時，則專取儒家。顯然章氏認爲莊生具有佛法之究竟義者，又有應中土機之功用，而前者是中土之唯一，後者卻還是以儒者爲先。所以不管是以「切實」爲標準或是以「究竟處」爲標準來作取擇，莊生皆能屬之；但是，在詆棄切實之弊（富貴利祿心）時，莊生不在其中。在暫置陳義太高者時，莊生亦不在其中。所以莊生之角色，是章氏介於切實義與究竟義之間的橋樑。

但是章氏之所以能保持其思想之連貫性，是因其切實之精神一直存在的，而後來轉爲注重儒家思想而無矛盾，也是在切實精神之下，引入應機思想之作用，而保存「權衡在我」之精神，這是從「以佛解莊」之《齊物論釋》中得到的啓發。當以佛法究竟義來詮解莊生時，又特目莊生爲菩薩一闡提，《齊物論釋》便成章氏思想眞俗交融處。此眞俗交融中，卻強烈地顯發出應機利世之大用與方向，於是形成充沛

〔註40〕 對於宗教鬼神之說，章太炎在早期多所鄙棄，認爲是民智未開時之迷信，但是其說明時長於論證，將鬼神等說法分析細微，所以當其〈儒術眞論〉（一八九九）刊在「清議報」時，自己曾加上附錄曰：「作〈儒術眞論〉已，檢《梁書》至〈儒林范縝傳〉，觀其〈神滅論〉，卓詭倜儻，與余合契。蓋卯金以降，儒流論著，鮮其疇矣。惟知言命而不知非相，知遭遇而不知報施，知无鬼而不知有物，知人物有知，而不知草木亦有知，是其所蔽也。」見《章太炎政論選集》，頁一四三。後來他接受佛法，亦對佛法中含有他力、析福等宗教成份較重之宗派如淨土、密宗，皆不喜。而取佛法之哲學思想。

〔註41〕 〈菌說〉，見《章太炎政論選集》，頁一三二。

地動力，去成就回眞向俗，因此《齊物論釋》乃章太炎回眞向俗之轉旋處。

　　章太炎「以佛解莊」，是想證成莊生。這是接受佛法，而回頭看屬於中土故籍者，知莊生能符應之，亦唯有此能與佛法相應。但是在詮釋符應之過程中，莊佛義理必然有些許不同，在盡量予以符應之下，最後一道解決方式就是歸向「應機說法」。應機之說在義理上亦是有根據的：《齊物論釋》之理路有三個層次，一是齊物之基礎，二是齊物之析遣名言、萬相，三是齊物之大用。前二者均指向泯絕人我、萬法虛妄，最後一個則是回歸菩薩道精神，亦即還順俗情、隨順應機，就是莊生之「和之以天倪」。唯有體證前二者，才能即成應機，所以才說「內了無言，還順俗情」、「一語一默」、「證無生滅示有生滅」，這是莊生所謂「兩行之道」。章氏掘發莊生爲菩薩一闡提，能有究竟智而不離世間應機說法，成兩行之道、和之以天倪，兩行之道即能隨順應機；隨順應機即是兩行之道。此乃〈齊物論〉帶給章氏之靈感，復發於章氏用世切實之精神，兩者互相感發而成。是在證成莊生是佛法時，意外地體會到中土哲學與在印度產生之佛教是有所差別，這種差別是人情封略之不同，而非究竟義體會之高下，因此應機，乃是爲中土之民情風俗而設想，所以說法之軌轍有殊。

　　以應機說法來明莊生與佛法之或離或即，在「以佛解莊」中是常有的，並將莊生納入佛法體系中，但是在章氏思想中，卻引發出其離開佛法回向世間、俗諦之機。莊佛既同臻究竟，莊生化一菩薩應機中土，故與佛法軌轍有殊。用此理路來看儒家孔子時亦更能如斯體會，因孔子之教更切於實事、適於民用，忠恕仁義、應對進退更近人事。

　　《齊物論釋》使章氏在以佛證莊時，將莊佛並舉，在「兩行之道」中證以菩薩道精神，使成一眞俗交融處。其中應機之說，促成章氏正視屬於中土固有之《易經》、《論語》，轉而爲回眞向俗。但是在章氏學術生命深處，實無中印之分，否則就不說「權衡在我」，此「權衡在我」正是處於制高點的「和之以天倪」，能將各各學說各安其位，各順其說，但在其切實精神之主導下，必須發爲大用時，也要隨順俗情，不得不擇應中土之機者以爲用，而成其回眞向俗。因此《齊物論釋》在章氏之學術歷程中，正顯眞俗交融，且已蘊育著回眞向俗轉旋之力量，在應機之說下使其轉旋無礙；而章氏切實經世的精神貫串一脈。是以，無《齊物論釋》無得由「轉俗成眞」而表現「眞俗交融」；無《齊物論釋》更無得引出往後思想之變遷。更進一步言，「轉俗成眞」當由佛法來承此任，而「回眞向俗」旋轉之機則功在《齊物論釋》。

第三節　創發學術生命之價值

　　《齊物論釋》是居於章氏學術歷程之「眞俗交融」處，但卻已蘊具「回眞向俗」之轉旋之機，而其所代表之價值亦同時在此中突顯出來：在莊生而言，章氏之詮釋與以往解莊者實在差異甚大，即使同爲「以佛解莊」者，亦無有其精密深入，因此其不僅注解莊生而已，甚至是重新塑造一思想體系，不假昔人之徑〔註42〕，且立莊生爲中土思想最玄遠者，此乃一「眞俗交融」之體系。這在清末諸子之研究中，是很特出的。並且由此思想體系將莊生詮解爲一特殊境界、風格者。居於義理重心之佛法，章氏將之用來解莊，實則代表往後章氏判攝其他思想之啓發。是以，《齊物論釋》創建了莊生之思想內涵，又從中啓發出判攝思想之方式。

壹、創建莊子之思想

　　清代乾嘉考證學興盛，以考證、校勘、辨僞經史爲功，但因清末政治局勢起了巨大之變動，思想界無法再安穩於校勘中，知識份子經世致用之志向觸發學界，需要尋求更多致用之資源，因此思想風氣蠢蠢欲動，欲尋求開闊廣泛，不再專以考證爲高，或專以一門一家爲是，而先秦諸子作爲中國思想之總來源處，百家思想爭鳴，回歸此處，當不受往後歷史發展之門限，或能起覆或能開闊中國文化，爲時代作解答。因此起而依前人之考證成果予以思想上的研究〔註43〕。章氏早年操儒術以荀卿爲宗，並欣賞韓非，此皆在其確實切事之精神下，認爲遇著亂世必須要求禮法大則以爲經世之用。而胡適曾云：「到章太炎方纔於校勘、訓詁的諸子學之外，別出一種有條理系統的諸子學。」〔註44〕此有條理系統的諸子學，以施之於莊生〈齊物論〉之詮釋爲最具代表。

　　章太炎一生著作等身，其中讓他終其一生都引以爲得傲的著作就是《齊物論釋》，《訄書》、《國故論衡》等改了幾次，而《齊物論釋》改了一次，但是初定與重定本卻同時被列入章氏自己檢定之《章氏叢書》中，可見章氏重視一般，所以章氏曾多次自言：

〔註42〕雖然有引用郭象注爲解，但全是爲了配合自己之體系而引。
〔註43〕梁啓超之《中國近三百年學術史》中曰：「同治朝十三年間，爲恢復秩序耗盡精力，所以文化方面無什麼特色可說，光緒初年，……清朝正統學派──即考證學，當然也繼續工作，但普通經學史學的考證，多已被前人做盡，因此他們要走偏鋒爲局部的研究，其時最流行的有幾種學問、一、金石學。二、元史及西北地理學。三、諸子學。這都是從漢學家門庭孳衍出來。」，頁三二（華正，民國七十八年）這是指趨於考證的諸子學，但之後的學術內涵變化更劇，因此對先秦諸子之思想更加注意。
〔註44〕見胡適《中國上古哲學史》。（商務，民國七十五年），頁二八。

　　若《齊物論釋》《文始》諸書，可謂一字千金矣。〔註45〕

　　……但以懷抱學術，教思無窮，其志不盡。所著數種，獨《齊物論釋》、《文始》，千六百年未有等匹。《國故論衡》、《新方言》、《小學答問》三種，先正復生，非不能爲也。〔註46〕

　　旦夕比度遂有所得，端居深觀而釋齊物乃與瑜伽華嚴相會，所謂摩尼見光，隨見異色，因陀帝網攝入無礙，獨有莊生明之，而今始探其妙千載之祕睹於一曙。〔註47〕

所謂「一字千金」、「千六百年未有等匹」、「千載之祕睹於一曙」皆是極盡自負之語。這本著作代表他引納佛法進入學術生命後，既完整又具創造性地以佛法義理來詮釋莊子，詮釋起來符應合契，要使字字可解、論理精細，是以極具思想思辯之價值，是依佛法來建構之莊子思想。以下就依五個特色明之。

　　章氏以佛法詮解莊生思想，不能諱言與其在獄中讀唯識經典，頗爲深好，有極密切必然的關係，是先以郭象解來看莊子，多有不愜心者之後，在已接受佛法內涵之心靈下，通過文字差異之障礙後，產生合會相應之感，故曰：「旦夕比度，遂有所得，端居深觀而釋〈齊物〉，乃與瑜伽華嚴相會」，這是章氏爲學之功力與學養涵衍而出的，有其極巧妙之主觀機緣，但亦有其客觀性可言，今只能以具體之事物，來逼近理解其爲何如此詮釋之所有原因，因爲只知其入瑜伽等大乘佛法之門，而開啓「以佛解莊」之鑰，但卻無法得知其端居如何深觀，旦夕又如何比度出來的。但是就章氏而言，「以佛解莊」是極具客觀性、正確性的，所以才會讚美「千載之祕睹於一曙」，而佛法之角色，不僅消極地作爲一假藉之角色，而是更積極地：非有佛法無法理解莊生深刻之哲學意涵，即所謂「摩尼見光，隨見異色」，此「光」亦可指佛法，亦可指章氏，合而爲：指章氏以佛法詮解。而「摩尼寶珠」〔註48〕即是莊生之思想。經此光照之作用，使摩尼寶珠展現其隨見異色、互攝互容無礙之功，因此章氏將莊生哲學思想提至中土最高最玄遠之地。這是他建構莊生思想之第一個特色。

　　此建構之體系爲何？其創造性又何在？可曰：其理路體系在般若中道思想，其創造性則專於唯識法相之運用。依無我而體萬法虛妄，此二者是互相成就，即成究竟亦即成平等，而展隨順俗情以化眾生之大用。這基本上完全是以佛法來建立的。其中最爲重要的是，章氏對於般若空義一直都能掌握住，而不會忘失。般若空義是

〔註45〕〈太炎先生自述學術次第〉。見《制言》半月刊，第二十五期

〔註46〕《章太炎書札》〈與龔未生書〉，一九一四年五月二十三日。

〔註47〕〈菿漢微言〉末，見《章氏叢書》，頁九六一。

〔註48〕以上引文皆見註47之書。

佛法最基本之思想，章氏很能體解眞空妙有之理，離有、無之相對，注入解莊之中，使其以佛解莊之內涵一貫。又，唯識與華嚴是章氏自言其解莊所運用之佛理，華嚴之「無盡緣起」義立「萬物與我爲一」，是詮釋物我關係之重要理據。而以唯識名相來作詮釋，比之於以往「以佛解莊」者而言，最具創造力之處，因唯識名相將萬法分析得透徹，運用這些名相正能對於〈齊物論〉之齊名言、是非、生死等等問題，予以具體的分析、分解，而來破遣，增加理路架構之精細程度。再加上本身文字學上的造詣，使其運用文字之多義性，要求字字可解，而增加其可信度（此在第三章〈《齊物論釋》詮釋方法之探討〉第四節部份中己多所說明）。

　　莊生一向被認爲以自然爲歸，逍遙於無何有之鄉，在佛法之判準中是斷滅之見，並認爲莊生不懂緣起法、唯心之理〔註49〕，諸如此類，章氏在詮釋時不時以自問自答的方式解答之，並一一微引莊書來證成之，以突破這些莊生一向被佛家人士所指責之處，如此就能一一完整地符應莊生，更增加其符應之密合，使莊生思想體系更完整。這是其第三個特色。

　　章氏又有一突破之處：解莊時並無各方雜引，給人混合亂湊之感；或是又儒又墨又佛地雜集，雖有引來爲證，但是都依循在章氏之佛法解莊下。因此算是很能尊重佛法而正成地全面引用之，尤其標明多取唯識法相，把佛法視爲最究竟者，而證成莊生，因此很明顯地將儒、墨等其他家派之學排拒在外。同時代之康有爲、譚嗣同等亦引用佛法爲其思想之資，但是並不如章氏之正面清楚。這對從傳統文化出來的知識份子，又非佛教徒者來說是少有的，是以他眞正能尊重佛法，而破除自來存在於儒、釋、道之間的門戶之見，是其第四個特色。

　　對於莊生之境界，有認爲佛教大藏經皆由此出〔註50〕；又有以莊生爲通用禪〔註51〕，亦有將之歸屬人天乘者〔註52〕，或視爲一大乘菩薩〔註53〕，章氏亦視莊生爲大乘菩薩，但他更進一步地突顯其爲一特殊典範形象，即：「菩薩一闡提」，此種菩薩其大慈悲大願力，不以成佛爲目的，雖能成佛而不成佛，反願流轉生死救度眾生，最重要的是因其不願成佛，所以在成佛之標準下，成爲斷佛種之「一闡提」，這是大乘菩薩道最究竟之發揮。莊生具有此心量與願力，在章氏所建構之思想中，便成一位有強烈入世性格之典範角色，因此應機之教從此流出。而應機

〔註49〕見《齊物論釋》第六節。
〔註50〕見林希逸之《莊子口義》序。
〔註51〕《宗鏡錄》判老莊爲通明禪。引自楊文會之《南華經發隱》敍。
〔註52〕明憨山所判，所謂「人天乘，精修梵行而入空定者」，天乘止觀者。見《觀老莊影響論》〈論功夫〉。
〔註53〕見清末楊文會所著《南華經發隱》敍。

之精神即在顯齊物平等，章氏詮釋此說，是因其面臨所謂「優勝劣敗」說之流行，國家陷入亡國之衰微中，知其本來平等平等、齊物本至不齊之眞正內涵，便可深入民心以激發民族自信，藉以解決時代問題，是以，章氏是詮釋整個莊生，但卻只取〈齊物論〉。而《齊物論釋》所表發者乃是章氏一直以來之經國利民之志，是以將莊生視一出世性格強烈之菩薩一闡提，而行其以齊物應中土之教。此乃其第五個特色。

　　章氏吸納了佛法，使其學術生命朝至究竟眞意。又運用佛法來詮釋莊子，視莊生爲「上悟唯識，下利有情」之內聖外王者，展現一創造性思想體系，他這種創造性的詮釋，近代思想評論者胡適曾言：「太炎的……〈原名〉、〈明見〉、《齊物論釋》三篇，更爲空前的著作」〔註54〕。對此著作思想之創新很是讚嘆。與章氏同時代之梁啓超有言：

　　炳麟用佛學解老莊，極有理致，所著《齊物論釋》，唯間有牽合處，然確能爲研究莊子哲學者開一新國土。……蓋炳麟中歲以後所得固非清學所能限矣，其影響於近年來學界者亦至鉅。〔註55〕

又云：

　　章太炎的齊物論釋是他生平極用心的著作，專引佛家法相宗學說比附莊旨，可謂石破天驚，至於是否即莊子原意，只好憑各人領會罷。〔註56〕

錢穆對其解莊亦曾評論曰：

　　章炳麟（有齊物論釋、齊物論釋定本，以佛義解莊，未必能恰符雙方義旨，然可資學者之開悟，增發勝解，時得妙趣，不刻劃以求可也。〔註57〕

他們都無法在「是否符合莊子原意」上給予太炎肯定的評價，因爲無法以常規昔徑來蠡測之，而且「以佛解莊」向來不被視爲正途。但是他以一國學淵博之士，作極愼重之符應，卻也不敢掩蓋其思想上精細，與創發融通之價值，故說「極有理致」、「石破天驚」、「開一新國土」、「可資學者開悟」等等讚語。如果將詮釋之價值不置於追求莊子原意，而放在創發與內容之一貫性上，章氏之詮釋可算極具價值的。另外，有更直接肯定《齊物論釋》爲解莊之勝者，即近代學者方東美先生。其不僅讚其創發之心，亦正面肯定其詮釋莊生之內涵：

　　……從〈齊物論〉來看，在以前的註解中，唐代成玄英還比較能瞭解這一

<hr>

〔註54〕見胡適《中國古哲學史》（商務，民國五十五年）。
〔註55〕見梁啓超《清代學術概論》，頁一五七。
〔註56〕見梁啓超《中國近三百年學術史》，頁二五七。
〔註57〕錢穆《莊子纂箋》，頁六（東大，民國七十五年）。

點，到近代則是章太炎……他晚年講學都是藉著佛家的見解，來解釋道家
的精神，結果因此對於道家得到很多重要的啓示。所以他的《齊物論釋》
是他所有的著作中比較好的書。〔註58〕

並對章氏析解訓釋語言爲三種方式，且證成其皆虛妄不實，認爲其「由佛學法相宗
的觀點去闡釋，的確很幫我們一個忙」〔註59〕，實在地認爲《齊物論釋》以佛解莊
之義理，能幫助我們更理解莊子，是以方東美先生本身解莊時亦常以佛學比擬相
照，並認爲此方能透解莊生〔註60〕。新儒家之大師牟宗三先生談論莊生亦多與佛法
較看，並認爲其與般若有相同之理路模型〔註61〕。以佛明莊或佛莊同質互觀成了了
解莊生之一重要方式，而不再是偏統之思。因此，《齊物論釋》不僅爲章氏個人重視，
每每提到章氏思想時，必定要舉出此書，因爲它正代表章氏思想之一個高峰。他以
佛解莊不僅創發莊生之思想體系，更爲以佛法爲判攝標準作出示範。

　　章氏提舉莊生之哲學地位，是否是想在中土古籍中找尋足以匹敵佛學者，無由
妄知，因章氏提倡佛學時並無門戶之拘限，以佛法義理大作論說，大大方方地「以
佛解莊」，此大不同往昔儒者之多所諱言、隱藏揮拒。但是莊佛能符契自合、意趣相
會，無庸置疑的使得章氏甚爲得意：能貢獻於中國傳統學問，使其亦得發顯究竟義。
章氏並非拘執於夷夏之見，而是從中體會中印文化之別、所說教法之差異，認爲莊
生較能應機於中華民族。而應機之說是無分高下的，此土應此機，彼土應彼機，各
得暢其究竟。

　　由《齊物論釋》，在「以佛解莊」之詮釋類型中是最精細，符契度最高之典範作
品。在章氏自己之思想中，此著作具有創發莊生思想之價值，亦同時具有成就自己
思想體系之價值，此深爲章氏所自負，亦爲人們所不敢抹滅。

貳、啓發判攝思想之方式

　　章氏「以佛解莊」時，在泯絕我執、離名言、文字、心緣相，即成究竟，轉爲

〔註58〕《原始儒家道家哲學》，頁二六一（黎明，民國七十六年）。

〔註59〕同註58書，頁二六八。

〔註60〕方先生認爲莊子哲學有三個原則：個體化與價值原則；超脫原則；自發的自由原則。
　　　　其中超脫原則，是郭象、向秀所不了解的。而東晉之支道林、唐代之成玄英卻能夠
　　　　體會之，因爲他們皆具有大乘佛學之素養，能透過大乘佛學之體認而解釋莊子故。
　　　　所以佛法在詮釋莊子上扮演積極正面的角色。同上書，頁二五八。

〔註61〕牟先生認爲莊生之理路模型與佛教般若之空、假、中之模式相當：「在道家，即爲玄
　　　　智之模型，在佛教即爲般若之模型」。所謂「千哲同契」不必佛家所獨有，而且中國
　　　　佛教天台宗之一心三觀亦不外此模型。因兩方皆有此種理路模型，所以在魏晉時才
　　　　能以道家作爲佛法入中土之橋樑，亦才能有「以佛解莊」之詮釋方式。見「才性與
　　　　玄理」，頁一九三、一九四（學生，民國七十四年）。

大用時，特別重視莊生之「和之以天倪」，此乃齊物之用，所以具有含納萬物之精神。至於「和之天倪」之內涵，章氏仍以唯識之藏識種子來詮釋之。而此「和之天倪」之理，使得章氏能將之用來作爲判攝思想之方法。將各家思想之意義分別清楚、析論所見爲何，是爲判別審明，但卻能不拘執一方強加爭勝，而能和之各安、而無物不然，無物不可，是爲攝入無礙；亦即使萬事萬相各安其位，但卻皆能知其所居者何，亦即以「天倪」明之，而和之。所以說此判攝思想之方式，是「和之以天倪」，這是章氏從《齊物論釋》中啓發出來的。往後章氏面對所有文化流派皆運用此法去面對之，所以在章氏之學術生命中此方式具有極重要之價值。

　　具體一些，所謂「天倪」之內容，即阿賴耶藏識中具含之種子，這些種子是分別執著、變現萬法之源，亦是身爲人類都具有之基本種子，各種活動無盡互緣產生，就使各各種子熏習變現，所以人類一切思想都不超過這些種子，章氏所謂：

> 一切情想思慧騰掉無方，而繩籤所限，不可竄軼，平議百家，莫不持此，所以者何？諸有知見，若淺若深，悉依此種子而現：世識、處識、相識、數識、作用識、因果識、乃至我識，此七事者，情想之虎落智術之垣苑。（五）

天倪就指這些業識作用架構成之人類思想最原型者，一切思想都從此基礎概念上建構而成，所以所有之思想均能在此中找到其說話之根據，歸納之都不離世、處、相、數、作用、因果、我識這七種識別中，將各種思想考析其內涵必能在此中尋出其立說之處，而置其位。既能各置其位，而彼此又同在此天倪中，故具同等之位，能具此大心量而和之，當下我見泯絕、虛妄自破，而具體展現般若空之勝義。本爲藏識分別之天倪，在和之、無執下，轉成智慧最勝天倪，所謂「眞自證者初依天倪爲量，終後乃至離念境界，所證得者即亦是最勝天倪」（五），是以「和」很是重要，表達無執無我，而能觀見各種思想之同異。但是如果拘在藏識各各分別之中，而不知其乃是我執形成之原型觀念，是無法「和之」的。所謂「和之」，說得具體些則是「會通」。「天倪」中種種分界則能給予分判知解之憑藉。如果不知天倪之基礎分別，將成混雜無知，而無得分析條理之。因此「和之以天倪」亦可說是「以無我分別萬法」。

　　章氏在《菿漢微言》中，很清楚地說明「和之天倪」之妙用，云：

> 頃來重繹莊書眇覽齊物，芒刃不頓而節族有間，凡古近政俗之消息，社會都野之情狀，華梵聖哲之義諦，東西學人之所說，拘者執著而鮮通，短者執中而居閒，辛之魯莽減裂而調和之效終未可睹，譬彼侏儒解遘於兩大之間，無術甚矣。余則操齊物以解紛，明天倪以爲量，割制大理，

莫不孫順……〔註62〕

其用「和之以天倪」（齊物致用）來解紛各種思想之爭執，並各安置之。而且不管古今、華梵、東西、社會政治等等各種事象、思想，亦都能在此方法下，順當安之。這對當時文化紛雜之背景下，實是一大利器，以作文化整和之事。以往困於此中者，有拘、短二者毛病：所謂「拘者」，是不知「和之」，是以「執著而鮮通」；所謂「短者」，是不懂「天倪」之量，無法割制大理，所以在調和時，徒是居中綜和，而不能分判之。他又確實舉例地說：

> 爾漢宋爭執焉用調人？喻以四民各勤其業，瑕釁何爲而不息乎？下至天教執邪和華爲造物主，可謂迷妄，然格以天倪，所誤特在體相，其由果尋因之念，固未誤也。諸如此類不可盡說，執著之見不離天倪，和以天倪則妄自破，而紛亦解，所謂無物不然，無物不可，豈專爲圓滑無所裁量者乎？〔註63〕

歷史上的漢宋之爭，章氏亦運用「和之以天倪」解紛，條理分析，使各安其位。知其各安，則具呈「和之」之眞義，爭議自息。例如章氏以「程朱陸王之儔，蓋與王弼、蔡謨、孫綽、李充伯仲」、「耶和華誤在體相，由果尋因則未誤」，皆是以天倪析量分判之，而各不離天倪，在章氏「和以天倪」之中，各有其依據之限之位、各有逼近究竟義處，所以並非完全棄絕任何一種，而是保住每一種。所以，其既能分析出理路，又能解紛而無物不然，無物不可，前者是判別；後者則是相攝。所以「和之以天倪」乃一亦判亦攝，判攝同時之方式，與只知綜合加之，不加判定裁量之圓滑者是大不相同的。

由於不立一己之見，所以就能避免意氣門派之爭，也能避開因情緒爭伐中產生不見之蔽。無執而和之，爲何能無物不然，無物不可？因爲無執體現的不是「有」之對反「無」、亦不是放棄消滅一切「有」，而是徹底離絕「有無」之相對，超越至更高之境地，因此有「有」亦無妨其無執，是以能保障物之安立。而在「有」當中亦能直見「無執」，因此各種思想分陳，皆非完全違背究竟之理，是以章氏說：

> 今若窺其內心，通其名相……雖不見全象，而謂其所見之非象，則過矣。
> 世故有疏通知遠好爲玄談者，亦有文理密察實事求是者。及夫主靜主敬皆足澄心欲當爲理宜於宰世，苟外能利物，內以遣憂亦各從其志。〔註64〕

特別在窺其內心之餘，還要通其名相，由此來判攝之。顯現章氏篤實之風格。能「和

〔註62〕《菿漢微言》末，見《章氏叢書》，頁九六一。
〔註63〕同上書。
〔註64〕同上書。

之以天倪」則不管是玄談、求是者，皆以各從其志之心態看待之。而章氏所謂之無物不然、無物不可，還是指向「外能利物，內以遣憂」者。

由此觀來，是以「天倪」之量作爲判別各種學說之依據，以「和之」來總納攝受之。無可諱言的，章氏顯然是運用佛法思想作爲其判攝之核心，這是因爲佛法面對世間時，有一大套深刻且精細之論理分析，可作爲尋求眞理之階，這使其作爲一宗教，卻同時具有一嚴格哲學思想之資格，所以章氏所謂操齊物以解紛，運用「和之以天倪」來判攝各種思想，其實就是運用佛法來分析判攝之。所以他後來每每以佛法之理，融通諸子或各思想家。《菿漢微言》、《菿漢昌言》中，比比皆是其如此融通判攝諸家思想之言，如言：「觀儒書者，亦當如佛家判教，易論語有無我之法，中庸多天趣之見，若孝經與大學儒行緇衣表記坊記，唯取剴切世務，不及玄旨也」〔註65〕等等皆是。

章氏之高徒黃侃，在爲《國故論衡》作序時，言太炎之諸子學：

> 於諸子之業……夫見古人之大體，而不專以於鄒魯……和以天倪，要之名守，通眾家之紛擾，衡所見之多少……可謂制割大理，疏觀萬物，以淺持博，以一持萬者也。〔註66〕

此「和之以天倪」不僅可用於前秦諸子，更被章氏運用來融通古今中外思想、疏觀萬物。因此「和之以天倪」不僅是解紛思想之爭而已，更進一步積極地判別攝入各種思想，使其各安其位。是以，種種之思想均入章氏之心而判攝整合之，正也代表章氏自己之思想體系，企圖在融通各文化，創造出足以解決不同思想間爭端之模式，以增進彼此間之了解，所以當他說他提倡陽明學說是「權衡在我」時，便可知是運用「和之以天倪」來攝入陽明之學，以爲應機時代之用，而將陽明學說如何分判章氏應該了然於心。所以如果不知權衡，則不知所謂「和之」，章氏之學養與見識便從中展露出來。因此在寫作《齊物論釋》中，章氏被啓發出此判攝思想之方式，眞可謂是終及一生之大價值。可是此種判攝之方式，依賴章氏之學力甚深，所以並未能普遍，加上各思想間之門戶未通，亦無從融解之。章氏之判攝思想方式，是處於彼時代時，一個知識份子爲解脫中國文化、爲中國文化闢路所努力嘗試之一步，但是章氏之從學者亦未有接此而光大者。眞如章氏所自言者：「時不待人，日月亦將逝矣，昔人云：百齡影徂，千載心在，豈不痛哉」〔註67〕。

〔註65〕《菿漢昌言》，見《章氏叢書》，頁一一二三。
〔註66〕引自〈國故論衡序〉，見《章氏叢書》，頁四二〇。
〔註67〕《太炎先生自述學術次第》，見《制言》半月刊第二十五期。

第五章　《齊物論釋》與近代佛教思潮

　　以《齊物論釋》爲中心來回看那個時代，嘗試理解那個時代之思想與《齊物論釋》的關係時，不得不特別注意其與佛教思潮之緊密性。《齊物論釋》作爲「以佛解莊」者，主要之對象集中在莊子與佛法上。在莊子這一面，清末雖有諸子學之再起，但並未形成一特殊之風氣或潮流，莊生之學亦是，因此章氏之創作顯然談不上受到什麼影響或反彈等正負面的關係。反倒是佛法，居章氏思想之要角，又能與當時之佛教思潮產生一些連結，當然更因《齊物論釋》之內涵，佛法義理佔了最重要的地位，所以將《齊物論釋》置於時代意義下來觀察時，就以佛教思潮這個焦點切入，而此焦點之切入亦最能詮顯其時代意義。因爲國民政府遷台後，整個文化環境大異，所以此處所討論之近代佛教思潮則專集於清末到民國三十八年左右。於此，先說明佛教思潮之方向情形，由整個思潮之內容來看章太炎之佛學歸趨。再進一步地，言《齊物論釋》所代表的時代角色。

第一節　近代佛教思潮之兩大方向

壹、宗教界與文化界之相成相軋

　　佛教在清末有了不同以往的蓬勃發展，梁啓超就認爲：「晚清思想界有一伏流，曰佛學」，而「晚清所謂新學家者，殆無一不與佛學有關係」，並且引用蔣方震之說：「我國今後之新機運亦當從兩途開拓：一爲情感的方面，則新文學新美術也。一爲理性的方面，則新佛教也（歐洲文藝復興時代史自序）」，表示「吾深韙其言，中國之有佛教，雖深惡之者終不能遏絕之，其必常爲社會思想之重要成分無可疑也，其益社會耶，害社會耶？則視新佛教徒能否出現而已」〔註 1〕，指出佛教在晚清形成

〔註 1〕以上皆引自梁啓超之《清代學術概論》，頁一六四。

一股思潮之事實，而且預見其爲未來中國思想之重要份量，具有重要角色之資質，但是認爲仍需有所改革才行，而此改革就是近代佛教思潮中之重點。章太炎曾曰：「程朱陸王固以禪宗爲其根本，而晚近獨逸諸師亦於內典有所摭拾，則繼起之宗教必釋教無疑也，他時釋迦正教普及平民非今世所能臆測」〔註2〕。這是將作爲一宗教之佛教，預計未來將普及於世間。之所以賦予佛教如此重責大任，除了在內容上，佛法義理以及中國佛教之特色足以比應於世界文化外，更重要的是當時佛教思潮之根源方向，這個方向促發、指導著整個佛教思潮之興盛，而使得佛教具有承此大任之力，轉化中國佛教以往之性格。此根源方向即是重入世、重智解、回歸淨化佛教〔註3〕。其中，發揚入世精神，提倡人間佛教，更是整個佛教思潮之動力。亦因此開始對於希求他方淨土、歸於山林不問世事、蹈空言不重義理知解等等情形有所批判，掘發佛教大乘精神之價值，如此之佛教發展，實在大異於昔日唐宋明等朝代之佛教。顯然是在中國文化變局下，依中國佛教之處境，而引生佛教內部之翻轉改變，同時亦在整個中國文化中產生好的作用。

佛教自明末出現四大師後，滿人入關建立之清代，並無發展可言，雖然曾有順治出家之傳說，又有雍正熱衷學佛，作《大義覺迷錄》，編有《御錄宗鏡錄》等書，但是佛教界內人士並無法起特殊建樹、揚起一股風氣，甚至萎縮成徒有宗教之名而無其實之景況。清末政治局勢產生變化時，中國之知識份子開始注意起這一大變局，已經蘊釀許多經國利民之途徑，佛教比之還是晚一步，一般認爲自張之洞建議「廟產興學」起〔註4〕，中國佛教徒開始面對自己角色：如何自立自存？又因「廟產興

〔註2〕見〈建立宗教論〉，《章氏叢書》，頁八七八。

〔註3〕意即回歸佛教原意之要求，即回歸佛陀真實之教化。這是佛教身爲一國際宗教，受外來歐美佛教研究專以文獻學爲尚之影響，又因中國佛教當時之蔽病，因此對中國佛教之發展、經典更有了根本性之懷疑，而產生回歸、淨化佛教之趨向，例如對《大乘起信論》作者、大乘非佛說等爭議，就是在此風氣下產生的。在重視智解之方向下，對唯識學復興有了推波助瀾的作用；並有太虛之漢藏教理院、歐陽竟無之支那內學院，以及大量的僧教育學校產生。太虛法師本身志求兜率宮彌勒菩薩處，即是希望當彌勒菩薩降生於娑婆世界成佛時，能成其弟子，助其教化此娑婆世界眾生。另外，思潮中隱伏著對禪宗、淨土宗之微詞，甚至對中國佛教徒自來不問世事有所批判，所謂「言大乘佛教義，卻行小乘佛教行」。這都是佛教思潮中重視入世、菩薩精神的表現。

〔註4〕所謂「廟產興學」即是清末變法維新時，爲了實行教育改革，急於四處辦學興校，所以提議以廟宇作校址，以僧產作爲教育經費，以擴大助成教育工作，但是卻也造成地方豪強奪取，因此威脅了宗教活動與生存，遂引起佛教界有識之士的恐慌、自覺，加速如太虛法師等青年僧之覺醒。章太炎所作〈告宰官白衣〉，就對一謂宗教當廢者、二謂僧無學行者。三謂佛法無用者三種言論，加以批評辯明。並以廟產爲十方所共有，而以爲國家興學是乃「託事營私，規爲己利」。見《海潮音文庫》第四編，

學」並非純粹反對宗教，而是在西方衝擊下所提出的解決方法之一，因此喚醒佛教僧人去面對整個國家社會之變局。而反滿革命之思想風潮亦傳竄進入一向被人視為不管世事之佛教僧人內，這些僧人基本上都是年青人，充滿著入世之熱情，也有加入革命行列者，如宗仰、太虛等人。而楊文會居士早已大力倡印刻經、推廣佛學研究。民國建立後，太虛大師所謂「志在整興佛教僧會、行在瑜伽菩薩戒本」〔註5〕，代表著佛教青年僧人，面對佛教內部積疾不振、社會民情遷變頻仍之交雜，致力提振中國佛教、增強佛教教育、改革佛教制度之努力。又有歐陽竟無、韓清境、呂澂等居士致力於佛學研究，尤其是歐陽竟無居士，全心上繼慈恩宗之學，創辦支那內學院，教授出甚多深研唯識之人才〔註6〕，帶領著佛教界唯識法相研究之風氣，此乃代表義理思想之極深度發展者。他們全以一佛教徒為出發點，盡力於改革佛教、復興佛法，開佛教國際化之眼目，同時亦期於貢獻於當代中國時局與前途，進而悲願於眾生全體，以實踐釋迦教法。

在一般知識份子中，從晚清開始隱然出現深入愛好佛學者。龔定庵專研天台華嚴之學，詆禪學末流〔註7〕，魏源研歸淨土思想〔註8〕，兩人均能在信仰之外深入經藏義理，而且皆受學於著名之今文學家劉逢祿，有所建樹，齊聞名於常州學派中，佛學思想亦深入其學術風格中，致使學派流傳時佛學亦順理地得到重視，所謂「龔魏為今文學家所推獎，故今文學家多兼治佛學」〔註9〕。自後，以百日維新聞名之康有為，其亦「潛心佛典，深有所悟」〔註10〕，著《大同書》為其理想社會藍圖，其目錄：「甲、入世界觀眾苦。乙、去國界合大地。丙、去級界平民族。丁、去種界同人類。戊、去形界保獨立。己、去家界為天民。庚、去產界公生業。辛、去亂界

〔佛學餘論三〕，頁一四五。

〔註5〕見太虛法師所著〈志行自述〉曰：「昔仲尼志在春秋，行在孝經，余則：『志在整興佛教僧（住持僧）會（正信會），行在瑜伽菩薩戒本』，斯志斯行，余蓋決定於民四之冬，而迄今持之弗渝者也。」刊於《海潮音》第五卷一期。

〔註6〕梁啟超、熊十力、湯用彤、黃懺華、梁漱溟這些著名學者，都曾來學聽講。可見影響遍及佛教徒、非佛教徒。當時李炳南、慈航法師、李圓淨、梅光義等多人均學之。

〔註7〕曾著〈支那古德遺書序〉曰：「悲夫，晚唐以還像法漸謝，則有斥經論用曹溪者，則有祖曹溪并失夫曹溪之解行者，……昧禪之行，冒禪之名，儒流文士，樂其簡便不識字軌徒，習其狂猖，語錄繁興，夥於小說，工者用廋，拙者用諢，下者雜俳優成之，異乎聞於文佛之所聞，狂師召伶俐市兒，用現成言句授之，勿失腔節，三日禪師其遍市矣。」對於末流狂禪之弊甚為痛心。見《龔定盦全集》（校定足本）中《定盦文集補目錄》，頁七、八。

〔註8〕魏源輯會《無量壽經》、《觀無量壽經》、《阿彌陀經》、《普賢行願品》為淨土四經，為之校定書敘，後來楊文會之金陵刻經處所出之《淨土四經》，即魏源之校訂本。

〔註9〕梁啟超語，同註1書，頁一六五。

〔註10〕梁啟超〈康有為傳〉。

治太平。壬、去類界愛眾生。癸、去苦界至極樂。」顯然是援取釋家，其弟子梁啓超亦曰其「本好言宗教，往往以己意進退佛說」〔註11〕；譚嗣同之《仁學》曰：「凡為仁學者，於佛書當通華嚴及心宗、相宗之書，於西書當通新約及算學、格致、社會學之書，於中國當通易、春秋公羊傳、論語……」〔註12〕，是雜以佛儒來申論衝決羅網，用為其變法思想之理路，以實現世界大同之理念。章太炎之〈五無論〉為無政府、無聚落、無人類、無眾生、無世界。以佛教激發民心士氣，實踐道德勇氣，並有《齊物論釋》以佛解莊。梁啓超亦有《佛學研究十八篇》，切入佛教歷史、目錄、翻譯等文化史範圍。至於嚴復、蔡元培亦對佛法多所理解。梁漱溟之「替釋迦、孔子發揮」〔註13〕，深喜佛法，而且茹素曾有為僧之念。陳寅恪治佛教史。熊十力更是於北京大學講授唯識多年後來著《新唯識論》，引起爭議。這都顯示佛教在當時之知識文化界之盛行，凡有學之士，均對佛法有所認識，投身於佛法深義中，寄望以佛法之精神為救國救民救之用、開闊中國文化內涵，創學問之新途。這是文化界之佛教思潮。

　　所以清末民初佛教之振興變化，便可分為宗教界與文化界這二大方向。此乃是依其用心所在與基本心態上不同來區別的：宗教界者用心在於中國佛教的發展；文化界之知識份子則全力用心在經國與文化上。當然，宗教界者並非沒有想要盡力於救國，例如太虛法師、革命僧棲霞與革命黨人相從甚密〔註14〕；思想界者也並非全不關心佛教，只是兩者之用心重點有很大之區分。例如章太炎，作為一個對佛學推

〔註11〕同註1書，頁一六五。

〔註12〕見《仁學》卷上，頁九。

〔註13〕見梁漱溟著《東西文化及其哲學》序論：「民國六年，蔡子民先生約我到大學講印度哲學。我的意思不到大學則已，如果要到大學作學術一方面的事情，就不能隨便作個教師便了，一定要對釋迦、孔子兩家的學術，至少負一個講明的責任，所以我第一日到大學，就問蔡先生他們對孔子持什麼態度？蔡先生沈吟的答道：我們也不反對孔子。我說我不僅不反對而已，我此來除替釋迦、孔子發揮外，更不作旁的事。」梁先生雖分判中西哲學、中印思想，趨近儒家者言，但是晚年在一篇訪問中曾言：「我佛家思想一直到二十九歲，……我放棄了出家的念頭，轉入儒家。……我不是個書生，是個實行的人，我轉向儒家，是因為佛家是出世的宗教，與人世間的需要不相合，其實我內心仍然是持佛家精神，並沒有變。變得是我的生活，……不再堅持終生不娶了，我以為我持的是大乘菩薩的救世精神」見《東方學術概觀》附論四〈是儒家，還是佛家？——訪梁漱溟先生〉，頁二三〇。可見梁先生自身是想實踐佛教解脫之道，但作為思想傳化者，需要選擇所謂大正平實者為教，所以才轉為儒家。所以佛學思想在其人生佔極重要之地位。

〔註14〕「自（太虛）謂乃不復若昔之循謹，然各種祕密集會，已時參預，令我煆煉敢以入魔，敢以入險的勇氣豪膽者，亦由於此」。說的是與革命黨人之聲氣相合，曾作〈弔黃花岡〉七古。見《太虛大師年譜》，宣統三年，二十三歲下。

崇倍至、見解亦不俗之學者，雖曾對「廟產興學」事替佛教發聲，卻仍然以爲國爲文化盡力爲趨歸，對於佛教界之人、事、物，並不很涉入注重，甚至晚年還擇儒學爲適世之學，高置佛學而不用。熊十力教授唯識學十年以上，最終乃以易會解唯識，歸於儒門，啓開近代新儒家之路。可知其基本用心與心態之不同，造成其思想歸宿之差異，甚至與宗教界產生對立爭論，所以文化界與宗教界之爭議，亦形成佛教復興之重要內涵。

由於此兩股力量初始之趨歸有異，致使愈後其發展愈趨異勢，宗教界者另需面對其他宗教之競爭，以及如何確立宗教於科學理性風氣中〔註15〕。因此在義理上，復興佛教是要自立現己，故不容他宗混淆汗漫。但思想界之學佛是根源於整個文化之調整，所以常採用調和涵攝之方式，更因個人學術本不由佛家者出，自然形成以佛法入己宗，而由己宗反過來評斷佛教。因此愈趨歸於原出發心時，勢必形成彼此間之爭議。因此從時間來看，初始龔定庵、魏源、康有爲、梁啓超、章太炎等已漸次重視佛法，掘發佛法來作爲經國治民之方，而很快地帶動了很多知識份子，此時楊文會展露頭角，但佛教界內人才仍未成熟，而文化界人才較盛，在知識份子帶動下，宗教界內人士加速覺醒。此覺醒觸發了整個佛教界對佛教之制度、義理、視野、歸趨的改觀，都急須重整開創，甚至要面對：在國際佛教下之中國佛教如何自存之問題，所以此時佛教思潮之內容已然牽涉極廣，而與文化界所關心之問題極爲不同，其中人才亦輩出，因此佛教思潮之主線，就歸於此方。但文化界之知識份子，依然循著運用佛法，充實學問內涵、探尋文化出路之方式，撤除以往夷夏之分，正視佛學而繼續努力。此二方相互形成一論理紛歧蓬勃之學術思潮，直至熊十力之《新唯識論》出現，融會佛儒，取資唯識又修正評斷之，時宗教界爲主力之佛教思潮已定，文化界仍然尋其傳統學術與佛學之融通，進而樹立儒家，遂引發彼此之論辯，而形成兩大方向之互軋情形。

但是，不管其基本用心如何不同，在以佛學解決當代問題之焦點上，則兩者無異而且互相影響，例如：譚嗣同從學楊文會，以佛法建構《仁學》；太虛大師亦受章太炎等致力改革人士之思想啓發〔註16〕，章太炎爲廟產興學事作〈告佛子書〉呼籲

〔註15〕列強所帶領進來之基督教，曾引起反宗教之聲音。民國十一年北京學術界及大學生成立「反宗教同盟」，對基督教作攻擊。主要之理由爲「一、宗教與科學不能相容。二、宗教幫助資本主義，掠奪無產階級」。引自現代佛教學術叢刊《民國佛教篇》，〈民國肇興與佛教新生〉，頁四十一。此舉雖然不是針對佛教而來，但是當然亦影響到佛教，是以各宗教爭取人民有信仰自由之權利，才將信仰自由列入憲法條文中。

〔註16〕太虛法師曾對自己之思想分期，其第一期是：「余在民國紀元前四年起，受康有爲《大同書》，譚嗣同《仁學》，嚴復《天演論》、《群學肄言》、孫中山、章太炎《民報》，

佛教徒自強自保〔註17〕；熊十力皆曾受學於支那內學院等等。而且在義理研究上，亦同樣集中在法相唯識學，興起一股唯識顯學之風，不管是宗教、文化界人士幾乎無人不知解此宗。其時，彼此促成佛教之復興發展，所以論及當代佛教思潮時，當籠罩共匯這兩股大力量，而且更須全觀其互成互軋之狀況。

貳、章太炎之於佛教

章太炎與佛教之關係，當分二方面觀之，即作爲宗教之佛教與哲學內涵之佛法。前者章氏之態度是有所去取的，後者則是認肯的。

於佛教思潮之二大方向來看，章氏是屬於文化界之學佛者。因此重點自然用在如何用佛法整合中國文化，如何以佛教菩薩精神來鼓舞民心志氣，掘發佛學之深廣歸向於中國人，當佛教界內之風氣未開時，章氏深體佛學，鼓吹注重佛法、佛教，對於當時佛教界是一股重大之信心力量，這在前面已述論許多。後來，思潮已成形，他對佛教界之事亦有參與贊助，不僅參與了覺社之創辦，亦於設立教育社、佛學會等集會時被邀請與會，但總是扮演共襄盛舉之陪襯角色〔註18〕，因爲他自己並不重視之，是以，一者自負所學。二者用心於中國文化，與他們歸趨有異。三者，他不喜好宗教信仰之事。這些皆是原因。由他對此問題之態度，可觀知爲何他是屬於文化界者，卻也同時理解到：他與宗教界合轍之處。

所謂不喜好信仰又非盡除崇拜之事，而是有其思想之判準。章氏在〈建立宗教論〉中曰：「今之立教惟以自識爲宗，識者云何，眞如即是，惟識實性所謂圓成實也」。

及章之〈告佛子書〉、〈告白衣書〉，梁啓超新民叢報之〈佛教與群治關係〉……等各種影響，及本其得於禪與般若、天臺之佛學，當有一期作激昂之佛教革新運動」。見《太虛大師選集》下〈我的佛教改進運動略史〉民國二十九年七月在漢藏教理院暑期訓練班講。頁二五八。

〔註17〕太虛法師提到此事云：「教育當局往往藉經費無出爲名，不特佔廟宇作校址，且有提僧產充經費的舉動，這種佔僧寺、提僧產、逐僧人的趨勢，曾爲一般教育家熱烈地進行著，故當時章太炎先生有〈告佛子書〉之作，一方面叫僧眾們認清時代，快些起來自己辦學，一方面勸告士大夫們，不應該有這種不當的妄舉，應該對佛教加以發揚」。同上註之書文，頁二五九。

〔註18〕章氏參與之佛教活動甚多，多是做個出名之以爲號召者，並非主力推動之人物。例如民國六年北京佛化青年會，爲號召佛化新青年運動，曾由章太炎、梁啓超、蔡元培等人領銜，函向各學校介紹。民國七年，覺社叢書第一期出版時，章太炎曾往講演佛學。民國十五年，章太炎等人在上海設佛化教育社，由太虛主持等等。皆見塵空〈民國佛教年紀〉《民國佛教篇》。（現代佛教學術叢刊，中國佛教史專集之七，大乘，六十七年）。又同年「世界佛教居士林」開幕時參與。民國十六年，於太虛法師之新僧運動「法苑」開幕時演講等等，分別見《章太炎年譜長編》，卷五，頁八六八，八八六。

是以佛法眞如、圓成實性建立不假外求之自識爲宗教，不同於崇拜鬼神、祈福消災之宗教，所以對於崇拜鬼神之事，認爲：

> 是故識性眞如本非可以崇拜，惟一切事端之起，必先有其本師，以本師代表其事，而施以殊禮者，宗教而外所在多有……士人之拜孔子……以爲吾之學術出于是人，故不得不加尊禮，此於諸崇拜中最爲清淨，釋教亦爾。……尊其爲師，非尊其爲鬼神，雖非鬼神而有可以崇拜之道，故于事理皆無所礙。〔註19〕

執有一人格神自存，已違唯識、眞如義，所以自識爲宗者不如此執敬拜之禮，但事之起始總有功德，能有飲水思源之心方能圓融、事理無礙。是以章氏認爲：因其傳授思想使吾人受益故敬拜之，這是最清淨如法的，就如儒家以至聖先師來祭祠孔子、佛家以本師來稱禮「釋迦牟尼佛」一般。所以雖有往印度披剃出家之念頭，亦自稱「震旦白衣章炳麟」〔註20〕，但對於佛教中重他力思想之淨土、密教二宗派，皆明言不喜，而曾讚言禪宗是「以自貴其心，不援鬼神」〔註21〕。是以總而言之，其認爲佛教之精神並不在崇拜鬼神，而且反而會因崇拜而迷障其最重要者，所以不應以宗教目之，故曰「余以佛法不事天神，不當命爲宗教」〔註22〕、「佛法只與哲學家爲同聚，不與宗教家爲同聚……與其稱爲宗教，不如稱爲哲學的實證者」〔註23〕。這是不將佛法視爲宗教，而專取其究竟義理。

〔註19〕〈建立宗教論〉，見《章氏叢書》，頁八七七。

〔註20〕在〈東京留學生歡迎會演說辭〉中曾曰：在光緒二十八年，到日本時，以爲自己革命之想法無法實現，遂有披袈裟做和尚之意。另外，在日本主編民報時，與孫中山等人（一九〇七年）不合，灰心之餘，亦有「憤欲爲僧，以求梵文於印度」之情，此事使章氏蒙上與端方暗通之嫌疑。（個中研究見楊天石、王學莊《章太炎與端方關係考析》，《南開大學學報》西元一九七八年第六期。又汪榮祖《章太炎研究》〈所謂章太炎暗通端方的眞相〉，李敖出版社，一九九一），又民國五年被袁世凱幽禁時，曾寫信予弟子許壽裳曰：「梵土舊多同志，自在江戶，已有西遊之約，……邇者時會傾移，勢在不救，舊時講學亦爲當事所嫉。至於老莊玄理，雖有饗求，而實未與學子深談，以此無可與語正，必索解人，非遠在大秦，則當近在受度，兼尋釋迦、六師貴緒，則於印度尤宜」，要許爲其向當事者直陳此願。後來並不得當事者應之（見許壽裳著《章炳麟》，頁一五五。南京勝利，一九四六）。著〈頻伽精舍校刊大藏經序〉時自稱白衣。

〔註21〕〈答鐵錚〉言：「佛教行於中國宗派十數，獨禪宗爲盛者，即以自貴其心、不援鬼神，與中國心理相合，故僕於佛教獨淨土、祕密二宗有所不取，以其近於祈禱，猥自卑屈，與勇猛無畏之心相左耳」。見《章氏叢書》，頁八四九～八五〇。又〈人無我論〉末亦云：「而崇拜天神既近卑鄙，歸依淨土亦非丈夫幹志之事」。同上書，頁八八五。

〔註22〕見〈太炎先生自述學術次第〉。

〔註23〕見〈演說錄〉，《民報》第六號。

他反對宗教是因宗教崇拜他力之故，但其贊成宗教卻亦是因宗教能反對崇拜他力，而強調自尊無畏、依自不依他之故。能符合後者，正是佛教，所以其「以宗教發起信心，增進國民道德」，就是以佛教爲最有利於實踐道德，最適用中國，更適用當時革命非常之時期，又曰：

> 以勇猛無畏治怯懦心，以頭陀淨行治淨華心，以唯我獨尊治猥賤心，以力戒誑語治詐僞心，此數者其他宗教倫理之言，亦能得其一二，而與震旦習俗相宜者，厥惟佛教。〔註24〕

此乃其寫作《齊物論釋》前後時期，大力提倡佛法之重要原因。

章氏對「宗教」之看法，有二種意義，一者爲崇拜鬼神、他力祈禱；二者乃能激勵信心、入世無畏。談及第二項，則只有佛教符合要求。談及第一項意義之宗教時，章氏皆不甚贊成而表現反對立場，此乃其終及一生無有改變者。例如反對康有爲立儒家爲孔教。認爲「仲尼所以凌駕千聖……獨在以天爲不明及無鬼神二事」〔註25〕，因此中土民性是不重宗教的。但是佛教終究有其作爲宗教之歷史傳統，雖不以神通爲要，亦有祈禱神變之事，所以雖有第二項之功，但仍無法免除第一項之雜染，因此章氏提倡佛法，鼓吹菩薩入世精神，以爲最能激發民志，讚嘆其義理，以爲玄遠究竟，卻不以佛教徒之身份出現，始終與佛教界有所區隔，並不在意佛教改革種種事，而專在國學領域致力。後來只選擇儒家，而不取佛教爲應世之用，或許是因儒家可免第一項之雜染，而於第二項，雖不如佛教來得極至，但仍有道德之說，是以尚可符合第二項，可作爲教化人心之主力。由此可知其對宗教之見地與判準是要：免除第一項之雜染而取第二項之功，而第一項之棄鄙正成第二項之意義，此乃其至始至終未有變者。

至於自負所學以及用心於整個中國文化，終以儒家爲教化重點，可觀其曰：

> 佛法本宜獨修，若高張旗幟，必有浪人插足其間，況北方迷信之地，以釋迦與天魔等視邪？近上海有太虛上人發起覺社，意在與此曹相抵（道德學社已行至上海），然仍多浮淺儱侗之談，僕勉一應之，而不能以爲是也，居賢善俗，仍以儒術爲佳，雖心與佛相應，而形式不可更張。〔註26〕

以其多浮淺之言，只能勉一應之，認爲當時之佛學研究者，並非眞正篤實於佛法義理，此正是章氏自負所學之故〔註27〕。而此處所謂「形式不可更張」，應指立於世

〔註24〕〈答夢庵〉，一九〇八年六月，《民報》卷四，第二十一期，頁一二七。

〔註25〕見〈儒術眞論〉《章太炎政論選集》，頁一二〇。

〔註26〕見《章炳麟論學集》，一九一八年，十二月六日，頁三八二。

〔註27〕〈太炎先生自述學術次第〉亦曰：「並世治佛典者，多以亦飾膏粱，助長傲誕，上交則諂，下交則驕，余亦不欲與語」。亦是章氏看輕當時研究佛學者。但是對於歐陽竟

間而善隨美俗、遵賢重良之形式不可更張,這方面當然是儒家最適合。雖然在思想上章氏認為還是與佛法相符,但是對佛教偏於出世間、宗教徒之行為形式則不取,應是以為此等形式易導成他力崇拜、祈禱功利之事,故棄之。

章氏對作為宗教之佛教所持之態度,充份表現宗教界與思想界在佛學發展上之分塗,其原始用心不同,終乃歸趨有異。所以多次想前往印度之願,多是在對政治、文化之努力感到失望之時,退而嚮求印度高度文化之洗禮〔註28〕。亦顯示其每每選擇去國之所皆在印度,此乃因為佛教之緣故,對於印度文化比歐美文化更為欣賞。因此他依然關心佛教,在深解佛教時,以中國文化之前途而希望佛教朝好的方向發展,因此其鄙棄他力,特重自力,強調無畏菩薩行之精神,這種方向的提倡佛教,正與宗教界重入世,要求人間佛教者相同,而章氏起了先聲之作用,由此亦可證明此宗教界與文化界二大方向之互成。

佛法義理之加入,對章氏學術生命而言,無寧是一高峰,其對於佛法之義理相當佩服。章太炎接觸佛法思想,能由其早年經歷、行事交遊等等事實來說明之。談到為什麼深入佛法解其真趣,亦能以其閱讀到某佛經、革命事業之轉變、等等理由來證成之,這些都是解決「他與佛法為何關係密切」的各種答案中的幾個,但是這些理由都要有「章太炎此人」這個重要條件,才得以有機地演化出其思想形態。

因蘇報案入獄三年,是章氏深入佛法最關鍵之時地,他將佛法介紹給同在監獄之鄒容曰:「學此可解三年憂」〔註29〕,以往因「煩擾未卒讀」〔註30〕之《瑜伽師地論》(在日本購買),在獄中竟能「晨夜研誦,乃悟大乘法義」〔註31〕,同在獄中使其解憂之佛典還有《成唯識論》。《瑜伽師地論》,共有一百卷,量多質又析理精細,是以早先章氏無法卒讀。在獄中之處境,使得章氏重拾此論,體深得趣。

章氏入獄之初,觀見各種凌暴慘狀,曾為免受辱,欲絕食就死〔註32〕。各種殘酷不人道之刑罰都發生在此,使得生死血淚、痛苦煎熬、慘烈恐怖之情景充塞其間,章氏後來曾回想曰「此直地獄耳」〔註33〕。在這樣的環境中,章氏仍能潛心研讀佛

無,章氏曾稱讚其區分法相、唯識二者,為「獨步千祀」見〈支那內學院緣起〉。
〔註28〕章氏民國五年被幽禁時,曾有「兼尋釋迦、六師遺緒……以維摩居士之身,交慈恩法師之事」,見許壽裳《章炳麟》,頁一五五。
〔註29〕〈鄒容傳〉,見《章氏叢書》,頁七五六。
〔註30〕《太炎先生自定年譜》,光緒三十年,三十七歲下。
〔註31〕同上書。
〔註32〕時獄中不得有刀索金毒藥等物,故唯餓死一途,並曰:「中國餓死之故鬼,第一伯夷,第二龍勝,第三司空圖,第四謝枋得,第五劉宗周,若前三子者,吾不為,若后二子,吾為之」,並作有絕命詞。見《章太炎年譜長編》,卷二,頁一九一。
〔註33〕見〈革命軍約法問答〉,《民報》第二十二號。

典，比之鄒容不能讀，可知太炎本身篤實爲學之基礎甚厚，才能安於困室以讀書解身體之危、內心之憂，此乃不同於一般革命行動者。也正是此時此地之慘痛困頓中，才能深觸生命、生死切身之問題，而佛學就是在解決這些問題之大道，不僅在宗教之修行次第上完整細密，在哲學思想上更能精擴深妙，可滿足學問家之細究論證之性質，又能以通透之思想面對三年鬱惱之處境〔註34〕，遂成全章氏精細地探索煩瑣之《瑜伽師地論》。更重要的是，以往總是會以爲人生困頓，又遇佛教，勢將遁入消極出世之途，章氏卻恰恰相反，接受佛學卻使其得以在積極入世上，得到義理之憑藉，更體解菩薩利益眾生，頭目腦髓皆可捨之大願大力，此乃所謂「大乘之旨趣」。在哲學思考上取得資源，又在實踐上得到助力，往後之思想判準又多以佛法持之，章氏之學術生命在此時翻成另一種開闊氣象。

第二節　《齊物論釋》以莊佛應世之角色

　　《齊物論釋》以莊佛應世之角色，可分二方面說之：一者，面對當時政治、文化風潮而言。因《齊物論釋》之內容是「以佛解莊」，所以說莊說佛皆是，而主要以佛法內涵實之，所以討論其應世時代角色就包納在章氏宣揚佛法中，是章氏以莊子之名宣演佛法之一完整重要著作。並且以莊佛符應爲救世第一良法、經國莫如〈齊物論〉〔註35〕。此亦代表文化界知識份子鼓動、參與佛教思潮。二者，以之後文化發展而言。此乃稍別於宣揚佛法，而是《齊物論釋》作爲一莊佛融會之詮釋，乃是爲整合、掘發傳統文化之方式。此亦代表文化界知識份子有別於宗教界之方向。爲了清楚分析故，權分二面，實則彼此不僅不是斷絕無關，反而是有相同之內涵。只是前者將時間、空間定於寫作《齊物論釋》之當時，以及章氏所散發出對社會之用心；後者則是將時間、空間拉長，並關照章氏文化之用心，來觀《齊物論釋》在學術文化相承傳時之關係。是以，分爲「遮遣見執而勇猛入世」、「建立佛法融通文化

〔註34〕章氏在獄中有〈讀佛典雜記〉，曾討論苦痛、純粹自由、純粹不自由、自利與社會利他之問題。認爲天下沒有純粹之自由或不自由可言，而曰：「雖至柱囚奴隸，其自由亦无所失，所以者何？苟遇強迫，拒之以死，彼強迫亦無所用。今不願死，而願從其強迫，此干死及強迫二事，固任其取舍矣，任取其一而任舍其一，得不謂之自由乎？」此乃看破外相之迷障，顯唯心之義，而自安處之。原載《國粹學報》第二號，今引自《章太炎年譜長編》，卷二，頁二〇三。

〔註35〕〈論佛法與宗教、哲學以及現實之關係〉：「惟有把佛與老莊和合，這才是善權大士，救時應務的第一良法」。見《中國哲學》第六輯，頁三一〇。《國故論衡·原學》：「經國莫如〈齊物論〉……涉歷世變乃始瞭然理解（指〈齊物論〉），知其剴切物情」。見《章氏叢書》，頁四七七。

之方式」二種時代角色來說明。

壹、遮遣見執而勇猛入世

一、以法相順應學風

　　章在早年並非自發性的接觸佛法，而是因友人夏曾佑、宋乎子之推薦而看佛經。後由獄中悟大乘深義，出獄後寫作政治議論、鼓吹革命、文化思想等文章，多以佛法來詮釋證明之，尤其《齊物論釋》，更是其結合莊佛之一完整著作。整體而言，以佛解莊，是以無我、唯識來說名言萬相之虛妄，而證成〈齊物論〉中齊生死、是非、彼我、壽夭等所有概念相狀。在引用佛教之共法外，章氏更選擇了法相、華嚴來詮釋，這是具有時代意義的。其曾自言：「端居深觀而釋〈齊物〉，乃與瑜伽華嚴相會」，而「至所以提倡佛學者……自非法相之理、華嚴之行，必不能制惡見而清汙俗」〔註36〕。兩次所言皆取法相、華嚴。前者專指《齊物論釋》，後者則指章氏普遍提倡之佛學。兩者皆取擇法相，但是在華嚴之指涉上略有差異：專在《齊物論釋》而言，華嚴是指以「一即一切，一切即一」義與〈齊物論〉「萬物與我爲一」相合，皆是說明萬法互爲緣起之關係，由此可知彼我無間；識此即具般若空義，是以彼我之見亦空。因此華嚴之義，能解析彼我存在之關係，亦即證成空義之很好方式。但是在《齊物論釋》外提倡佛學時，取用華嚴宗者是在於能捨頭目腦髓之大願菩薩精神上，以爲宣揚積極道德、激發志節。當然，能有此菩薩精神，乃因具般若空智，能證解一即一切，一切即一。是以實質上仍可相通，只是取用有所偏重，況且《齊物論釋》本來就特重莊生之菩薩入世精神，因此此部份留待下面說明。

　　之所以擇抉法相唯識，除了因具有「依自不依他」之特性，合於中土之外〔註37〕，無非是因：正合其爲學軌轍、順應時代思潮。章氏爲學以樸學入門，不喜空言、捷

〔註36〕分別是《菿漢微言》末自述思想變遷文，《章氏叢書》，頁九六一；〈人生我論〉，同上書，頁八八五。

〔註37〕所謂依自不依他，是章氏在〈答鐵錚〉文中提出者。他認爲中國各宗思想雖殊途萬致，但其根源皆是：自尊無畏、依自不依他。而佛教禪宗盛行，亦是因其主張自貴其心，不援鬼神之故，且達摩初來即傳授《楞伽》，是以法相與禪宗亦爲同義，所謂「法相或多迂緩，禪宗則自簡易，至於自貴其心，不依他力，其術可用於艱難危急之時，則一也」。其實章氏取佛法之無我空義，即可轉成「依自不依他」，而成就「艱難危急時」之大用，並非專屬法相與禪宗，只是章氏依時代之發展（禪宗昔盛、法相今適）特別引用此義爲此二宗所有。但其判中國佛教宗派曰：「然欲研尋其理（佛教），則法相自爲西來之正宗，必不得已有般若，無取天台之雜糅《涅槃》、《般若》爲也，若夫直指一心，廓然皎悟，則天台之不逮禪宗遠甚」。其是怪《涅槃》說我而無取天台，以禪宗直截行事故可取，亦是重在能依自不依他者，取華嚴之行更憑此見。見《章氏叢書》，頁八五○。

徑，講求「確實切事」，所以與唯識之精密分析心識萬法乃合。至於時代之思潮，章氏曰：

> 然僕所以獨尊法相者，則自有說，蓋近代學術漸趨實事求是之塗，自漢學
> 諸公分條析理遠非明儒所能企及，逮科學萌芽而用心益復縝密矣，是故法
> 相之學於明代則不宜，於近代則甚適，由學術所趨然也。〔註38〕

在此說得很清楚，是爲了近代學術強調科學、以實事求是爲確之故，而佛教法相唯識之學分析萬法之特性正與之相合，所以唯識適合時代之學風。不僅章氏如此，當時佛教思潮之焦點正是亦在此。中國佛教之唯識宗未似天台、華嚴宗承傳廣久，在唐代玄奘、窺基之後則不得傳，但卻在近代因緣聚合地興盛起來。由此發展，亦可顯出當時學術之所缺，因此章氏認爲學習國粹當「研精覃思，鉤發沈伏，字字徵實、不蹈空言，語語心得，不因成說，斯乃形名相稱」〔註39〕。清末民初之文化景況很是複雜，主要是在中西對立下，以理性、科學、民主爲最高價值判斷，中國文化處於弱勢而急欲衝出困境，所以興起之法相唯識學符於實事求是，即是合於科學。又其分析詳密、體系完整，又有因明方法學之內涵，能與邏輯、分析等歐美思想特質相比，所以取唯識義理來研究，就是在文化弱勢之角色下，補強豐富中國文化，以對比西方思想〔註40〕。章氏此言亦表示當時之文化情勢。就《齊物論釋》言，章氏取用法相，便因其特性與方式能合於文化潮流，能補明代以來學術之缺失，適於西學進入更加強調之科學精神，並且亦應合章氏之爲學態度。

二、齊物遮遣見執

齊物之內涵，簡單言之，即「一往平等之談」，但是並非凡俗所言之平等，而是「不齊而齊」、「離言說相，離名字相，離心緣相，畢竟平等」〔註41〕，似接近尊重個人自由之平等，但並非如此簡單，而是離我執之個人主義，我法二空下廣闊、無限之平等。在當時之社會文化環境中，遺除我執之平等，主要面對的是「名言是非」，

〔註38〕同上註之書、文，頁。
〔註39〕〈再與人論國學書〉，見《章氏叢書》，頁八四二。
〔註40〕關於近代唯識學復興之原因，大概不出霍韜晦先生所說：民族、文化巨變，生計寥落、各說紛起，尤其佛教。學術思潮朝向東西方比附上。這二點是時代背景與學術研究方向。更重要的理由是：一、唯識宗在東西文化對壘中的兩重身份（代表印度又代表中國佛教，尤其是後者，因此能視爲中國文化之流）。二、唯識宗的學理能與現代學術相應。三、唯識宗的學理能夠獨樹一幟。四、唯識宗的學理究竟（以完整性、周密性爲判準）。見其著之《絕對與圓融》〈中國近代唯識宗再興的機運〉，頁三十五。（東大，民國七十八年）。
〔註41〕見《齊物論釋》，解題。

因爲從我執出發者，勢必會爲了名言是非，誤入知見障礙之中，不解彼此皆是名言是非之我執，如此而下，小則紛爭累累、爭相競鬥，大則或以強權運作，而致壓迫、不平等諸事產生，造成社會國家之災禍。由於當時中西言論紛雜，尤其所謂新學之西方思想強力進入，中西文化之不平衡，中國政局之不安，章氏由「齊物」之理，看透所有言論是非，遮遣其知見之執，而達畢竟平等，這是章氏選擇〈齊物論〉、選擇以佛法詮釋之用心。

當時思想界探討平等觀念是相當普遍而且熱切，這全跟時勢政局有關。爲了改革、革命之治國藍圖，與爭取民族於世界之新定位，參與革命運動之行動者思想家，都思考平等之義，有名的是譚嗣同《仁學》主要以「仁」爲天地萬物之源，仁能通各種對待，而成平等、致一之象〔註42〕。康有爲之《大同書》亦是講男女平等、去家界、去國界、去苦界等等以爲太平世，皆是涉及平等思想之探討。這當中有空義被取資爲解釋，有華嚴無盡緣起之無限宇宙觀被援用者。而章氏之畢竟平等觀並非專於政治上言，而是廣及萬相萬物、名言心識、深入心靈。其先體知一切包括萬物、名言、概念、心念之對待不齊，全是從我執而來，不齊之現象間是緣起互成，非有自性而是唯識虛妄所生。是以下手處在去人我法執，體證究竟空義，徹見空性。此時出現一轉向，即起願力慈悲一念，深體涅槃生滅不異，而保住虛妄相之存在，不齊之相仍在，看待之心態是離執去我，只是隨順應機以導眾生入道，即隨順俗情，以百姓心爲心，不齊而齊，即菩薩精神之出現。所以章氏認爲〈齊物論〉所談之平等，並非世俗之平等，而是「物暢其性，各安其所安；世情不齊，文野異尚」，要能和之以天倪，而無物不然，無物不可。用之國家聚落，則「俗有都野，野者，自安其陋，都者，得意於嫻，兩不相傷，乃爲平等」，所以莊生出現，是「蟲德於上皇之年，杜蕁言於千載之下」〔註43〕，使自私橫欲卻反言義聖者能顯形無藏，破其迷障。觀當時中國與列強之緊張關係，當曉然其所言之心志。

齊物平等觀之義涵，是去我法二執，所謂一相即無相，萬法皆我執識心所生，因時因地等等各種因素互相緣生，是以都是變異無常，無有本質可言。依此面向，可對當時之思想言論加以釐清破執，所以有關順進化者，以今非古；守舊章者，以古非今；異域非宗國；以宗國非異域者〔註44〕；當時有提倡無政府主義者，是追求

〔註42〕《仁學》卷上，頁六。王樾先生之《譚嗣同變法思想研究》以「仁——通——日新——平等」爲仁學之思想理則。（學生，民國七十九年）。
〔註43〕皆見《齊物論釋》，解題部份。
〔註44〕見《齊物論釋》第一、三章中

極至之平等而有的學說，但章氏以莊生齊文野之思想觀之，其仍有文野之見橫箸，未能透達平等眞意；或以文野之見來行文明滅國者；或以爲物相競爭，智力乃進〔註45〕等等，諸如此類皆拘限一方一時之執見，不解無常變異、空性平等之理，是以都在齊物之遮遣批判當中。齊物平等從正面而言，是各安其事，隨俗雅化；從反面來看是：無物不然，無物不可。兩者都在泯絕我執下成就者。因此，其核心乃是堪破執見，並非僵化、圓滑，隨意地各隨其事、物物皆是，所以他是此空義智心鑑觀偏執所在，抉擇言論知見之障蔽，使心志得以開解，並也使其各安其所，就不致於拘限於言論是非中，而有妄執傷害之行。所以章氏認爲莊生齊物之論，能遮遣各種知見之障，透視聖智尚文之蔽，如能「方行海表，縱無減於攻戰，與人之所不與，必不得藉爲口實，以收涇名明矣」〔註46〕，以此廓清迷妄，而能「雲行雨施」、「衣養萬物」〔註47〕，應用於世。

三、莊生菩薩精神

　　遣離知見迷蔽之智心，轉而潤以菩薩之悲願，即成齊物之大用，即莊生菩薩一闡提之典型，以其無我無執故更能無待無縛，一分所待，其力便減一分，無我無待奮起，則能發揮無窮力量，所謂：

　　　　非說無生，則能去畏死之心；非破我所，則不能去拜金心；非談平等，則
　　　　不能去奴隸心；非示眾生皆佛，則不能去屈退心；非舉三輪清淨，則不能
　　　　去德色心。〔註48〕

章氏就依此無我無執之理，而說積極入世之力量，藉以增進信心、激發道德，鼓倡民族情感，而且不僅要有道德，更需有積極之道德，亦曰：

　　　　排除生死，適若無人，布衣麻鞋，徑行獨往，上無政黨猥賤之操，下作懦
　　　　夫奮矜之氣，以此揭概，庶於中國前途有益……今之所志，但欲姬漢遺民
　　　　趣於自覺，非高抬宗教爲旌旗以相陵奪〔註49〕。

這樣的思想在《齊物論釋》中亦以莊生爲一闡提菩薩來顯之，是取其入世應機無畏，可激發奮起以行事，並自尊文化、不畏他國，全力爲國爲民奮鬥不懈。

　　萬法唯識所生，是以去我執、堪破萬相虛妄性，達畢竟平等。以萬法唯識生，所以此識、此心如能轉成智慧、眞如，則依唯心，不畏各種困危、知解虛相幻生，

〔註45〕以上關於無政府主義、競爭進智力、文明滅國者，皆見《齊物論釋》第三章中。
〔註46〕同註45書、文。
〔註47〕見《齊物論釋》解題部份。
〔註48〕見〈建立宗教論〉，《章氏叢書》，頁八七八。
〔註49〕〈答鐵錚〉，見《章氏叢書》，頁八五三。

亦可說此境界即轉爲勇猛無畏之心，此勇猛無畏之心所動所行皆在「去我執」下，是以與我執之力大異。說至「人我法空」則提倡絕對寬闊之平等觀；說至「勇猛無畏心」時則鼓舞民族氣節、去自卑心、自立自強，所謂依自不依他、人人皆可成佛，發揮菩薩入世度眾，可捨頭目腦髓之精神，振起積極之道德。此二者是不相違的，但是章氏曾特別說明曰：「大乘有斷法執而不盡斷我執，以度脫眾生之念，即我執中一事，特不執一己爲我，而以眾生爲我」〔註50〕，如此暫存「唯以眾生爲我」（並無一己之我）之念執，隨順世情，方得行積極入世濟度之事。

依此，章太炎運用佛法來應世，有〈國家論〉、〈五無論〉、〈四惑論〉、〈人無我論〉、〈建立宗教論〉、〈無神論〉、〈駁神我憲政說〉、〈俱分進化論〉之論述，《齊物論釋》亦是在此範圍內而尤顯法相、華嚴。在《齊物論釋》中，以人我法空爲基石，證萬法唯識虛妄現，萬相互緣相成，即畢竟平等之平等觀；以莊生一闡提菩薩，即是以莊子爲一積極入世、勇猛無畏、依自不依他之典範。是以在《齊物論釋》之外，章氏是以法相之理，華嚴之行來打破迷妄提揭實相，鼓吹道德奮起無畏，前者以理實之，後者以行踐之。在《齊物論釋》中，法相與華嚴皆是詮釋之理，而莊生即是此二者具體展現之實踐者。用以廓清言論之紛雜與爭論，倡言文野平等之理，俾增文化智慧、信心並能勇猛無畏行菩薩道，挽國家之危局，所謂「一切以利益眾生爲念，其教以證得涅槃爲旳，等而下之，則財施、無畏施等，亦與任俠、宋墨所爲不異，乃有自捨頭目腦髓以供眾啖者」〔註51〕。章氏置這種精神於莊生上，是莊生遊於世間不入涅槃之故，亦是太炎自己對當時革命時局所提出之思想鼓吹。

由他對佛法、宗教的看法可知，他將佛法視爲生命之思想，如能積極行有益眾生之事則是大菩薩，絕少談及宗教出世解脫之事。而章氏所謂入世行菩薩行，則專在文化、道德、氣節等平實之事物上，這是其一向切事之心志，亦是其認爲菩薩應隨順世間而教化之道，甚至爲此可暫置佛法而以儒者爲權，這與一般談佛法者有所不同。但其特別重視入世菩薩行，甚至可至菩薩一闡提，這種絕對入世

〔註50〕爲了解決證究竟無執時，何能生此世間，行度眾生之事？章氏又曰：「如吷息特之言曰，由單一律觀之我，惟是我；由矛盾律觀之，我所謂我即彼之他，我所謂他即他之我；由充足律觀之，無所謂他，即惟是我。此以度脫眾生爲念者，不執單一律中之我，而未嘗盡斷充足律中之我，則以隨順法性，人人自證有我，不得舉依他幻有之性而一時頓空之也。夫依他固不可執，然非隨順依他則無趨入圓成之路」。爲度眾而不盡斷我執，不厭有情世間反與有情同情，而救度之，是菩薩本色。見〈建立宗教論〉，《章氏叢書》，頁八七六。

〔註51〕〈建立宗教論〉，見《章氏叢書》，頁八七七。

之精神來說，卻與後來宗教界內佛教改革有著相同之方向。自然是在那個時代裏，環境之變化太過劇烈，再加上明清以來中國佛教之萎縮發展，使得佛教如果不能因勢善巧對應，積極入世發揮社會功能，將有隨時被淘汰之命運。而章氏以佛法積極應世，在當時知識份子中並非獨有。但章氏身爲博學淹通之士、革命先進，高揭莊子爲菩薩一闡提，要人以菩薩之精神，來激發革命氣節、利益眾生，正顯其生命特質與識見。對於佛教而言，此思想引自佛教，然在當時佛教中已漸失其力，因此章氏之特別強調，勢必對朝向積極入世之佛教界改革，有很大之啓掘作用。之後佛教改革已經大力推行時，章氏曾以其既是國學大師又曾宣揚佛學之背景，在民國十六年被邀請參與「新僧運動之法苑」開幕典禮，繼主事者太虛法師之後，由太炎來演說，演說之內容正是「當以佛教之大施主義以救人救世」〔註52〕，顯然章氏久懷不忘者就在此無畏入世之精神，而初予佛教改革運動有啓掘，後遂能與之合轍。

　　作爲一知識份子，又處於最艱困紛亂之時代，文化、經國之志更是攪繞於心，是以，詮釋莊生時除了爲其建立前所未有之思想體系外，蘊射出對時代之關切是相當熱切的，尤其是遮遣知見之障蔽、齊而不齊之畢竟平等觀、利益眾生入世無畏之菩薩精神。而以菩薩精神爲動力所在，尤其章氏將之推至「一闡提」之極，是最具特色之處。

　　這是章氏於《齊物論釋》所展現出的時代用心，亦包納在章氏提倡佛法之用心下。但是又因其乃一知識份子，首重思想文化，所以應世之方式與內容，與一起奮鬥的革命同志有異。在寫作完成《齊物論釋》時期左右，亦即章氏出獄到日本至被袁世凱幽禁之前，多以佛法爲革命理念作宣傳，尤其是主編《民報》時，許多以佛法論析政治、文化理念之重要文章皆出現於此中。《民報》是同盟會之重要宣傳品，章氏從第七號開始主編〔註53〕，當時之主張革命者、同盟會之黨人卻對章氏之以「民報作佛聲」有所批評，如章氏〈答鐵錚〉，正是爲了答辯鐵錚之質疑：佛法是否與革命有關，是否有益時代之問。又如胡漢民曾言：

　　　　章炳麟由滬獄出，《民報》已刊行半年，余讓編輯事於章。精衛與余等已
　　　　足制勝保皇黨有餘，故章未嘗加入論戰，章喜言佛學，其言政治，則等於

〔註52〕此事由民國十六年二月十五日之《申報》中刊出，引自《章太炎年譜長編》卷五，頁
　　　　八八六。
〔註53〕章氏從第七號（一九○六年九月五日出版）編至第十八號（一九○七年十二月二十五
　　　　日出版），因腦病，由張繼、陶成章分別接辦一期、三期。第二十三號章氏再接繼，
　　　　至二十四號，被日本封禁。

漢人以經斷獄。整理國故，章所優長，而章不善用之。〔註54〕

國父孫中山亦曾言：

> 而《民報》尤非宗教之機關報，乃章炳麟以其一知半解，乾燥無味之佛學論，佔據《民報》全冊之大部，一若以《民報》爲其私有佛學之機關報也者……以致內外同志多疑《民報》爲排斥耶穌之機關報。〔註55〕

此乃對於章氏在《民報》喜言佛學，很不以爲然，看輕其以佛法所演之政治理念，只以整理國故之位置之，正也凸顯章氏在革命陣營中之格格不入。由此理念上的差距以及行事之不協，後來引起太炎與同盟會之分裂，對國父孫中山等人有所不滿。因此章氏之提倡佛法不見賞於當時革命人士，在此中之《齊物論釋》亦不得具體之革命作用。但是此正顯其作爲一「以文化爲己任」之人、一位知識分子之良心，其所關注者不在短暫之革命運動，或者黨派間之爭議，而是在整個中國未來文化思想之前途上。他以文字刀筆爲創，嘗試深入思想之核心，從識見、心念上去轉化改善，所以其視野更具深度與廣度。雖然此種應世方式，不能得到立即之熱烈回應，但卻足以深入民心、樹立典範。

貳、建立以佛法融通文化之方式

就章氏寫作《齊物論釋》之用心而言，豎建莊生之心應比宣揚佛法更來得重些。由他後來對老莊之態度與厚望可知，先以達大乘深趣，極爲讚嘆，再發覺此深意在中土獨有莊生明之，而由整個傳統文化看來，方知「今始探其妙，千載之祕睹於一曙」，「能上悟唯識，廣利有情，域中故籍，莫善於〈齊物論〉」〔註56〕。能在中國固有學問中找尋到足以與他欣賞之佛法高義相符，而且是不期而會，其意義更爲重要。並且於歷事涉深後體會到莊生較能應中土之機，是以從獨宣佛法中，開始轉說：能應用於政治社會者，需要老莊才行。而此時所謂的莊生，已是莊佛合應後的莊生，是以佛證莊之莊生，並非放棄佛法內涵的莊生，是以莊生就具有兩種意義，一者，能符應於佛法高義，尋出傳統本有之道家者－莊生之深義。二者，較之佛法更能應中土生民之機、適中土之政治社會。如此一來，佛法就偏重在啓發傳統本有文化之功上。所以《齊物論釋》就是章氏用佛法來啓掘莊生之作品，亦即用佛法啓掘傳統本有思想之力作。但章氏並非固執拘限傳統文化者，由他直言佛法、多次有去國之思時皆選印度可知，他對佛法極爲看重，但作爲一

〔註54〕〈胡漢民自傳〉，見《革命文獻》第三輯，頁三九〇。

〔註55〕見《國父全書》，頁四二〇。此處引自《章太炎生平與學術》中汪榮祖先生之〈章炳麟與中華民國〉一文之註二十三者。

〔註56〕前者見《菿漢微言》最末。後者見《齊物論釋》解題部份。

中國知識份子，自小所受所學皆從傳統本有文化中來，整個知識界亦多以此一進路爲基礎，所以其能深入佛法，由思想上將之收納，進而在言論上直陳其理，已屬不易，並能言之成理，獨力不可擋，更爲少見。但是整個文化環境，使他不得不反省到佛教之適用性，以及整個時機之恰當與否〔註 57〕。而莊生既能具佛法高義又是傳統故籍，兩者兼得，故寄予莊生厚望。歷來以佛解莊並非少見，但未有像章氏如此精細符應者，而且是以一位從傳統學問中來之學者，以正面的方式提出佛法。是以，《齊物論釋》所形成的：用佛法來融通、掘發傳統思想的方式，就成了章氏之後，傳統文化重新詮釋整合的重要方式。

　　黃宗仰爲《齊物論釋》所作之後序言：

　　　　近人或言自《世說》出人心爲一變，自華嚴出人心又爲一變，今太炎之書現世，將爲二千年來儒墨九流破封執之局，引未來之旳新，震旦眾生知見必有一變。

此言雖不一定確然，但是章氏《齊物論釋》確有破執之功用，與當時佛教思潮之起，使震旦眾生對佛法知見，有了正面的看法。

　　一種學術潮流之發展情形，是有其隱伏、生起、開展、成爲思潮，終至異化、分支而衰亡，種種階次流變。其中開展成爲潮流時，勢必引起討論與爭議，投入的人數亦愈來愈多，但興盛之勢已在此中。而往往能引發突破性的轉變者，端賴有一人才或數個人物出現鼓吹之，時機成熟形成典範作用，使後學者仰慕之，諸學者不得不聽其言思其見，風潮遂成，而其人將於歷史上留名。近代佛教思潮亦是如此，基本上章太炎之前之知識份子，學習佛法者亦夥，但卻未有突出一人物，正面鼓吹之，這是在文化界之情形。之所以當時思潮已隱伏，除了今文學家龔魏等人之提倡外，更因在佛教宗教界中，楊文會已開始刻經、組學會，爲經典之完備、人才之訓練作鋪路工作。這種隱伏亦助成章氏之研習佛典，適章氏在蘇報案入獄，於革命陣營中聲名大噪，章氏一出獄就儘自鼓吹起佛學，當時全國菁英之士均集中於經國治民之事中，章氏於革命行動既有盛名，又能言之有物、博學識深，當然給予學人起了一典範作用，但是隨之而來的：佛學不適用之言亦繁，章氏亦持論有故，申暢己懷，不爲所動，所以在文化界中雖然激起大漣漪，但是不如這個典範在宗教界內形成一股無形之自信來得大，信心啓發僧俗二眾有心之人，而促成宗教界內如火如荼展開佛教復興，將佛教思潮之重鎮轉移至宗教界本位，這對佛教徒而言是本份事，

〔註 57〕雖然在當時已呈現佛教思潮，接受佛法已漸普遍，但佛教內部仍在改革當中，而西方思潮流入、中國政局不穩，傳統文化已在強速地崩解當中，最平實、世間，代表傳統文化之基的儒孔尚且不保，何況莊老，更何況佛法呢？故佛法只得權藏不用。

是一發展之正途，在西方文化的對比下，一直被視為「外來」者的佛教，變得不那麼外來了，而足以構成威脅的不再是中國文化內部之儒、道各家，反而是科學、邏輯甚至是歐美日本之佛學風潮等國際性之挑戰。文化界者歸趨則不在此，所以仍然纏繞在儒、釋、道，甚至西方思想派別之分合中，是以要真正推舉佛學，還得有一番爭論。而章氏首先正面「以佛解莊」寫作《齊物論釋》，就代表在此分合爭議中，正面提顯佛法之態度。

章太炎屬於文化界之心態，來提倡佛法，形成一個典範作用。此典範帶來之作用，因文化界與宗教界之用心不同，被取資為範之處有所差別。比之康、譚、梁之佛學，太炎顯然理路清晰、義解精細，更能掌握佛法義涵，其又於建國之革命陣營中，學問聲名遠播，章氏此一典範，對於文化界正視佛學，有推波之功，其《齊物論釋》更代表以佛法融通文化之典式，其作用使一般之知識份子，不同於以往視佛法為異端，而一翻為正面之看法。在宗教界中，其典範之作用是引發宗教界之信心，使已生起之思潮，更觸進發展、自力自強，而使佛教思潮主力轉向宗教界內大力闡揚，風氣推動增強，而形成思潮之興盛。此其在文化界與宗教界二方都有推動之典範作用。

專以《齊物論釋》而言，其於中國文化發展上反而更具正面價值〔註58〕，此乃關係著章氏引用佛學之態度：此類知識份子並不以佛法復興為重點，所以推崇佛法對他們而言，反而是一種掙扎與轉變，所以勢必有所爭議。只是這種爭議因西方文化的出現而相形變弱，而其最關心者仍是整個文化之問題，所以佛法可用與否，全取抉於對中國文化出路，是否有所助力，是以《齊物論釋》之出，代表章氏提出「以佛解莊」之方式，不拘限於傳統門戶之見，大方全面引用佛法融通莊生，以為文化前途提供一種方式。這個方式具有其時代之角色〔註59〕，亦即建立以佛法融通各家文化之方式。

此方式在當時文化狀況下，佔有一定之地位，就如梁啟超所評論：「他平生極用心的著作，專引佛家法相宗學說人比附莊旨，可謂石破天驚，至於是否即莊子原意，只好憑各人領會罷」、「炳麟用佛學解老莊，極有理致，所著齊物論釋，雖間有牽合

〔註58〕「以佛解莊」，無法給予佛教界帶來正面價值，因為當佛教本身價值已能自立、甚至具有超越儒、道、西方學術之信心時，「以佛解莊」反而成為污低佛法、妄舉莊生之謬論。楊仁山就曾指責章氏「混亂正法」，見《等不等雜觀論》卷八。

〔註59〕李澤厚認為：「中國近代資產階級革命時期，真正具有哲學上的思辯興趣和獨創性，企圖綜合古今中外鑄治嚴格意義上的哲學體系的，只有譚嗣同和章太炎兩人」。而譚嗣同尚未建立完整就去世，便由章氏來完成之。並認為：譚與章二人其進路皆是「接受自然科學唯物論的洗禮開始，而以佛教唯識宗的主觀唯心主義作歸宿」，進而認為此路向在當時是有典型意義的。他指出此一端倪是不錯的，但是本文實在地將之置於「以佛法融通文化」路徑上。並且對此一典型意義之態度，亦與之相差甚多。

處，然確能爲研究莊子哲學者開一新國土」〔註60〕。更有近代學者方東美先生認爲《齊物論釋》很能幫助對莊子之理解，因此《齊物論釋》所得之評價有的是保留，甚至是讚美的，雖有些差異，但已能確立其創造之功，而與傳統視「以佛解莊」爲混淆、歧途之景況，已大不相同。其原因爲：一者，當時文化正需新的內涵、新的詮釋，有所創發即是開放一種可能性，而佛法被視爲可資取用者。二者，章氏具深厚之傳統學問素養，而且並無佛教徒之背景，以此出言倡佛說，其作用自然大大提高。因此章氏《齊物論釋》在近代佛教思潮中，確立佛法在文化界之價值，進而確立以佛法詮釋、融通文化之正當性。

如果單論求是之學，章氏自始至終皆以佛法爲哲學思想之最高，其正視佛法，而莊佛並舉，形成以佛詮解莊生，內容全以佛法實之，與以往之三教調和論之角色大不相同，彼時之歷史情境，常是佛法需要爭取正當性，而須善自他宗。章氏此時是，尋找中國傳統學問之有如此高義者——莊生，爲其建立思想價值。因此反而是以佛法爲主，來樹立莊生。這是確立佛法在中國文化之價值，並選擇莊佛並舉之方式，來展現文化之融通。自章氏後，中國哲學史之著作，無不將佛法納入一重要席位，重要之思想家多能深入佛學，新儒家者流雖以儒家爲愜心，但個個能知解佛法，儒、釋、道三家在中國文化上具有同重之價值，甚至以佛法之思想作爲詮釋、融通中國傳統學問與西方哲學者〔註61〕。

稍後於章氏，同以佛法融通文化者，最著名的是熊十力。其入儒入佛，所著《新唯識論》回響更大、爭議亦更大。熊十力深入佛法是受章太炎之啓發，其曾曰：「近讀餘杭章先生〈建立宗教論〉，聞三性三無性義，益進討竺墳，始知船山甚淺」，而認爲「在今言哲理者，最精莫如佛，而教外別傳之旨，尤爲卓絕」〔註62〕，章氏聲名遠播，其重佛學影響到他，而開始對佛學深爲讚許，再而甚至入支那內學院二年，從歐陽竟無學法相唯識，進而講著唯識學。深入唯識學中十數年，而整個佛教思潮正盛，其對佛學亦更加深入，因此開始批評章氏之佛學素養，曾曰《齊物論釋》爲「涉獵法相唯識，以緣飾蒙莊，終於兩失」〔註63〕。最後終竟自創《新唯識論》，

〔註60〕前者見《近三百年學術史》，頁二五七（華正，民國七十八年）。後句在《清代學術概論》中，頁一五八。

〔註61〕當代新儒家學者牟宗三先生，就提出運用《大乘起信論》之一心開二門之架構，爲一普遍性的共同模型，可適用於解釋儒釋道三家，而且亦可籠罩西方康德哲學系統。是以，此一理論架構，將有助於中西哲學間之認識與交流。見《中國哲學十九講》〈大乘起信論之「一心開二門」〉（學生，民國七十二年）。

〔註62〕《心書·船山學自記》。

〔註63〕見二十三年本《唯識論》。又批評〈建立宗教論〉中「一切眾生同此阿賴耶識」之說法，是誤解違背佛教唯識之義，成了梵天神我之說。對章氏之理解《成唯識論》曾

所謂取捨修正佛法，融歸儒家大易之道。雖說以大易爲宗，但內涵亦是多有佛法名相，其自己亦強調《新唯識論》是儒佛會通之學：

> 且吾之言學，夙主會通……《新論》包羅儒佛而爲言，既自有根據，非同比附，而取捨貫穿，又具有權衡，純是破除門戶，一以眞理爲歸……吾故匯通儒佛及諸子，析其異而觀其通，捨其短而融其長，於是包絡眾言而爲《新論》，始信象山心同理同之說無可議……與友人言，東方哲學皆談本體，印度佛家，闡明空寂之一方面，甚深微妙，窮於讚揚，《新論》，融佛之空以入易之神，自是會通之學。〔註64〕

顯然其是一融通佛儒及諸子之作，欲破除門戶之見，析分其差異，捨其紕短者，融合其長處而會通之，以爲是同此心同此理之會通之學。只是熊氏選擇以易爲歸趨處，而形成其獨特之見。其對象爲儒佛，與章氏之莊佛不同。儒佛之差異遠比莊佛來得大，章氏之詮釋會通，完全以佛法來符應莊生，內涵以大乘佛法爲實，雖稍有剪裁捨取，但不離佛法核心，而以莊佛一致來說聖人心同，而儒者玄遠則未逮及。但是熊氏之會通，是以儒佛同高，不是符契若合之詮釋，而是以己之學養識見，認取唯識學之長短，而取其長亦批判其短，所取所批本之於儒家大易之道，因而重融組合唯識內涵，而另創一思想體系，由此一哲學體系下說心同理同。

雖然如此，其能入佛自亦對佛法多所重視，如言：

> 余通玩佛家大旨，約有三義，是其超越古今處。一、於人生惑染方面，深觀洞照……吾以爲人生或染方面，識得最透者，自有天地以來，恐無過佛家者。二、佛家書，形容空寂、清淨、眞實，遠離一切倒妄或戲論的一眞法界，無上莊嚴……人生不識此味，極可惜。……三、佛家書，破除知見或情識處，直是古今中外無量哲人罕有如斯深遠，老莊雖反知……其境界自不及佛家之高……孔子境界高，卻不肯向這方面說。今後從事西洋哲學者，甚願其於儒佛二家學，作極深研機工夫也。〔註65〕

佛法在當時學界已是顯學，故與章氏相同的，熊十力對佛亦有正面之評價，但是卻對老莊並不重視，以其似佛家但不如佛法高遠之故，而孔子卻可比同於佛法。在此

曰：「全不通曉，只摭拾若干妙語而玩味之」（見《體用論》）。又說其闡述佛法之作品「無一字不妄」（見《十力語要》）

〔註64〕熊十力之〈新唯識論問答〉，見《現代儒佛之爭》，頁七十七～八十二（明文，民國七十九年）。熊先生之作作於在佛教界已自立之時，以儒家之見評斷佛法之誤，又以唯識之名而曰《新唯識論》，所以引起極大爭論。太炎之以佛解莊，則是於宗教界人才仍未出、風氣仍弱勢之時，最重要的是其始終以佛法爲究竟，所以並未引發爭端。

〔註65〕同註64書，頁八十一。

亦顯現其與章氏看法之差異，但是同視佛法爲高是一致的，以佛法詮釋會通傳統文化乃是彼此相同之路徑，即是熊氏對《新唯識論》之性質定義：「凡所以鑒觀西洋，平章華梵，括囊大字，析衷眾聖」〔註66〕。

在當時佛教思潮之興盛下，使用義涵豐富之佛法來重整文化，亦是一明顯之徑，而《齊物論釋》之以佛解莊，以佛法融通文化思想之方式，亦當然地給予熊氏一個典式作用，帶起這種方式。總的而言，是爲了以佛法重整、創發中國文化內涵，甚至要能與西方文化對談交流，至於融通何家？融通後以孰爲宗爲主爲歸？融通者是爲了解決何種問題？則端視各人學問風格之差異，各主不同，其方向指歸相差亦甚遠。

〔註66〕同註64書，頁十一。

第六章　總　論

　　本書主要是以一個核心、三個角度來對章太炎之《齊物論釋》作研究、討論。所謂一個核心是指對《齊物論釋》本身思想理路之整理與分析。所謂三個角度，即是依本身之思想爲核心，而面對一者：莊子詮釋學中「以佛解莊」之詮釋傳統，來探討《齊物論釋》之詮釋內涵與方法。此屬於詮釋史、詮釋方式，是縱面的考察。二者：章太炎本人一生全面之思想流變。此屬於《齊物論釋》與詮釋者學術生命之互動關涉之理解。三者：其與清末民初佛教思潮的關聯。此屬於詮釋者之時代文化問題。是橫向的理解。由此一核心、三角度之觀察，期能爲《齊物論釋》展現一較清晰、完整面貌。

　　首先，第二章《齊物論釋》思想之研究，共分爲三大部份。先明齊物思想之基礎在於人我法空，此乃鋪平而言，如就立體而言，則是最高究竟之處。反過來言，因人我法執而生種種虛妄之心、相，使得萬物紛雜而爭端四起。是以莊生說喪我，亦即符應於佛法的無我義，說「自取」、「取其自己」等亦即我執，亦即末那識執阿賴耶爲永恆不變之我，亦即三性思想中的偏計所執性。如能通達無我，即能顯眞我（眞君）、如來藏、圓成實性。由我執、我空、顯眞我之思想撐起整個齊物思想的基礎。明此方能進一步面對萬物種種。是以第二部，轉而向外，專於遣執虛妄上說如何齊物。對於名言、物我到心識，將以分析透觀，知其相對互緣而生，故一一滌除，到畢竟一向無有，達畢竟空義。最後，第三部份則展現齊物之大用，連貫起前面之分別說明，而顯全幅之齊物思想。即所謂兩行之道、中道思想，亦即「內存寂照，外利有情」、「高言平等，還順俗情」，深體畢竟空義，而展現隨順、不齊之齊。而且，章氏再於此匯入菩薩入世度眾之精神，使利益世間之用形成無限的動力，所謂莊生即「菩薩一闡提」，體生死即涅槃，發大悲願，以內聖外王爲特別之用心，常處世間利益眾生，展現齊物之大用。既爲入世之用，莊生勢必要應中土之機，遂掘發其不

同於佛法之風格所在。齊物之用中，特別有「和之以天倪」之用，可以判攝百家，解紛是非。落於時代問題上，章氏特別提出文野之見造成文明伐國之錯誤。而最後章氏總仍一再申究竟空義，以能保障齊物之基礎。

為了能更明瞭《齊物論釋》之詮釋方法上的問題，先明莊書語言所具之創造性，以及詮釋學上之意義。再置於「以佛解莊」之類型中理解，統觀其詮釋模型，並比較出其不同以往之特質，以及此特質之主客觀理由。「以佛解莊」本與文化流變有重要的關聯，從早期格義佛教之以莊語格義佛法，作為佛法入中國之接應橋樑，後來大量經典翻譯入華後，此方法就被鄙棄不用，以區分莊、佛。雖然如此，莊、佛間的會通，還是不斷地被人提出，有以此作三教紛爭中連合之策略運用——納佛貶儒〔註1〕。有「大藏經皆從此中出」、「震旦之南華竺西之貝典」之說〔註2〕。而佛教在離開格義階段自立體系後，又有佛教人士以三教調和之用心來以佛解莊。直至章氏之「以佛解莊」，其態度大不同於以往，其並無三教緊張關係的背景存在，故並不以善自他宗為用心，而是直接在理論上認為莊生思想正為佛法思想，所謂「千載之祕睹於一曙」，已經跳離三家較爭之途，而會通莊佛，以傳統學問淵博之士正視莊子亦正視佛法，因此形成整合文化的效果。其詮釋方法之運用，總括而言，是以般若中道為思想模型，畢竟空性為基礎，唯識名相為分析符應，大乘佛教之菩薩道精神之無限展現。由其引用《般若經》、《瑜伽師地論》、《攝大乘論》、《大乘起信論》、《華嚴經》，亦可看出其佛學思想之運用。如此之詮釋與以往「以佛解莊」者相較之下，特顯其唯識精析名相、立莊生為一闡提菩薩之特質。而其選擇唯識為詮釋方法亦有客觀上之必要性。

落實於章氏個人之學術生命而言，其自言一生為學是「始乃轉俗成真，終乃回真向俗」，而《齊物論釋》正代表著章氏從佛法之究竟義中吸取養份而轉入世間之「真俗交融」處，亦即齊物思想中兩行、中道之義。因此在莊生處結合大乘菩薩道精神，樹立莊生為應中土民性之機的入世形象，由此應機之義而啟其後來「回真向俗」之路。又，《齊物論釋》為莊生之思想生命提出創造性之理路，提供解莊之新的視野。對章氏個人而言，「和之以天倪」之判攝、評議百家之方法與態度，給予其面對當時思想家派之紛爭時，兼有寬闊的納攝和差異的判別兩種面向。

〔註1〕成玄英以一道士身份註莊，參有佛義，龔師鵬程即認為是：「道士運用莊子，並吸收佛理以強化本身的理論、貶抑儒土，是挺高明的策略選擇。蓋於競爭馭難的情境中，成玄英並不同時與二教為敵，他先將儒道區分開來，貶抑儒家，而不正面批評佛教，但在不得罪佛教之際，他又深入佛教教義，吸收轉化以為我用。」見《道教新論》，頁二八二。（學生，民國八十年）

〔註2〕前見林希逸《南華真經口義》發題。後見陸長庚《南華真經副墨》序。

　　將《齊物論釋》置於時代脈絡中，有文化上與應世上的意義，這二種意義皆在近代佛教思潮中得到交集。近代佛教思潮可分為兩大方向——佛教界與文化界，文化界起步較早，研讀佛經，進而運用無我、無畏、菩薩道精神等思想，來為救國救民之事努力。而佛教界本身則有重要的改革、推動，與當時時代變化，產生密切的互動關係，大力提倡人間佛教、振興佛教之義理研究等等，此二者皆交攝著思想、應世的性格，並形成互成互軋的狀況，而此互成互軋正成為其豐富性。兩大方向之區別則在歸趣用心之不同，章太炎是屬於文化界者，以其著眼於整個中國文化之前途故，並身處此思潮之前期，而具有舉標推波之作用。以《齊物論釋》而言，亦參在其中，以佛法來應對、解決時事問題，所謂以唯識法相之學來響應精析式之學術方法；提出齊物思想來遣除爭論之執、識知之蔽，達到兩順無對的「兩行之道」，而提起文化之信心，並鼓吹為度眾生腦髓皆可捨的菩薩道精神，以為激發道德勇氣與民族之氣節。章氏參與革命，但眼光不只置於革命上，整個國家、文化精神的傳續與發揚是他最關心的，「以佛解莊」之《齊物論釋》，以樹立起會通文化、以佛法融通文化的方式，因而帶給後人思考觀察中國文化的一種重要面向。

參考書目舉要

1. 章太炎，《章氏叢書》，世界，民國 71 年。
2. 章太炎，《章太炎的白話文》，藝文，民國 61 年。
3. 湯國梨編，《章太炎先生家書》，上海古籍，1985 年。
4. 湯志鈞，《章太炎年譜長編》，中華書局，1979 年。
5. 王有爲，《章太炎傳》，廣東，1984 年。
6. 湯志鈞編，《章太炎政論選》，中華，1977 年。
7. 吳承仕藏，《章炳麟論學集》，北京師範，1982 年。
8. 章念馳編，《章太炎生平與思想研究文選》，浙江人民，1986 年。

研究著作

1. 姜義華，《章太炎思想研究》，上海人民，1985 年。
2. 唐文權、羅福惠，《章太炎思想研究》，華中師範，1986 年。
3. 章念馳編，《章太炎先平與學術》三聯，1988 年。
4. 湯志鈞，《改良與革命的中國情懷——康有爲與章太炎》，商務，民國 80 年。
5. 李潤蒼，《論章太炎》，四川，1985 年。
6. 姜義華，《章太炎》，東大，民國 80 年。
7. 王汎森，《章太炎的思想——兼論其對儒學傳統的衝擊》，時報，民國 81 年。
8. 汪榮祖，《康章合論》，聯經，民國 77 年。
9. 高田淳，《辛亥革命と章炳麟の齊物哲學》，研文（日）1984 年。
10. 郭慶藩，《莊子集釋》，貫雅，民國 80 年。
11. 憨山，《莊子內篇註》，琉璃經房，民國 71 年。
12. 宋西星，《南華眞經副墨》，無求備齋莊子集成續編。
13. 林希逸，《南華眞經口義》，無求備齋莊子集成初編。

14. 方以智,《藥地炮莊》,無求備齋莊子集成初編。

15. 林雲銘,《增注莊子因》,廣文,民國 57 年。

16. 王夫之,《莊子通‧莊子解》,里仁,民國 73 年。

17. 陳鼓應,《莊子今註今譯》,商務,民國 76 年。

18. 黃錦鋐,《莊子及其文學》,東大,民國 73 年。

19. 蔡宗陽,《莊子之文學》,文史哲,民國 72 年。

20. 錢穆,《莊子纂箋》,東大,民國 75 年。

21. 郎擎霄,《莊子學案》,河洛,民國 63 年。

22. 吳光明,《莊子》,東大,民國 77 年。

23. 葉海煙,《莊生的生命哲學》,東大,民國 79 年。

24. 李潤生,《僧肇》,東大,民國 78 年。

25. 方立天,《法藏》,東大,民國 80 年。

26. 龔定盦,《龔定盦全集》,新文豐,民國 64 年。

27. 洪啓嵩‧黃啓霖編,《楊仁山文集——現代中國佛教之父(當代中國佛教大師文集一)》,文殊,民國七十八年。

28. 釋太虛,《太虛大師選集》,正聞,民國 71 年。

29. 印順,《太虛大師年譜》,正聞,民國 79 年。

30. 王樾,《譚嗣同變法思想研究》,學生,民國 79 年。

31. 景海峰,《熊十力》,東大,民國 80 年。

32. 印順法師,《性空學探源》,正聞,民國 79 年。

33. 印順法師,《中觀今論》,正聞,民國 79 年。

34. 歐陽竟無,《唯識講義》,佛教,民國 67 年。

35. 楊白衣,《唯識要義》,文津,民國 73 年。

36. 于凌波,《唯識學綱要》,東大,民國 81 年。

37. 方倫,《唯識三頌講記》,佛光,民國 81 年。

38. 印順法師,《攝大乘論講記》,正聞,民國 79 年。

39. 《大乘起信論等八種合刊》,新文豐,民國 78 年。

40. 印順法師,《大乘起信論講記》,正聞,民國 79 年。

41. 印順法師,《中觀論頌講記》,正聞,民國 79 年。

42. 恭山雄一等著,許洋主譯,《般若思想》,法爾,民國 78 年。

43. 霍韜晦,《絕對與圓融——佛教思想論集》,東大,民國 78 年。

44. 唐翼明,《魏晉清談》,東大,民國 81 年。

45. 湯用彤,《漢魏兩晉南北朝佛教史》,駱駝,民國 76 年。

46. 釋聖嚴，《明末佛教之研究》，學生，民國 77 年。

47. 郭朋，《明清佛教史》，福建，1982 年。

48. 梁啓超，《佛學研究十八篇》，中華，民國 60 年。

49. 蔣義斌，《宋代儒釋調和論及排佛論之演進》，商務，民國 77 年。

50. 江燦騰，《晚明佛教叢林改革與佛學諍辯之研究——以憨山德清的改革生涯爲中心》，新文豐，民國 79 年。

51. 陳榮捷，《現代中國宗教趨勢》，文殊，民國 76 年。

52. 麻天祥，《晚清佛學與近代社會思潮》，文津，民國 81 年。

53. 林安梧輯，《現代儒佛之爭》，明文，民國 79 年。

54. 張曼濤編，《民國佛教篇》（現代佛教學術叢刊 86 冊），大乘文化，民國 67 年。

55. 黃紹倫，《中國宗教倫理與現代化》，商務，民國 81 年。

56. 梁啓超，《清代學術概論》，商務，民國五十五年。

57. 錢穆，《中國近三百年學術史》，華正，民國 78 年。

58. 方東美，《中國哲學之精神及其發展》，成均，民國 73 年。

59. 方東美，《原始儒家道家哲學》，黎明，民國 76 年。

60. 梁漱溟，《東方學術概觀》，駱駝，民國 76 年。

61. 牟宗三，《才性與玄理》，學生，民國 74 年。

62. 徐復觀，《中國人性論史・先秦篇》，學生，民國 77 年。

63. 唐君毅，《中國哲學原論・原道篇》，學生，民國 75 年。

64. 唐君毅，《中國哲學原論・原性篇》，學生，民國 78 年。

65. 李澤厚，《中國近代思想史論》，翻印本。

66. 張玉法，《中國歷代思想家》，商務，民國 67 年。

67. 侯外盧，《近代中國思想學說史》，生活，1947 年。

68. 任繼愈，《中國哲學史簡編，生活，1947 年。

69. 王煜，《明清思想家論集》，聯經，民國 73 年。

70. 龔鵬程，《思想與文化》，業強，民國 75 年。

71. 龔鵬程，《文化、文學與美學》，時報，民國 77 年。

72. 龔鵬程，《傳統・現代・未來——五四後文化的省思》，金楓，民國 78 年。

73. 龔鵬程，《文化符號學》，學生，民國 81 年。

74. 龔鵬程，《近代思想史散論》，東大，民國 80 年。

75. 高宣揚，《解釋學簡論》，遠流，民國 80 年。

學位論文

1. 黃貴華，《章太炎著述中佛家思想之考察》，香港能仁書院・碩論，民國 73 年。

2. 陳運星，《儒道佛三教調合論之研究——以憨山德清的會通思想為例》，中央大學哲研所‧碩論，民國 81 年。

3. 蘇順子，《中國格義佛教之研究》，文化大學‧博論，民國 76 年。

期刊論文

1. 黃錦鋐，〈章太炎先生的《齊物論釋》〉，《師大學報》，民國 80 年。

2. 荒木見悟，〈《齊物論釋》訓註〉，《哲學年報》（九大文學部）第二十九、三十、三十一。

3. 楊儒賓，〈卮言：莊子論如何使用語言表達思想〉，《漢學研究》第十卷二期。

4. 陳炯彰，〈清末民初佛學思想復興運動研究取樣：以康有為譚嗣同及章太炎為中心的探討〉，《中山大學學報》第四期。

5. 黃公偉，〈民初法相學風扎記——楊仁山、章太炎、歐陽漸的唯識論〉，《華岡佛學學報》。

6. 藍吉富，〈楊仁山與現代中國佛教〉，《華岡佛學學報》。

7. 陸寶千，〈章炳麟之道家觀〉，《中研院近代史研究所集刊》第十九期。

附　註

國內書籍採用民國紀年，大陸書採用西元紀年。